Tomek Pio

Dein erster Deal

Vermögensaufbau
mit Immobilien
für Einsteiger

ForwardVerlag

ForwardVerlag

Dein erster Deal

Vermögensaufbau mit Immobilien für Einsteiger

Imprint der Verlagsgruppe StudyHelp GmbH, Paderborn
www.forwardverlag.de

2. Auflage

Autor: Tomek Piotrowski

Kontakt: info@forwardverlag.de
Umschlaggestaltung: @magier
Druck: mediaprint solutions GmbH

ISBN 978-3-98755-144-4

Widmung

Dieses Buch widme ich meinem Sohn Jonah!

Es ist deine Schritt-für-Schritt-Anleitung zu dem Pfad von finanzieller Freiheit, den ich in meinem Leben viel zu spät und dennoch rechtzeitig entdeckt habe.

Ich wünsche dir, dass du diesen Pfad mithilfe dieses Buches schon sehr früh für dich entdeckst und somit für dich und deine zukünftige Familie mehr Zeit und Freiheit in euer Leben bringst, als es mir möglich war.

Ich freue mich, dich bei deinem Weg begleiten zu dürfen!

Dein Papa

Inhalt

Interview-Übersicht

Vorwort

Warum es sich lohnt, dieses Buch durchzuarbeiten

Willkommen zu deinem ersten Schritt in die Welt der Immobilieninvestitionen! Mein Ziel ist es, Immobilienkäufern eine praxisnahe Anleitung zu bieten. Ich zeige Schritt für Schritt die richtige Vorgehensweise und helfe dabei, alle relevanten Aspekte zu berücksichtigen. Dieses Buch richtet sich an Interessierte und Unsichere gleichermaßen. Es soll Hemmschwellen abbauen und Immobilienwissen leicht verständlich machen.

Neben fundiertem Fachwissen basiert der Inhalt auf meinen eigenen Erfahrungen als Investor. Du erhältst praxisnahe Einblicke in reale Projekte – mit allen Höhen und Tiefen. Darüber hinaus habe ich in meinem Podcast *Deals and Dreams* zahlreiche Interviews mit unterschiedlichen Personen aus der Immobilienbranche geführt und stelle dir hier Ausschnitte davon zur Verfügung. Meine Gäste erzählen unter anderem von ihrem ersten Deal und dies wird dir verschiedene Perspektiven aufzeigen und so eine wertvolle Ergänzung zu dem Fachwissen darstellen.

Einige dieser Immobilien-Experten kenne ich persönlich, was den Interviews eine besondere Tiefe und Authentizität verleiht. Die Ausschnitte der Interviews findest du im Buch jeweils hinter den Kapiteln. Dir gefällt ein Interview besonders und du möchtest dir die gesamte Podcast-Folge dazu anhören? Kein Problem, im Anschluss an die Interviews führt dich ein QR-Code direkt zur jeweiligen Podcast-Folge.

Am Ende des Buches gebe ich dir außerdem eine Reihe persönlicher Empfehlungen mit an die Hand: Hilfreiche Podcasts, wichtige Netzwerke, Tipps für Immobilien- sowie Mindset-Coaching, Events, die in meinen Augen zu den Pflicht-Events für Immobilieninvestoren gehören, und eine ganze Reihe wertvoller Buchtipps. Zudem findest du dort auch die QR-Codes zu den Vorlagen, auf die ich in meinem Buch immer mal wieder verweise.

Nach der Lektüre dieses Buches verfügst du also über eine solide Grundlage, um erfolgreich zu investieren und dir langfristig Vermögen sowie ein zusätzliches Einkommen aufzubauen.

Bevor du jedoch mit Immobilieninvestitionen startest, ist es wichtig, das richtige Mindset zu entwickeln. Ich zeige dir, wie du Ängste und Zweifel überwindest und ein positives, lösungsorientiertes Denken aufbaust. Denn Erfolg im Immobiliengeschäft hängt oft von der richtigen Einstellung ab. Am Ende dieses Buches wirst du die Grundlagen der Immobilieninvestition beherrschen und in der Lage sein, deine ersten Deals abzuschließen.

Zuletzt eine wichtige Botschaft: Immobilieninvestitionen sind ein Marathon, kein Sprint. Der Weg wirkt manchmal herausfordernd, ist aber mit unserer Schritt-für-Schritt-Anleitung sehr einfach. Du wirst Herausforderungen meistern und lernen, wie du sie überwindest.

Dieses Buch ist der erste Schritt, aber der wahre Erfolg kommt durch die Umsetzung. Sei bereit, aktiv zu werden, deine Strategie anzupassen und weiterzulernen. Du kannst erfolgreich in Immobilien investieren, wenn du den Mut und die Entschlossenheit zeigst.

Start before you are ready! Dies ist mein Motto. Davon wünsche ich dir auch ein Stück.

Meine Geschichte

Ich bin ein Berliner Unternehmer und Immobilieninvestor und habe bereits mit 21 Jahren meine erste Event- und Promotion-Agentur gegründet. Mit meiner Agentur arbeitete ich erfolgreich mit bekannten Marken wie *JBL*, *Saturn*, *Coca-Cola*, *EasyJet* und vielen weiteren zusammen und etablierte mich in der Live-Communication-Branche. Heute liegt mein Fokus auf dem Immobilienmarkt, wo ich kontinuierlich nach neuen Investitionsmöglichkeiten, Co-Investoren, Verkaufsobjekten und Renditeoptimierungskunden suche.

Als leidenschaftlicher Unternehmer teile ich meine Erfahrungen und Insights zum Immobilienmarkt und Unternehmertum als Speaker in Podcasts und Interviews. Ich spreche offen über Herausforderungen und gebe wertvolle Tipps zum Umgang mit Rückschlägen auf dem Weg zum Selbstständigen, Unternehmer und Immobilieninvestor.

Neben meinen geschäftlichen Aktivitäten bin ich stolzer Vater und setze mich für persönliches Wachstum ein. Meine Karriere vereint Unternehmergeist, Kreativität und strategisches Denken.

In meinem Podcast *Deals and Dreams* nehme ich die Zuhörer mit und interviewe spannende Gäste zu ihren allerersten Immobilien-Deals. In der ersten Podcast-Folge von Deals and Dreams war tatsächlich ich selbst der erste Gast und wurde von der lieben Janina Kirsch befragt. Und mit einem Ausschnitt aus diesem Interview starte ich nun deine Reise in die Welt der Immobilieninvestitionen.

Interview mit mir – Tomek Piotrowski

Janina: Diese Folge, das will ich gleich sagen, ist etwas anders als sonst, denn der Gastgeber ist heute der Gast. Was ist das für ein Gefühl, die erste Folge deines eigenen Podcasts?

Tomek: It's like a dream.

Janina: It's like a dream, das passt doch perfekt. *Deals and Dreams*, da sind wir doch schon mitten im Thema. Aber lass uns doch vorher mal ein bisschen die Basics klären und auch ein bisschen was über dich erfahren. Erklär uns doch mal, was ist denn die Jobdescription eines Immobilieninvestors?

Tomek: Also, tatsächlich ist es so, dass ich da sogar noch vielschichtiger unterwegs bin. Ich bin nicht nur selbst in Immobilien investiert, ich entwickle auch Immobilien für andere, und ich kaufe und verkaufe ebenfalls Immobilien – mit unserem Maklerlabel, der *MAGNOLIA ONE*.

Janina: Du hast mir eben in unserem Vorgespräch erzählt, dass du erst ein paar Jahre im Geschäft bist. Also wenn du jetzt 24 wärst, würde ich sagen, du bist früh dran. Aber das stimmt nicht so ganz.

Tomek: Das stimmt nicht. Eigentlich könnte man sagen, ich bin sogar spät dran. Ich bin jetzt kurz vor der 50 und habe tatsächlich erst vor 4,5 Jahren mit dem Thema Immobilien angefangen. Ich wünsche es natürlich jedem, dass er viel, viel früher mit dem Immobilien-Game anfängt und es auch schon viel früher versteht. Denn das, was ich ganz, ganz viele Jahre nicht verstanden habe, war, wie einfach eigentlich das Immobilien-Game funktioniert.

Janina: Was war die erste Immobilie, die du gekauft hast? Ich will alles wissen: Preis, Größe, Ort und so weiter.

Tomek: Super, super gerne. Tatsächlich die erste Immobilie – und hier vielleicht schon der Spoiler-Alarm: Die war ein Reinfall. Der war hier in Nauen, das ist im Speckgürtel von Berlin. Und es sollte ein Fix & Flip werden. Jetzt fragst du dich mit Sicherheit ...

Janina: Fix & Flip?

Tomek: Ja, also Fix & Flip ist tatsächlich ein amerikanischer Begriff, der auch nach Deutschland übergeschwappt ist. Es gibt hierzulande viele tolle Persönlichkeiten, die dieses Konzept ebenfalls lehren – zum Beispiel Oliver Fischer, der auch als Gast in unseren Podcast kommt und zu diesem Thema eine fantastische Community aufgebaut hat. Fix & Flip bedeutet, dass man eine Immobilie kauft, sie „fixt“, also renoviert, und dann „flippt“, also wieder verkauft. Das heißt, aus einer hässlichen Immobilie wird eine schöne gemacht, die anschließend gewinnbringend veräußert wird.

Die Doppelhaushälfte haben wir tatsächlich zu einem vermeintlich fantastischen Preis von 159.000 Euro gekauft – so dachten wir zumindest an dieser Stelle. Es waren 101 Quadratmeter und der Kauf fand Ende 2020 statt. Das war noch eine sehr gute Zeit, besonders in der Immobilienbranche, denn der Aufschwung war stark. Die Marktentwicklung war vielversprechend. Wir hatten unsere Hausaufgaben gemacht und verstanden, dass sich Nauen sehr gut entwickelte. Gerade Corona hat dabei geholfen, den Speckgürtel von Berlin noch attraktiver zu machen, weil viele Menschen erkannten, wie wertvoll ein eigener Garten ist.

In dieser Phase dachten wir: Alles klar, der perfekte Deal! Wir kaufen. Allerdings hatten wir zu diesem Zeitpunkt selbst nicht genügend Kapital, um das Projekt allein zu stemmen, und haben daher einen Co-Investor mit ins Boot geholt. Dieser hatte das Immobilien-Game schon viel früher verstanden als wir, glaubte sowohl an das Projekt als auch an uns, und stellte uns das nötige Kapital zur Verfügung.

Die Verkäuferin der Immobilie war zu diesem Zeitpunkt nicht mehr bei Bewusstsein. Die Immobilie wurde daher von ihrer Tochter verkauft, die das Geld dringend für die Pflege ihrer Mutter benötigte. Doch in diesen Prozess schaltete sich das Familiengericht ein, da die vorhandenen Vollmachten für den Verkauf nicht ausreichten. Das Gericht beauftragte daraufhin einen Gutachter.

Der Gutachter stellte fest, dass sich der Wert der Immobilie zwischen dem Zeitpunkt des Kaufvertrags (Ende 2020) und der Begutachtung (Mai 2021) bereits erhöht hatte, weil sich die Bodenrichtwerte verdoppelt hatten. Das Problem war nun: Das Gericht entschied nicht auf Basis des damaligen Kaufzeitpunkts, sondern anhand des aktuellen Gutachtens. Es verlangte daher einen deutlich höheren Kaufpreis.

Wir erklärten, dass wir bereits beim Notar waren, dass alle Seiten sich einig waren und dass das Geld auf einem Notaranderkonto lag – bereit zur Auszahlung. Doch das Gericht bestand aufgrund des Gutachtens auf einem deutlich höheren Preis. Sie wollten knapp 80.000 Euro mehr. Wir haben daraufhin 20.000 Euro Verlust einkalkuliert – das entsprach der Mindestverzinsung unseres Investors – und den Deal rückabgewickelt. Mein erster Deal war also tatsächlich ein kompletter Reinfall.

Janina: Aber du hast dich nicht entmutigen lassen?

Tomek: Überhaupt nicht. Nummer zwei war ein ganz klassischer Buy & Hold-Deal. Die Immobilie befindet sich im fantastischen Mirow – das liegt in der Mecklenburgischen Seenplatte. Es ist tatsächlich ein sehr beliebter Urlaubsort. Mein Sohn Jonah hat dort sogar mit seiner Klasse einmal einen Ausflug gemacht, war in einem Ferienlager – und das war tatsächlich ganz in der Nähe unseres ersten Deals.

Die Immobilie haben wir für 299.000 Euro gekauft. Es handelte sich um ein Mehrfamilienhaus mit 375 Quadratmetern Wohnfläche. Die Kaufnebenkosten lagen bei etwa 25.000 Euro. Diese Kaufnebenkosten haben wir sogar teilweise mitfinanziert – wir konnten den Verkäufer davon überzeugen, einen Teil davon zu übernehmen. Dadurch ist der Kaufpreis zwar etwas gestiegen, aber der Vorteil war, dass wir nicht so viel Eigenkapital in diesen Deal einbringen mussten. Das hat in diesem Fall sehr gut funktioniert.

Die Anfangsmiete lag bei 1.850 Euro pro Monat – das war also der monatliche Mieteingang. Und wir haben noch einen weiteren Deal, der wirklich super war. Kannst du dich noch an den ersten Fix-&-Flip-Deal erinnern, der schiefgegangen ist?

Janina: Ja, natürlich.

Tomek: Uns wurde dann im Mai 2021 tatsächlich ein anderer Deal angeboten, ebenfalls in einer Stadt im Speckgürtel von Berlin. Dort haben wir ein Einfamilienhaus gekauft – und das für sagenhafte 220.000 Euro. Auch hier war es wieder eine Situation, in der es sehr schnell gehen musste. Das Haus musste tatsächlich zügig verkauft werden, weil die Dame, die darin gelebt hatte – sie war bereits 95 Jahre alt – in ein Pflegeheim überführt werden musste. Das nötige Geld war nicht vorhanden, denn das einzige Vermögen bestand in diesem Haus.

Wir haben es sehr schnell angekauft und auch bei diesem Deal wieder einen Co-Investor mit ins Boot geholt. Er hat tatsächlich null Euro Eigenkapital investiert, denn er hat sich das gesamte Geld von der Bank geholt. Du musst dir das so vorstellen: Er hat den Kredit für uns aufgenommen – und ist am Ende mit einem großen Gewinn aus dem Deal herausgegangen.

Insgesamt lagen die Kosten für das Objekt bei knapp unter 300.000 Euro – also inklusive aller Provisionen und Kaufnebenkosten wie Steuern, Notar usw. lagen wir bei etwa 290.000 Euro.

Janina: Ohne die Renovierung.

Tomek: Ohne Renovierung – das war tatsächlich die Überraschung. Wir haben noch nicht einmal renoviert. Was haben wir stattdessen gemacht? Wir haben überlegt, dass es vielleicht sinnvoll ist, bei diesem Deal einfach mal zu probieren, die Immobilie unrenoviert zu verkaufen.

Für die Vermarktung haben wir das Grundstück verkleinert, denn mit 5.500 Quadratmetern war es viel zu groß. Unsere Idee war, das verbleibende Grundstück später eventuell noch einmal zu bebauen – auch wenn das baurechtlich zu diesem Zeitpunkt noch nicht möglich war. Aber wir hatten die Hoffnung, dass sich das in Zukunft ändern könnte. Auf jeden Fall haben wir die Immobilie inseriert – und tatsächlich: Nach gerade einmal 20 Besichtigungen haben wir einen Käufer gefunden. Der meinte allerdings, er nehme das Haus nur, wenn er auch das andere Grundstück dazu bekommt, weil er seine Ruhe haben möchte.

Janina: Ai geschickt, geschickt, geschickt. Also habt ihr ihm das zweite Grundstück noch on top mitverkauft.

Tomek: Du wirst nicht glauben, für welche Summe.

Janina: 480 insgesamt, beide Grundstücke und das Haus.

Tomek: Und das wäre schon ein Hammer-Deal gewesen – aber es kam noch besser. Wir haben die Immobilie tatsächlich für 599.000 Euro verkauft. Das bedeutet, wir haben als Company einen Gewinn von über 300.000 Euro erwirtschaftet. Mit nur einem Lüft & Flip, könnte man sagen – denn wir haben die Immobilie ja nicht renoviert, sondern quasi nur gelüftet. Und damit haben wir tatsächlich so viel Geld verdient. Unser Co-Investor hat allein dadurch 120.000 Euro verdient – ohne auch nur einen einzigen Euro eigenes Geld in die Hand genommen zu haben.

Zahlen und Details zu Tomeks ersten Deals

Deal Nr. 1:

Jahr: 2020

Stadt: Nauen (Brandenburg) *Fehlinvestition*

Kaufpreis: 159.000 Euro

Kaufnebenkosten: 11.352,60 Euro
(bei Rückabwicklung wieder zurückbekommen)

Makler: Ja

Deal-Art: Fix & Flip

Quadratmeter: 101 m^2

Zins: 20.000 Euro Mindestverzinsung plus Gewinnbeteiligung

Finanzierungsanteil: 100 %

Ziel war es, 74.997 Euro Gewinn zu machen, Deal kam nicht zustande, somit haben wir 20.000 Euro Verlust gemacht.

Deal Nr. 2:

Jahr: 02/2021

Stadt: Mirow (Mecklenburg-Vorpommern)

Kaufpreis: 299.000 Euro

Kaufnebenkosten: 25.000 Euro

Makler: Ja

Deal-Art: Buy & Hold

Quadratmeter: 375 m^2

Anfangsmiete: 1.850,00 Euro

Renovierungskosten: Keine

Zinsbindung: Fest bis zum 28.02.2031

Zins: 1,42 %

Tilgung: 3,00 %

Annuität: 1.252,33 Euro

Anfangsrendite: 7,42 %

Finanzierungsanteil: 113,71 %

Cashflow vor Steuern: 597,67 Euro

Vermietungsmodell: Normale Vermietung

Aktueller Wert: 618.750 Euro

Ist-Miete: 2.498,50 Euro

Ist-Rendite: 10,03 %

Cashflow vor Steuern (aktuell): 1.246,17 Euro

Deal Nr. 3:

Jahr: 05/2021

Stadt: Prieros (Brandenburg)

Kaufpreis: 220.000 Euro

Kaufnebenkosten: 46.400 Euro

Makler: Nein, aber mit Tippgeber

Deal-Art: Fix & Flip

Quadratmeter: 135 m^2

Renovierungskosten: Keine

Zinsbindung: 3 Jahre

Zins: 1,78 %

Finanzierungsanteil: 121,09 %

Vermietungsmodell: Keins

Verkauft: 12/2021 für 599.000 Euro

Gesamtinvestitionskosten: 290.219,29 Euro

Gewinn nach Kosten vor Steuern: 308.780,71 Euro davon über 120.000 Euro für unseren Co-Investor, der ohne Eigenkapital (EK) im Deal war

Das ganze Interview mit Tomek findest du hier als Folge des *Deals-and-Dreams*-Podcasts:

Tomek Piotrowski:

Einleitung: Dein Weg zum Immobilieninvestor

Warum Immobilien? Die Vorteile von Sachwerten als Investition

Immobilien sind seit Jahrhunderten eine stabile Investitionsmöglichkeit. Trotz wirtschaftlicher Veränderungen bleiben sie als Sachwert konstant. Doch was macht sie so beliebt? In diesem Kapitel betrachten wir die Vorteile von Immobilieninvestitionen und ihre Attraktivität als langfristige Wertanlage.

1. **Stabilität und Werterhalt**
   Im Gegensatz zu spekulativen Investments wie Aktien oder Kryptowährungen sind Immobilien physische Werte mit hoher Stabilität. Sie unterliegen keinen plötzlichen Kursschwankungen und behalten meist ihren Wert, mit langfristiger Tendenz zur Wertsteigerung.
2. **Inflationsschutz**
   Ein großer Vorteil von Immobilien ist ihr Schutz vor Inflation. Während Geld an Kaufkraft verliert, steigen meist Immobilienpreise und Mieten. So vermehrt sich das Kapital und wächst weiter.
3. **Passives Einkommen durch Mieteinnahmen**
   Immobilien ermöglichen regelmäßige Mieteinnahmen und bieten so einen kontinuierlichen Cashflow. Anders als reine Wertsteigerungen sichern sie stabile Erträge, besonders in gefragten Regionen.
4. **Steuerliche Vorteile**
   Der Staat fördert Immobilieninvestitionen durch Abschreibungen, steuerliche Abzüge für Finanzierung und Modernisierung. Diese Vorteile senken die Steuerlast und machen Immobilien besonders lukrativ.
5. **Fremdfinanzierung und Hebelwirkung**
   Ein Vorteil von Immobilien ist die Fremdfinanzierung. Banken leihen dem Investor meist einen Großteil des Kaufpreises, manchmal sogar den kompletten Kaufpreis und in einigen Fällen sogar die Kaufnebenkosten, sodass Investoren mit wenig

Eigenkapital profitieren. Wertsteigerungen erhöhen ihr Vermögen besonders schnell. Es gibt also auch Immobilien-Deals, die man kaufen kann, ohne dass man Eigenkapital einsetzt.

6. **Sachwert statt Spekulation**
   Immobilien sind echte Sachwerte, die genutzt, vermietet oder verkauft werden können. Selbst bei Marktschwankungen bleibt das Kapital beständig erhalten. Auch wenn die Immobilienpreise wie in den Jahren 2023/2024 leicht rückläufig sind, bleiben die Mieteinnahmen dennoch genauso hoch oder erhöhen sich sogar noch. Solche Marktschwankungen wiederholen sich alle paar Jahre und dennoch lohnt es sich nicht, darauf zu spekulieren, dass man den Tiefpunkt des Marktes trifft, da wir zum einen keine Glaskugel haben und zum anderen ein Deal sich immer anhand der aktuellen Gegebenheiten rechnen muss. In der Regel gilt, dass wenn die Zinsen fallen, die Kaufpreise steigen. Und wenn die Zinsen steigen, die Kaufpreise fallen. Der richtige Zeitpunkt einzusteigen ist also immer *JETZT* (wenn sich der Deal rechnet).

7. **Flexibilität und Nutzungsmöglichkeiten**
   Immobilien sind vielseitig nutzbar – als Wohn-, Gewerbe- oder Ferienobjekte. Bei Bedarf können sie auch selbst bewohnt werden, was sie zu einer sicheren Investition macht. Im Gegensatz zu Aktien oder Krypto-Investments, deren Wert man nicht beeinflussen kann, sondern nur zuschaut, wie der Kurs nach oben oder nach unten geht, bist du bei der Immobilie selbst am Steuer. Du allein entscheidest, ob es sich gerade lohnt zu renovieren, ob du das Nutzungskonzept änderst, z. B. in WG-Vermietung, *Airbnb*, Monteurzimmer, oder wieder zurück zum normalen Wohnen gehst. Du kannst deine Immobilie immer an die aktuelle Marktphase anpassen.

8. **Vermögensaufbau und Altersvorsorge**
   Immobilien ermöglichen langfristigen Vermögensaufbau durch Wertsteigerung, Mieteinnahmen und Steuervorteile. Frühzeitige Investitionen sichern später kostengünstiges Wohnen (nur die Nebenkosten) oder zuverlässige Einnahmen.

Wer kann Immobilieninvestor werden? Ein Plädoyer für jedermann

Immobilieninvestor zu sein, gilt oft als Synonym für Reichtum und Erfolg. Viele glauben, nur mit viel Kapital, Branchenkontakten oder spezieller Ausbildung sei der Einstieg möglich. Das jedoch ist ein Irrtum, dem ich selbst lange Zeit aufgesessen war: Jeder kann investieren. Dieses Kapitel zeigt, warum Immobilien für fast jeden eine realistische Chance bieten, Vermögen aufzubauen und finanzielle Freiheit zu erreichen.

1. **Immobilieninvestition ist keine Frage des Anfangskapitals**
   Viele glauben fälschlicherweise, dass nur Wohlhabende in Immobilien investieren können. Zwar erfordert der Erwerb Kapital, doch dank vielfältiger Finanzierungsoptionen ist der Einstieg auch mit begrenztem Budget möglich. Banken bieten günstige Hypotheken und flexible Kredite, oft genügt ein kleiner Eigenkapitalanteil. Entscheidend ist eine kluge Finanzierungsstrategie.
2. **Das Wissen ist erlernbar – es braucht keine spezielle Ausbildung**
   Eine spezielle Ausbildung ist für Immobilieninvestitionen nicht nötig. Die Grundlagen sind verständlich und lassen sich durch Online-Kurse, Bücher oder den Austausch mit Experten aneignen. Außerdem gibt es viel kostenlosen Content bei *YouTube*. Wichtige Aspekte sind Marktanalyse, Immobilienbewertung, Finanzierung und rechtliche Rahmenbedingungen. Anfangs mag das komplex wirken, doch mit Geduld und praktischer Erfahrung kann jeder die nötigen Kenntnisse erwerben. Entscheidend ist die Bereitschaft, kontinuierlich zu lernen und sich weiterzuentwickeln, um erfolgreiche Investitionsstrategien zu verstehen.
3. **Immobilien sind langfristige Investitionen – Zeit ist oft wichtiger als Schnelligkeit**
   Der Immobilienmarkt ist eine langfristige Investition, bei der kein kurzfristiger Renditedruck besteht. Statt schneller Gewinne geht es über den stabilen Wertzuwachs über Jahre. Auch Einsteiger mit wenig Kapital können erfolgreich investieren,

ohne sofort die „perfekte" Immobilie finden zu müssen. Geduld und eine solide Strategie sind entscheidend. Mit der richtigen Planung kann selbst ein kleines Startkapital langfristig erhebliche Werte aufbauen.

4. **Immobilien sind zugänglich – nicht nur für Großstädte**
   Viele glauben, dass Immobilieninvestitionen nur in teuren Großstädten lohnenswert sind. Doch auch kleinere Städte und ländliche Regionen bieten attraktive Chancen mit niedrigeren Kaufpreisen und soliden Renditen. Der digitale Wandel erleichtert standortunabhängige Investitionen durch Online-Tools, virtuelle Besichtigungen und Finanzplanungsplattformen. Besonders aufstrebende Regionen bieten oft Möglichkeiten, von der Entwicklung eines Gebiets zu profitieren.
5. **Immobilien als Familien- oder Gemeinschaftsprojekt**
   Gemeinsame Investitionen, etwa in Partnerschaften, senken Einstiegshürden und verteilen Risiken. Familien oder Freunde können so gemeinsam Vermögen aufbauen und voneinander profitieren, etwa bei der Finanzierung und Bewirtschaftung der Immobilie. Dies stärkt nicht nur den finanziellen Erfolg, sondern auch den Zusammenhalt.
6. **Der Mut, den ersten Schritt zu machen**
   Jeder kann Immobilieninvestor werden, wenn er den ersten Schritt wagt. Der Einstieg muss keine teure Wohnung in der Metropole sein – oft führen kleine, durchdachte Schritte zum Erfolg. Rückschläge gehören dazu, doch sie bieten wertvolle Lernchancen. Mit Geduld und einem klaren Plan steigt die Wahrscheinlichkeit, erfolgreich zu sein.

Immobilien-Mindset: Was steht dir im Weg?

Immobilieninvestitionen sind eine profitable Möglichkeit, Vermögen aufzubauen. Doch viele scheitern an mentalen Blockaden, nicht am Kapital oder Wissen. Erfolg hängt vom Mindset ab – der Einstellung zu Geld, Risiko und Erfolg. Dieses Kapitel behandelt die häufigsten mentalen Hürden und zeigt, wie du erfolgsorientiertes Denken entwickelst. Der erste Schritt beginnt im Kopf.

1. **Die Angst vor dem Scheitern: Wie du deine Ängste überwindest**
   Die Angst vor dem Scheitern hält viele vom Immobilieninvestment ab. Doch Fehler sind Teil des Lernprozesses – jeder erfolgreiche Investor hat Rückschläge erlebt. Entscheidend ist, Risiken zu kalkulieren und aus Fehlern zu lernen. Anstatt sich von Angst lähmen zu lassen, sollte man sie als Chance zur Weiterentwicklung nutzen. Eine starke Denkweise hilft, Ängste zu überwinden und den nächsten Schritt zu gehen.

   Der große Vorteil bei Immobilien ist, dass sie Fehler sehr lange verzeihen. Dementsprechend hast du viel Zeit, den Weg zu korrigieren – sogar mehrmals. Zudem kann der Wert einer Immobilie nie Null werden, denn auch wenn du die Immobilie schlecht vermietet hast oder sie sogar leer steht, hat sie dennoch einen Grundwert. Diesen hat zum Beispiel ein Start-up, das du aufbaust, nach seinem Scheitern oft nicht mehr.

2. **Der Glaube an Mangel: Warum du nicht genug hast**
   Viele glauben, ihnen fehlen Kapital, Wissen oder Unterstützung für Immobilieninvestitionen. Diese Denkweise blockiert Chancen, denn es gibt stets Wege – etwa durch Finanzierungen oder Partnerschaften. Entscheidend ist, an die eigenen Ressourcen und Lösungen zu glauben. Auch Wissen wächst mit der Zeit – dank zahlreicher Lernmöglichkeiten online. Erfolg erfordert kein vollständiges Wissen von Anfang an, sondern die Bereitschaft, kontinuierlich zu lernen.

3. **Der Perfektionismus: Warum „perfekt“ nicht der Weg zum Erfolg ist**
   Viele warten auf den „perfekten“ Moment oder den „perfekten Deal“, um mit Immobilieninvestitionen zu beginnen, sei es die ideale Immobilie oder optimale Marktbedingungen. Doch Perfektion gibt es nicht, und der „perfekte“ Moment wird nie kommen. Erfolg liegt darin, zu handeln und sich anzupassen. Investiere in Unvollkommenheit, lerne aus Fehlern und entwickle dich weiter. Vertraue darauf, dass du kluge Entscheidungen treffen kannst, und konzentriere dich auf kontinuierliches Lernen statt auf Perfektion.

4. **Der Glaube, es sei zu spät: Warum jetzt der richtige Zeitpunkt ist**
   Viele glauben, es sei zu spät, in den Immobilienmarkt einzutreten, weil die Preise zu hoch sind oder der „richtige Zeitpunkt" verpasst wurde. Doch der Markt verändert sich ständig, und es gibt immer Chancen – etwa in aufstrebenden Stadtteilen oder bei renovierungsbedürftigen Objekten. Wenn du den Glauben an den „richtigen Zeitpunkt" aufgibst und mit den vorhandenen Gegebenheiten arbeitest, wirst du feststellen, dass der Moment für Investitionen immer der richtige ist.
5. **Die Angst vor der Verantwortung: Wie du mit der Last der Entscheidung umgehst**
   Immobilieninvestitionen bringen Verantwortung mit sich – für dein Geld, deine Investitionen und möglicherweise auch für deine Mieter. Diese Verantwortung sollte als Chance gesehen werden. Du übernimmst Verantwortung für dein finanzielles Wohl und schaffst gleichzeitig Wohnraum und Wohlstand für andere. Es gibt viele Möglichkeiten, Unterstützung zu finden, etwa durch Mentoren oder Dienstleister. Ein starkes Mindset bedeutet, Verantwortung zu übernehmen und bei Bedarf Hilfe zu suchen.
6. **Das Fehlen eines klaren Ziels: Warum du wissen musst, was du wirklich willst**
   Ohne ein klares Ziel im Immobilienbereich kann es schwierig sein, die richtigen Entscheidungen zu treffen. Ob du eine Immobilie zur Eigennutzung, als Kapitalanlage oder zur schnellen Weiterveräußerung suchst – dein Ziel bestimmt die Strategie. Ohne eine klare Richtung riskierst du Fehlinvestitionen, die weder deinen finanziellen noch deinen persönlichen Bedürfnissen entsprechen. Ein konkretes Ziel hilft dir, passende Standorte, Finanzierungsmodelle und Mietstrategien zu wählen. Zudem kannst du Markttrends gezielt analysieren und dein Investment langfristig optimieren. Wer nicht weiß, was er wirklich will, läuft Gefahr, Chancen zu verpassen oder unnötige Risiken einzugehen.

Welche Probleme können dir im Weg stehen und welche Lösungen gibt es?

Der Weg zum Erfolg als Immobilieninvestor ist selten geradlinig. Egal, ob Anfänger oder erfahrener Investor – Herausforderungen gibt es immer. Der dynamische Immobilienmarkt ist von vielen Faktoren abhängig, und unerwartete Probleme können auf dich zukommen. Entscheidend ist, wie du damit umgehst. In diesem Kapitel werden die häufigsten Probleme und Lösungen vorgestellt, die dir helfen, diese Hürden zu überwinden.

Mangelnde Finanzierung: Wie du an Kapital kommst

Ein großes Problem für viele Immobilieninvestoren ist die Finanzierung. Besonders zu Beginn ist es schwierig, genug Kapital zu sammeln, da Banken hohe Eigenkapitalquoten verlangen können oder strenge Anforderungen an den Kreditnehmer stellen. Die beste Lösung dafür ist, eine Immobilie unter Marktwert zu finden. Wenn du einen guten Deal findest, findest du auch immer das Geld dafür.

Finanzierungswege und kreatives Finanzieren
Es gibt viele Finanzierungsmöglichkeiten, um auch ohne großes Eigenkapital in Immobilien zu investieren:

- **Gute Deals:** Lerne, Immobilien richtig zu kalkulieren, Chancen zu erkennen, und sei bei guten Deals extrem gut vorbereitet – und sehr, sehr schnell.
- **Fremdfinanzierung durch Banken:** Mit stabiler Bonität und guter Planung kannst du einen Kredit erhalten. Ein Finanzberater hilft, die besten Konditionen zu finden. Unter den Interviews findest du André Bodczian, der Investoren und Banken zusammenbringt.

  Nehmen wir an, du hast 100.000 Euro Eigenkapital und kaufst dafür eine Wohnung. Diese Wohnung vermietest du für 500 Euro kalt im Monat, also 6.000 Euro Jahreskaltmiete. Dann hast du dir mit 100.000 Euro 6.000 Euro Einnahmen pro Jahr „gekauft". Jetzt nimmst du die gleichen 100.000 Euro, teilst sie durch zehn und finanzierst zehn Wohnungen, die sich – bei 6.000 Euro Jahresnettokaltmiete – Stand heute von allein abbezahlen. Dann hast du in 30 Jahren zehn Wohnungen, die abbezahlt sind und dir eine Jahresmiete von 60.000 Euro einbringen – statt mit nur einer Wohnung 6.000 Euro pro Jahr. Selbstverständlich steigen die Mieten mit der Zeit weiter. Und dennoch gilt: In 30 Jahren besitzt du zehn abbezahlte Wohnungen – nicht nur eine.

- **Private Investoren/Co-Investoren:** Zusammenarbeit mit privaten Investoren über Partnerschaften oder stille Beteiligungen. Dies können auch Familienmitglieder oder Freunde sein und kann für langfristige und kurzfristige Investitionen gelten.
- **Geliehene Bonität:** Die geliehene Bonität bezeichnet den Vorteil, den ein wirtschaftlich schwächerer Kreditnehmer durch die Unterstützung eines finanzstärkeren Partners bei der Kreditvergabe erhält. Dadurch können sich die Finanzierungskonditionen verbessern.
- **Leverage (Hebelwirkung):** Nutze das Eigenkapital bestehender Immobilien, um weitere Investitionen zu tätigen.

Ich selbst konnte so meinen Bestand mit der Unterstützung von Co-Investoren aufbauen. Gemeinsam mit meinem ehemaligen Partner Daniel habe ich die guten Deals besorgt. Unsere Co-Investoren haben das Eigenkapital gestellt und durch ihre Bonität die Finanzierung ermöglicht.

Marktrisiken: Wie du Risiken richtig einschätzt und minimierst

Der Immobilienmarkt wird von vielen externen Faktoren beeinflusst. Dennoch entscheidet zum Schluss über den Wert der Immobilie kein Makler, kein Gutachter, kein Verkäufer. Den Wert bestimmt immer der Käufer, der zum Schluss bereit ist, mit dem Verkäufer zum Notar zu gehen und die Summe zu zahlen. Wirtschaftliche Schwankungen, politische Entscheidungen, Zinssätze oder Naturkatastrophen können kurzfristig den Wert von Immobilien stark beeinträchtigen.

Gründliche Marktanalyse und Diversifikation

Die Lösung für Marktrisiken liegt in einer gründlichen Marktanalyse. Wichtige Faktoren sind:

- **Standortanalyse:** Achte auf Wachstumsregionen, wirtschaftliche Entwicklungen und gute Infrastruktur. Investiere in Gebieten mit stabiler, wachsender Nachfrage. Oder, falls du in risikoreichere Städte gehst, dann investiere innerhalb dieser Städte in die besten Lagen. Der *Immocation*-Coach Daniel Kleinert (seinen ersten Deal findest du auch in diesem Buch) sagt zu solchen Städten immer: „Umso kleiner die Stadt, desto näher der Kirchturm."
- **Wirtschaftliche Indikatoren:** Beobachte Arbeitslosenquote und Zinssätze, da sie den Immobilienmarkt beeinflussen. Ich selbst kaufe gerne an Standorten, wo sich in den letzten zehn Jahren die Arbeitslosenzahl signifikant gesenkt hat. Dies ist ein eindeutiger Indikator für die Ansiedlung von Firmen. Menschen leben nicht nur gerne in ihrer Heimat, sondern auch da, wo es Arbeit für sie gibt. Und wenn sie sich, getrieben durch die Arbeit, eine Existenz in dieser Stadt aufbauen, bleiben sie in der Regel auch dort. Denn in Deutschland ist die Mobilität bezogen auf den Lebensmittelpunkt nicht so stark ausgeprägt wie in den USA, wo es selbstverständlich ist, dass man für einen neuen Job nicht nur die Stadt, sondern auch den Bundesstaat wechselt.
- **Diversifikation:** Streue dein Portfolio, indem du verschiedene Immobilienarten und Standorte wählst, um dich breiter aufzustellen. Aber auch hier gilt es, gewisse Regeln einzuhalten. Stelle dich an diesen Standorten breiter auf, damit du auch die Skalierungseffekte positiv für dich nutzen kannst. Mit einer gewissen Anzahl von Einheiten in einer Stadt hast du den riesigen Vorteil, dass du an diesem Standort die gleichen Dienstleister für deine Objekte, für deine Standards und für dich als Person und Investor begeistern kannst.

Verwaltung und Instandhaltung: Wie du deine Immobilien effizient verwaltest

Die Verwaltung von Immobilien kann besonders bei mehreren Objekten herausfordernd sein. Aufgaben wie Mieterauswahl, Instandhaltung und rechtliche Verwaltung erfordern viel Aufwand. Eine ineffiziente Verwaltung kann schnell zu hohen Kosten und Problemen führen.

Professionelle Verwaltung und effiziente Prozesse
Verwalte deine erste Immobilie selbst. So lernst du die Prozesse und kannst später gute von schlechten Hausverwaltungen unterscheiden. Auch ich selbst musste diese Erfahrung schmerzhaft machen. Für Selbstverwalter, aber auch für Hausverwaltungen, gibt es Tools, die die Verwaltung erleichtern:

- **Mietverwaltungssysteme** sind digitale Werkzeuge, die Vermieter und Hausverwaltungen bei der effektiven Organisation ihrer Immobilien unterstützen. Sie bieten Funktionen zur transparenten Erfassung von Mietzahlungen und Betriebskosten sowie zur Verwaltung anstehender Reparaturen. Durch die Nutzung solcher Software lassen sich Verwaltungsprozesse optimieren (und glaube mir, ich habe mit der lieben Anni zahlreiche Tools getestet). Auch finanzielle Vorgänge lassen sich besser kontrollieren und notwendige Instandhaltungen rechtzeitig koordinieren. Ich selbst arbeite bei allen Immobiliengesellschaften mit *immocloud*. Später werde ich noch näher darauf eingehen.
- **Wartungs- und Reparaturdienstleister** stellen ein bewährtes Netzwerk kompetenter Handwerksbetriebe dar, das eine schnelle und kosteneffiziente Durchführung von Reparaturen ermöglicht. Sie sorgen dafür, dass technische Probleme rasch behoben werden und tragen damit wesentlich zur Werterhaltung von Immobilien bei. Für Vermieter und Hausverwaltungen bietet ein solches Netzwerk die nötige Flexibilität, um Wartungsarbeiten effizient zu koordinieren und größere Folgeschäden zu vermeiden.
- **Automatisierte Prozesse** spielen in der modernen Immobilienverwaltung eine zentrale Rolle. Durch die Automatisierung

von Aufgaben wie der Kontrolle von Mieteingängen und der Kommunikation mit Mietern – etwa durch die Nutzung von Online-Zahlungssystemen – lassen sich Arbeitsabläufe deutlich effizienter gestalten. In meinem eigenen Bestand haben wir uns für *immocloud* entschieden, da es unsere Arbeit so sehr erleichtert, dass wir selbst bei Objekten, die wir noch von Hausverwaltungen verwalten lassen, *immocloud* parallel zur Hausverwaltung einsetzen. Dies hat uns bereits viel Geld gespart und Fehler seitens einer Hausverwaltung sehr schnell erkennen und lösen lassen.

Mieterprobleme: Wie du Konflikte vermeidest und löst

Mieterprobleme können auch dich mal treffen. Zahlungsverzug, Streitigkeiten und Schäden an der Immobilie können eintreten, sind aber keine Dramen, sondern häufig tolle Chancen für Besserungen und Learnings.

Sorgfältige Auswahl und klare Vereinbarungen
Die Lösung für Mieterprobleme beginnt mit der Auswahl der richtigen Mieter. Eine Bonitätsprüfung, Referenzen und Interviews helfen, problematische Mieter frühzeitig zu erkennen. Weitere Maßnahmen sind:

- **Ausführlich formulierte Mietverträge** sind entscheidend für eine transparente und konfliktfreie Vermietung. Sie regeln alle wichtigen Punkte wie die Höhe und Fälligkeit der Miete, Zuständigkeiten bei Instandhaltungen sowie die Bedingungen für eine Kündigung eindeutig. Durch diese klaren Vereinbarungen werden spätere Unklarheiten vermieden, und sowohl Mieter als auch Vermieter erhalten rechtliche Sicherheit und Orientierung für das Mietverhältnis. Wir benutzen dafür das Vermieter-Vorlagen-Paket von *Immocation*. Den Link dazu findest du hinten im Buch.
- **Wiederkehrende Objektkontrollen** sind ein zentraler Bestandteil einer vorausschauenden Immobilienbewirtschaftung. Sie dienen dazu, frühzeitig mögliche Schäden zu erkennen und si-

cherzustellen, dass Mieter ihren vertraglichen Verpflichtungen nachkommen. Durch regelmäßige Überprüfungen können Instandhaltungsmaßnahmen rechtzeitig geplant und kostspielige Folgeschäden vermieden werden. Gleichzeitig stärken sie das Verantwortungsbewusstsein der Mieter im Umgang mit der Immobilie. Auch rechtlich hast du die Möglichkeit, die Immobilie bei rechtzeitiger Ankündigung zu besichtigen. Verwehrt ein Mieter die Besichtigung der Wohnung, kann dies zu Abmahnungen und schließlich sogar zur Kündigung des Mieters führen.

- **Eine transparente und offene Kommunikation** mit den Mietern ist grundlegend für ein harmonisches Mietverhältnis. Durch den regelmäßigen Dialog können Probleme frühzeitig erkannt und gemeinsam effektiv gelöst werden. So lassen sich Missverständnisse vermeiden, Konflikte minimieren und das Vertrauen zwischen Vermieter und Mieter langfristig festigen.
- **Mietgarantien und Kautionen** stellen eine wertvolle Absicherung für Vermieter dar. Sie helfen dabei, finanzielle Risiken wie Beschädigungen an der Immobilie oder Mietausfälle abzufedern. Dadurch erhalten Vermieter mehr Sicherheit und können im Schadensfall mögliche Kosten besser absichern. Dazu sollten die letzten drei Gehaltsabrechnungen angefordert werden – außerdem eine Mietschuldenfreiheitsbescheinigung und eine aktuelle *SCHUFA*-Auskunft, die nicht älter als drei Monate sein sollte. Zusätzlich sollte man einen Mieterfragebogen erstellen. Eine schöne Vorlage hinterlege ich dir ebenfalls.

Rechtliche Herausforderungen: Wie du rechtlichen Themen aus dem Weg gehst

Rechtliche Fragen sind eine große Herausforderung für Immobilienbesitzer und -vermieter. Mietrecht, Steuerrecht und Baurecht sind komplex und ändern sich von Zeit zu Zeit. Die Lösung dafür ist ganz einfach: Zum einen ist es ein stetiger Wissensaufbau, den du unter anderem mit diesem Buch begonnen hast und der nie aufhören sollte (lebenslanges Lernen). Und zum anderen: Spezialisten.

Deine Aufgabe als Immobilieninvestor ist es, dir ein Netzwerk von Spezialisten aufzubauen: Hausverwalter, Architekten, Notare, Gutachter, Anwälte, Makler. Sie sind deine Freunde und Verbündete im Immo-Game. Sehr häufig ist die Antwort auf deine Herausforderung nur einen Anruf entfernt. **Kosten Berater Geld?** Selbstverständlich! **Sind sie es wert?** 100-prozentig.

Bist du allerdings in irgendeiner Geschäftsbeziehung mit einem Dienstleister, sind viele Themen, die für dich eine große Wirkung haben können, häufig mit einem kurzen Telefonat und einem moderierten Meinungsbild auch ohne zusätzliche Kosten geklärt.

Rechtsberatung und kontinuierliche Weiterbildung
Um rechtlichen Herausforderungen vorzubeugen, ist es wichtig, die relevanten Gesetze zu verstehen und auf dem aktuellen Stand zu bleiben. Rechtsberatung ist ein unverzichtbarer Bestandteil jeder Immobilieninvestition. Um sicherzustellen, dass Verträge und Dokumente rechtlich einwandfrei sind, sollte stets ein spezialisierter Anwalt für Immobilienrecht hinzugezogen werden.

Besonders empfehlen kann ich in diesem Zusammenhang das *Immocation*-Vorlagenpaket, das von Dr. Bodo Wawrzyniak – *Immocation*-Coach, Mentor und persönlicher Freund – entwickelt wurde. Das Interview mit ihm findest du in diesem Buch.

Die Vorlagen sind professionell ausgearbeitet, praxisnah und werden regelmäßig an aktuelle rechtliche Entwicklungen angepasst. So erhältst du eine zuverlässige Grundlage für rechtssichere Immobiliengeschäfte. Du findest es sowohl hinten im Buch als auch über diesen QR-Code:

Immocation:

Fortlaufende Weiterbildung ist entscheidend für nachhaltigen Erfolg im Immobilienbereich. Wer kontinuierlich in sein Wissen investiert, kann fundierte Entscheidungen treffen und bleibt über aktuelle Entwicklungen am Markt informiert. Besonders effektiv sind Podcasts, Online-Fortbildungsprogramme und *YouTube*-Videos, die flexibel in den Alltag integriert werden können. Sie bieten wertvolle Einblicke, Praxisbeispiele und Expertenwissen – ideal, um sich stetig weiterzuentwickeln und Wettbewerbsvorteile zu sichern.

Ich selbst habe tatsächlich mit den *YouTube*-Videos von *Immocation* angefangen. Heutzutage sind natürlich noch viele weitere Podcasts und Videos dazugekommen – zum Beispiel der Podcast von Martin Cronacher und Torben Schulthoff (*Immo Insights*). Beide Interviews findest du ebenfalls in diesem Buch.

Versicherungen bieten eine wichtige Absicherung im Vermietungsalltag. Wenn du dir in rechtlichen Fragen unsicher bist oder dich vor möglichen Streitfällen schützen möchtest, kann der Abschluss einer Vermieter-Rechtsschutzversicherung sinnvoll sein. Sie übernimmt im Ernstfall die Kosten für anwaltliche Beratung, Gerichtsverfahren und andere rechtliche Auseinandersetzungen – und sorgt so für mehr Sicherheit und Gelassenheit im Umgang mit Mietern. Das Gebäude ist mit der Gebäudeversicherung versichert. Dies sollte beim Kauf geprüft werden, inklusive dem Zahlungsbeleg der aktuellen Versicherungsrechnung.

Überforderung und Stress: Wie du Balance und Fokus behältst

Bei Immobilien gibt es nur wenige Punkte, die wirklich stressig sein können. Lediglich ein Wasserschaden oder eine nicht funktionierende Heizung im Winter können deinen Puls höher schlagen lassen. Die Akzeptanz der aktuellen Situation bringt dich jedoch schnell wieder in Balance. Danach kannst du dich beim Universum für diese tolle Herausforderung bedanken – denn jetzt hast du die Gelegenheit zu lernen, wie du damit umgehst.

Die gute Nachricht ist: Wasserschäden sind in der Regel durch die Wohngebäudeversicherung abgedeckt. Die zweite gute Nachricht ist: Heizungsbauer haben häufig Notdienste oder bieten Wartungsverträge an – und sind somit oft nur einen Anruf entfernt. Sollte es tatsächlich bei einer Heizung einmal länger dauern, bitte deinen Mieter, sich einen Öl-Radiator zu kaufen, den du ihm anschließend erstattest. In meinem Bestand ist dies auch schon passiert – die Lösung war eine schnelle Lieferung am nächsten Tag durch *Amazon*.

Zeitmanagement und Unterstützung suchen
Optimiere dein Zeitmanagement und delegiere Aufgaben. Setze Prioritäten und hole Unterstützung. Hier einige Tipps:

Delegieren ist ein wichtiger Schritt, um sich auf das Wesentliche zu konzentrieren. Aufgaben wie die Immobilienverwaltung oder das Rechnungswesen können problemlos abgegeben werden – zum Beispiel an virtuelle Assistenten. Besonders den Einsatz virtueller Assistenten habe ich in der *Immocation*-Masterclass von Markus Beforth gelernt. Den ersten Deal von Markus findest du übrigens später in diesem Buch. Ich selbst konnte die engagierte Anni dafür gewinnen, als virtuelle Assistentin für die *MAGNOLIA GRUPPE* zu starten. Inzwischen hat Anni daraus ihr eigenes VA-Unternehmen aufgebaut und beschäftigt zahlreiche virtuelle Assistenten, die sowohl für uns als auch für andere Top-Immobilienkunden arbeiten. Ohne Anni und ihr Team wären unser Wachstum, unsere Lernkurve und viele Erfolge gar nicht möglich gewesen. Wenn du glaubst, dir fehle die Zeit, um dich um deine Immobilieninvestments zu kümmern, ist das kein Argument mehr. Baue dir dein eigenes VA-Netzwerk auf und vergrößere deine Zeitressourcen für noch bessere Immobilienergebnisse.

Work-Life-Balance ist essenziell, um langfristig erfolgreich und zufrieden zu sein. Deshalb ist es wichtig, bewusst Zeit für sich selbst und die Familie einzuplanen. Eine ausgewogene Balance zwischen beruflichen Verpflichtungen und privaten Momenten hilft, Stress abzubauen, neue Energie zu tanken und die Lebensqualität zu steigern. Nur so lassen sich nachhaltige Produktivität und Zufriedenheit gewährleisten. Dies habe ich selbst in meiner ersten Ehe vernachlässigt. Durch mangelnde finanzielle Gelassenheit (die ich mit Immobilien – wenn ich bereits in jungen Jahren angefangen hätte – mit Sicherheit besser erreicht hätte), konnte ich leider nicht so viel Zeit mit meinem Sohn verbringen, wie ich es gerne getan hätte. Hätte ich früher mit Immobilien angefangen, wäre das mit Sicherheit anders gelaufen. Da ich die Zeit jetzt nicht mehr zurückdrehen kann, kann ich es nur in Zukunft besser machen – und wünsche es vor allem meinem Sohn Jonah, aber auch jedem anderen, der dieses Buch bereits in jungen Jahren in die Hände bekommt: einen schnellen Einstieg ins Immo-Game und damit einen frühen Weg zur finanziellen Freiheit. Wenn mein Sohn die Lektionen aus diesem Buch beherzigt, wird er hoffentlich mehr Zeit mit seinen Kindern (sofern er später welche haben möchte) verbringen können, als ich es getan habe. Zu diesem Thema ist besonders das Interview mit Chris Matthewes zu empfehlen, der bereits mit 21 Jahren angefangen hat, in Immobilien zu investieren.

Mentoren und Netzwerke spielen eine wichtige Rolle für persönliches und berufliches Wachstum. Einen erfahrenen Mentor zu finden oder ein starkes Netzwerk aufzubauen, bietet die Möglichkeit, wertvolle Erfahrungen und Wissen von anderen zu nutzen. Der Austausch mit Gleichgesinnten und Experten unterstützt dabei, Herausforderungen besser zu meistern und neue Chancen zu erkennen. So lässt sich der eigene Erfolg gezielt fördern und weiterentwickeln.

Start before you are ready! Dies ist wie gesagt mein Motto. In den letzten Jahren habe ich viele Menschen kennengelernt, die zahlreiche Bücher gelesen und sich viele Podcasts angehört haben – und dennoch nie gestartet sind, weil sie dachten, sie wüssten nicht genug. Noch ein Buch oder noch ein Kurs sollte helfen, sich wirklich sicher zu sein. Oder angeblich war nie der richtige Deal dabei. Einer der Sätze, die mir im Zusammenhang mit meinem ersten Deal besonders in Erinnerung geblieben sind, stammt von Oliver Fischer: „Dein erster Deal muss nicht der beste sein, er ist aber der wichtigste."

Gerade bei den Deal-Vorstellungen in diesem Buch – unter anderem auch von Oliver Fischer – wirst du sehen, dass nicht jeder Deal von Anfang an ein Traum-Deal war. Über die Zeit haben sich jedoch alle zu Traum-Deals entwickelt und eine enorme Lernkurve ermöglicht. Eine schöne Ergänzung dazu ist auch der Vortragstitel von *Immocation*-Coach Paul Zödi: „Die Zeit heilt alle Cashflow-Wunden." Das Interview mit Paul findest du ebenfalls in diesem Buch.

Unterschied zwischen Aktien, Krypto und Immobilien

Es gibt verschiedene Anlagemöglichkeiten, darunter Aktien, Kryptowährungen und Immobilien – jede mit eigenen Chancen und Risiken.

1. **Aktien:** Aktien sind Unternehmensanteile, die an Börsen gehandelt werden. Sie bieten Wachstumspotenzial, sind handelbar und ermöglichen Diversifikation. Nachteile sind eine hohe Volatilität, begrenzter Einfluss und Unternehmensrisiken.
2. **Kryptowährungen:** Kryptos wie Bitcoin basieren auf der Blockchain und sind spekulativ. Vorteile sind hohe Gewinnchancen, Dezentralität und niedrige Einstiegshürden. Nachteile sind starke Schwankungen, regulatorische Unsicherheit und Sicherheitsrisiken.
3. **Immobilien:** Immobilien bieten Wertstabilität, passives Einkommen und Inflationsschutz. Doch sie sind teuer, wenig liquide und erfordern Verwaltung. Dennoch sind sie für mich eine gute Anlagemöglichkeit. Sie bieten vor allem Steuervorteile. Und im Gegensatz zu Aktien oder Kryptowährungen bezahlst nicht du deine Sparraten aus versteuertem Geld, sondern der Mieter unterstützt deine Sparrate – oder zahlt sie sogar komplett. Der Staat beteiligt sich an deinem Vermögensaufbau zusätzlich durch Steuererleichterungen.

Somit ist die entscheidende Kennzahl bei Immobilien nicht die Rendite selbst, sondern deine Eigenkapitalrendite, die durch den Fremdkapitalhebel sehr schnell wirklich riesig sein kann. Und die Immobilität deiner Immobilie erzeugt wiederum eine Art Zwangssparen, sodass du – im Gegensatz zu Aktien oder Kryptos – nicht so leicht verführt bist, sie schnell wieder zu verkaufen.

Dieses Zwangssparen, gepaart mit der positiven Wertentwicklung von Immobilien, führt zu großen Vermögenswerten, die dich im Alter absichern. Und deshalb wünsche ich dir so viele Immobilien, wie du magst. Egal, welche Zahl du dir gerade vorstellst, hänge eine Null dran. Ich empfehle dir dazu das Buch von Grant Cardone: *Die 10X-Regel*. Den Link dazu findest du bei den *Empfehlungen*.

Was ist dein Immobilienziel?

Vor einer Investition solltest du dein Ziel klären: Eigennutzung, Kapitalanlage, Altersvorsorge oder Fix & Flip.

Bei der **Eigennutzung** steht der persönliche Wohnkomfort im Vordergrund, da die Immobilie selbst bewohnt wird. Ein klarer Vorteil ist der Vermögensaufbau durch Eigenkapital, da keine Mietkosten anfallen. Gleichzeitig entfallen die monatlichen Ausgaben für eine Mietwohnung, was langfristig finanziell entlastet. Es muss einem dennoch bewusst sein, dass die eigengenutzte Immobilie im ersten Step eine Konsum-Ausgabe ist. Und falls die Mietkosten für eine vergleichbare Immobilie weitaus günstiger als deine Finanzierungsrate sind, dann ist der Gap neben deiner eigenen Kredittilgung eine reine Konsumausgabe. Sollte deine Kaltmiete die Bankrate überschreiten, muss einem diese Konsumausgabe bewusst sein und es macht unter Umständen Sinn, besonders in den ersten Jahren, auf Komfort und Platz zu verzichten und die Differenz in den Kauf von vermieteten Immobilien zu stecken. Langfristig ist aber auch eine überteuerte Immobilie eine gute Investition und besser als kein Eigentum.

Eine **Kapitalanlage** bei Immobilien verfolgt das Ziel, regelmäßige Mieteinnahmen zu erzielen oder von einer Wertsteigerung der Immobilie zu profitieren. Zu den Vorteilen zählen ein passives Einkommen sowie langfristige finanzielle Gewinne. Eine Wohnung für das Alter, die vorher als Kapitalanlage benutzt wird, ermöglicht es, im Rentenalter entweder ohne Mietkosten zu wohnen oder durch Mieteinnahmen ein zusätzliches Einkommen zu erzielen. Dies sorgt für eine stabile finanzielle Absicherung im Ruhestand. Gleichzeitig bedeutet diese Form der Vorsorge eine langfristige Bindung von Kapital, da Immobilien nicht schnell verkauft werden können und somit weniger flexibel sind. Ein super smarter Move ist es, wenn du bereits heute eine Wohnung im Erdgeschoss oder im ersten Obergeschoss kaufst. Und selbst wenn sie jetzt noch nicht zu deinem Lebenskonzept passt, aber du weißt, dass es im Alter eine perfekte Immobilie für einen entspannten Ruhestand ist. Auf dem Weg dahin hilft dir bereits dein Mieter, die Immobilie abzubezahlen, und trägt dazu bei, dass du im Alter mietfrei wohnen kannst – ohne dass ein Großteil deiner Renteneinnahmen für Miete draufgeht.

Fix & Flip ist eine Strategie im Immobiliengeschäft, bei der ein Objekt zunächst erworben, anschließend renoviert und danach mit Gewinn weiterverkauft wird. Diese Methode bietet die Möglichkeit, schnell hohe Gewinne zu erzielen. Oliver Fischer hat rund um das Thema eine ganze Community und ein Coaching-Programm gebaut. Klar können dich hier Marktschwankungen besonders bei langfristig ausgelegten Sanierungsarbeiten auch hart treffen. Deshalb ist meine Absicherungsstrategie, dass ein Fix & Flip auch als Buy & Hold funktionieren muss.

Interview mit Chris Matthewes

Tomek: Ich habe einfach mal für die Zuschauer eine Nachricht rausgesucht – und zwar die Nachricht, die du vor etwas über anderthalb Jahren bei *WhatsApp* in die *Immocation*-Stammtischgruppe geschickt hast. Die wollte ich einfach nur mal vorlesen, weil ich deinen Weg so faszinierend finde: wie sich das entwickelt hat und wie es angefangen hat. Der liebe Chris hat einfach nur reingeschrieben:

Hallo, benötigt jemand von euch Hilfe bei seinen Projekten? Dann bin ich genau der Richtige dafür. Kurz zu mir: Ich bin Chris, 20 Jahre alt und Medizinstudent in Berlin. Vor einigen Monaten habe ich begonnen, das Thema Immobilien genauer zu verstehen. Nun bin ich an einem Punkt, an dem ich sagen kann, dass ich mir schon einiges an theoretischem Wissen angeeignet habe. Allerdings möchte ich auch so viel praktische Erfahrung sammeln, wie es möglich ist. Daher meine Frage: Kann ich euch unterstützen? Egal, was es ist – meldet euch gerne! Ich lerne schnell und bin offen für alles. Vielen Dank. Liebe Grüße, Chris

Das war deine Nachricht. So begann quasi unser Immobilien-Game – unser gemeinsames Immobilien-Game. Wie kommt man mit 20 überhaupt auf die Idee, mit Immobilien anzufangen?

Chris: Ja, das ist eine echt lange Geschichte. Also, ich glaube, das hat in der Corona-Zeit angefangen, so ein bisschen. Da hat man sich mit verschiedenen Themen beschäftigt – man hatte ja einfach Zeit. Ich habe mich dann mit dem Thema Altersvorsorge auseinandergesetzt und bin so auf Aktien und ETF-Sparen gestoßen. Fand das auch sehr spannend, habe gleich einen Sparplan eingerichtet. Aber dann habe ich irgendwann einen Blogbeitrag gelesen – ich glaube, der hieß *Vermietertagebuch* oder so – und darin hat jemand beschrieben, wie er Wohnungen und Häuser kauft, das Ganze durchrechnet und finanziert. Er hat erklärt, dass er die Objekte mit der Bank finanziert, die Miete die Kreditrate deckt – und am Ende sogar noch etwas übrig bleibt. Da habe ich mir gedacht: „Mann, das ist ja echt spannend. Das schaust du dir mal genauer an."

Dann habe ich angefangen, mich intensiver damit zu beschäftigen. Ich habe viel von *Immocation* konsumiert. Ich glaube, das war 2023 – da habe ich ungefähr 8.000 Minuten lang deren Podcast gehört. Also wirklich einmal komplett durchgehört in einem Jahr.

Tomek: Chris, hol uns mal ab: Was war dein erster Deal und wann war der?

Chris: Ja, das war schon so ein kleines Erfolgserlebnis. Aber die erste richtige Wohnung hat sich dann gegen Ende des Jahres 2023 angebahnt. Und das war eine kleine Wohnung in Berlin – eine Einzimmerwohnung in Berlin-Köpenick. Ich habe die Wohnung über das Netzwerk angeboten bekommen, also sie war nicht auf *ImmoScout* oder ähnlichen Plattformen zu finden. Ich konnte sie für 98.000 Euro kaufen. Ich habe mit einer regionalen *Volksbank* gesprochen, die im Berliner Umland ansässig ist. Die Wohnung wurde ganz normal zu 100 Prozent finanziert. Die Kaufnebenkosten habe ich selbst getragen, was bei einem Kaufpreis von 98.000 Euro ja auch sehr überschaubar war.

Tomek: Ich würde mal sagen, du hast alles richtig erkannt. Aber dann gab es anscheinend eine Überraschung.

Chris: Richtig, genau. Also direkt im Reservierungsprozess hat der Mieter gekündigt und ist ausgezogen. Ich weiß gar nicht, ob er wirklich gekündigt hat – er ist einfach ausgezogen, und dann war die Wohnung halt leer. Ich hatte sie mir aber zu den Konditionen schon für 98.000 Euro gesichert, und sie war dann eben leer.

Tomek: Exakt. Also Wahnsinn – das bedeutet: In dem Moment, in dem eine Wohnung schlecht vermietet ist, ist sie natürlich weniger wert. In dem Moment, in dem sie leer ist, ist sie normalerweise viel, viel mehr wert, weil man sie dann renovieren und zum Marktpreis vermieten kann.

Chris: Absolut.

Zahlen und Details zu Chris Matthewes' erstem Immobilien-Deal

Jahr: 2024

Stadt: Berlin (Berlin)

Kaufpreis: 98.000 Euro

Kaufnebenkosten: 7.840 Euro investiert

Makler: Nein (kam über Netzwerk)

Deal-Art: Buy & Hold

Quadratmeter: 38,72 m^2

Anfangsmiete: 0 Euro, da leer (dann 825 Euro kalt)

Renovierungskosten: 0 Euro

Zinsbindung: 10 Jahre

Zins: 4,5 %

Tilgung: 1 %

Annuität: 5,5 % bzw. 449,17 Euro pro Monat

Anfangsrendite: 10,1 % mit Erst-Vermietung

Finanzierungsanteil: 100 %

Vermietungsmodell: Normale Vermietung

Aktueller Wert: Mindestens 155.000 Euro

IST-Miete: 825 Euro kalt

IST-Rendite: 10,1 %

Cashflow vor Steuern: ca. 376 Euro

Chris Matthewes:

Das ganze Interview mit Chris findest du hier als Folge des *Deals-and-Dreams*-Podcasts:

Interview mit Tobias Claessens

aka *Immogame*

Tomek: Tobi, bitte stell dich einfach mal kurz vor. Wer bist du und was machst du?

Tobias: Ich bin Immobilieninvestor, Unternehmer und mache verschiedene Sachen. Im Großen und Ganzen mache ich Immobilien: Ankaufen, Verkaufen, auch gerne behalten, entwickeln – all das, was man eben so mit Immobilien machen kann.

Tomek: Wie hat es bei dir gestartet? Was war dein erster Deal?

Tobias: Bei mir war der erste Kontakt mit Immobilien relativ früh. Ich habe tatsächlich so mit 16 angefangen, Leuten in meinem Umfeld zu sagen, sie sollten Immobilien kaufen. Das kam ein bisschen aus Büchern und aus dem Gedanken, dass Cashflow einfach besser ist, als nur Cash zu haben. Weil eine Immobilie regelmäßig neuen Cashflow produziert, ist sie natürlich eine Geldproduktionsmaschine – und das ist wertvoller als viele andere Anlageformen, finde ich. Daher fand ich das schon immer ziemlich nice, konnte es mir aber dann eine ganze Weile noch nicht leisten. Ich hatte dann relativ viele Inputs digitaler Natur. Die meisten Inputs kamen tatsächlich von Alex Fischer aus Düsseldorf, weil damals seine *YouTube*-Zeit losging. Da habe ich so zehn, 20 Videos angeschaut und habe dann halt eine Immobilie gekauft und mal geguckt, wie das so lief. Das meiste war eher Zufall.

Also, die erste Immobilie war eine Einzimmerwohnung in Stuttgart-Vaihingen. Die hat 95.000 Euro gekostet. Sie war damals vermietet für knapp 380 bis 400 Euro, ich weiß es nicht mehr genau. Da war noch ein Stellplatz dabei, so ein Duplex-Parker. Da bin ich gar kein Fan von. Ich versuche, jeden Duplex-Parker zu vermeiden, wenn es geht. In manchen Lagen funktionieren die, aber das muss schon eine gute Lage sein – A- oder B-Lage, sonst funktionieren Duplex-Parker von der Wartungsstruktur einfach nicht, weil man sie nicht gewartet kriegt, ohne dass die Wartungskosten eigentlich den kompletten Mietertrag auffressen.

Ich musste an der Wohnung nichts machen, sie war quasi ready und vermietet. Ich habe sie übernommen und dachte: Cool, funktioniert. Hat so 50 Euro Cashflow gemacht irgendwo. Dann ist der Mieter relativ zügig ausgezogen, ein halbes Jahr später. Danach konnte ich die Miete das erste Mal um ungefähr 50 Euro anpassen, was natürlich ein schönes Erlebnis war, weil ab dann der Cashflow eher bei 100 Euro lag. Genau, verdoppelt - und das war für mich damals natürlich super krass, weil ich gemerkt habe: Hey, das Modell funktioniert! Jetzt brauche ich nur noch mal 100 Wohnungen und dann geht der Lifestyle so langsam los.

Ja, so hat sich die Wohnung entwickelt, sie ist konsequent so vor sich hingewachsen, getilgt und hat sich weiterentwickelt.

Tomek: Du hast dich verdoppelt. Wo steht die Wohnung heute?

Tobias: Ich verkaufe die gerade aktuell und ich denke, sie kann zwischen 140, 150 bis auch mal 180 bringen. Wenn einer sagt, er kauft sie jetzt, bumm, und haut 150 auf den Tisch, verkaufe ich sie einfach auch. Da mache ich nicht rum, weil das auch wieder Opportunitätskosten sind.

Zahlen und Details zu Tobias Claessens' erstem Immobilien-Deal

Jahr: 2014

Bundesland: Baden-Württemberg

Kaufpreis: 95.000 Euro

Kaufnebenkosten: 10.450 Euro

Makler: Ja

Deal-Art: Buy & Hold

Quadratmeter: 35 m²

Anfangsmiete: 400 Euro

Renovierungskosten: 0 Euro

Zinsbindung: 10 Jahre

Zins: 1,5 %

Tilgung: ca. 2 %

Annuität: 3,1 % bzw. ca. 300 Euro pro Monat

Anfangsrendite: Knapp 6 % mit Garage

Finanzierungsanteil: 110 %

Cashflow vor Steuern: ca. 50 Euro

Vermietungsmodell: Klassisch

Aktueller Wert: 140.000 Euro

Ist-Miete: ca. 550 Euro

Ist-Rendite: ca. 7 %

Das ganze Interview mit Tobias findest du hier als Folge des *Deals-and-Dreams-*Podcasts. Hier findest du auch den Link zu Tobias' *Investors Club*, den ich jedem ans Herz legen möchte.

Tobias Claessens:

1

Was ist Immobilieninvestment?

Immobilieninvestment bedeutet den Kauf und Besitz von Immobilien zur Gewinnerzielung, sei es durch Mieteinnahmen oder Wertsteigerung. Im Fokus stehen Rendite und Wertsteigerung. Vereinfacht gilt: In Gegenden mit hohem Wertsteigerungspotenzial hast du eher kleinere Renditen. In Gegenden mit hohen Renditen hast du in der Regel ein begrenztes Wertsteigerungspotenzial.

Unterschied zwischen privatem Wohnen und Investieren

Privates Wohnen: Entscheidend sind Wohnkomfort und persönliche Vorlieben, nicht die finanzielle Rendite.

Immobilien als Investment: Ziel ist die Gewinnerzielung durch Miete oder Wertsteigerung, basierend auf Marktanalysen. Wie du den Markt analysieren kannst, zeige ich dir.

Überblick über Strategien: Buy & Hold, Fix & Flip, Vermietung oder eine Kombination

Beim Immobilieninvestment gibt es verschiedene Strategien, abhängig von Ziel, Kapital und Risiko. Drei gängige Ansätze sind:

1. **Buy & Hold:** Kaufen und Halten bezeichnet eine langfristige Immobilienstrategie, bei der Objekte über viele Jahre im Eigentum bleiben, um kontinuierliche Mieteinnahmen zu erzielen und von einer möglichen Wertsteigerung zu profitieren. Zu den Vorteilen zählen ein stabiler Cashflow und der Aufbau von Vermögen über die Zeit. Gleichzeitig erfordert diese Strategie

eine hohe Kapitalbindung und bringt laufende Verwaltungsaufgaben mit sich.

2. **Fix & Flip:** Was beim Fix & Flip entscheidend ist, habe ich dir bereits erklärt.
3. **Kombination:** Natürlich ist auch eine Kombination aus diesen Möglichkeiten machbar.

Das magische Dreieck: Rendite, Risiko und Liquidität

Investitionen erfordern die Abwägung dieser drei Faktoren, da sie sich gegenseitig beeinflussen.

Rendite bezeichnet das Verhältnis von Gewinn zu eingesetztem Kapital und ist ein wichtiger Indikator für die Rentabilität einer Investition. In der Regel gehen höhere Renditen mit einem höheren Risiko einher. Verschiedene Faktoren wirken sich auf die Rendite aus, darunter die Marktentwicklung, Zinssätze und die Inflation. Um fundierte Entscheidungen treffen zu können, ist es wichtig, diese Einflussgrößen genau zu berücksichtigen.

Risiko beschreibt die Möglichkeit, finanzielle Verluste zu erleiden. In der Regel sind höhere Renditen nur durch eine erhöhte Bereitschaft zum Risiko erreichbar. Wesentliche Risikofaktoren sind Schwankungen am Immobilienmarkt sowie mögliche Mietausfälle, die das Einkommen beeinträchtigen können. Um langfristig erfolgreich zu sein, ist es wichtig, diese Risiken bewusst zu managen und sorgfältig abzuwägen.

Liquidität bezeichnet die Geschwindigkeit, mit der eine Immobilie in Geld umgewandelt werden kann. Im Gegensatz zu Aktien sind Immobilien meist weniger liquide, da der Verkaufsprozess oft zeitaufwändiger ist und von verschiedenen Faktoren beeinflusst wird. Zu den wichtigsten Einflussfaktoren zählen die Marktbedingungen sowie die allgemeine Verkaufsfähigkeit zu dem gewünschten Preis. Eine gute Liquidität verschafft Investoren mehr Flexibilität bei der Nutzung ihres Kapitals.

Interview mit Raphael Meyke

Tomek: Raphael ist tatsächlich auch Partner von mir – und das gleich in zwei Unternehmen. Eines haben wir gemeinsam gegründet, nämlich die *MAGNOLIA FAIRRENT*, und seit Anfang dieses Jahres haben wir auch tatsächlich gemeinsamen Bestand. Willst du den Menschen, die dich noch nicht kennen, vielleicht einfach mal ganz kurz etwas über dich erzählen?

Raphael: Ja, ich bin Raphael, aus Berlin, hier geboren, habe hier mein Abi gemacht, dann international studiert und bin jetzt offiziell als Unternehmensberater angestellt. Aber viel mehr schlägt mein Herz für Immobilien.

Tomek: Du hast dich ja gleich in die Königsdisziplin vorgewagt – und das sogar schon beim ersten Deal. Was war dein Erster? Wann war der und wo?

Raphael: Also, mein erster Deal war eine wunderschöne Erdgeschosswohnung – wobei, eigentlich war sie nicht wunderschön und toll, denn sie war in der Zwangsversteigerung. Sie war deswegen „schön", weil es spannend war, weil ich Potenzial darin gesehen habe. Ich wollte eine Immobilie kaufen und habe dann 2018 im Internet bei Zwangsversteigerungen geschaut, ob es etwas gibt. Ich habe die Wohnung für 113.000 Euro ersteigert – am, ich glaube, 18. Oktober 2018 – weil das einfach so ein hammergeiler Tag für mich war.

Das Gute bei der Zwangsversteigerung ist, dass man keine oder nur sehr geringe Kaufnebenkosten zahlen muss. Es gibt keinen Makler, weil nicht über den freien Markt verkauft wird, und man muss auch keine Notarkosten für den Kaufvertrag zahlen. Stattdessen gibt es nur eine Zuschlagsgebühr, die etwa bei einem Prozent vom Kaufpreis liegt. Meine erste Strategie war die sogenannte „Puzzle-Strategie": Ich wollte viele kleine Puzzleteile zusammensetzen. Jeder meiner Verwandten und Freunde sollte mir 8.000 bis 10.000 Euro leihen. Dann hätte ich – bei 110.000 oder 120.000 Euro Bedarf – etwa zwölf Verwandte anfragen müssen. Also habe ich viele Freunde und Verwandte gefragt, ob sie mir etwas leihen könnten. Und vielleicht wollte ich auch bei der Bank noch einmal 10.000 Euro anfragen.

Viele meiner Verwandten waren sehr begeistert von meiner Idee und auch von meiner Umsetzungsstärke, weil ich generell ein sehr unternehmerischer Typ bin. Sie sagten: „Sehr gerne, mein Lieber – aber wir haben keine 8.000 oder 10.000 Euro." Das war für mich schon schockierend – wenn jemand 30, 40 oder 45 Jahre alt ist, schon zehn bis 20 Jahre gearbeitet hat und keine Rücklagen in dieser Größenordnung hat. Ich habe dann gefragt, ob wir zusammen ein Gemeinschaftsdarlehen aufnehmen wollen – das heißt: Wir nehmen gemeinsam den Kredit auf, die Bonität meiner Verwandten wird mit einbezogen, und ich kümmere mich um alles. Natürlich zahle ich die Bankrate durch die Mieteinnahmen zurück. Meine Verwandten tragen also nur das theoretische Risiko – das sich in der Praxis aber nicht realisiert hat.

Am Ende hat ein Verwandter von mir gemeinsam mit mir das Darlehen über 113.000 Euro aufgenommen – quasi eine 100-Prozent-Finanzierung mit 1,8 Prozent Zinsen.

Zahlen und Details zu Raphael Meykes erstem Immobilien-Deal

Jahr: 2018

Stadt: Berlin/Wedding (Berlin)

Kaufpreis: 113.000 Euro

Kaufnebenkosten: 7.700 Euro

Makler: Nein, weil ZV

Deal-Art: Buy & Hold

Quadratmeter: 53 m^2

Anfangsmiete: 0 Euro, weil Messiwohnung

Renovierungskosten: 40.000 Euro

Zinsbindung: 10 Jahre

Zins: 1,8 % *Sparkasse* und 1,6 % *KfW*

Tilgung: 200 Euro pro Monat

Annuität: 3,22 % bzw. 410 Euro pro Monat

Finanzierungsanteil: 100 %

Cashflow vor Steuern: 50 Euro pro Monat

Vermietungsmodell: WG-Vermietung – 2 Zimmer

Wie ist der Stand jetzt? Gleich gut geblieben, um 100 Euro die Miete erhöht, weil die Mieter Strom und Internet tragen

Aktueller Wert: 316.000 Euro

Ist-Miete: 1.050 Euro kalt

Ist-Rendite: 8 %

Cashflow vor Steuern (aktuell): 640 Euro

Das ganze Interview mit Raphael findest du hier als Folge des *Deals-and-Dreams*-Podcasts:

Raphael Meyke:

Interview mit Torben Schulthoff

Tomek: Erzähl mal kurz: Wer bist du? Was machst du?

Torben: Mein Name ist Torben Schulthoff. Ich komme aus Hamburg und bin geschäftsführender Gesellschafter der *Vality Group*. Wir haben sowohl Immobilien im Bestand als auch Joint-Venture-Konstrukte und bauen seit ungefähr zwei Jahren unsere eigene Hausverwaltung auf. Ich habe selbst ein paar Immobilien gekauft und mache das Ganze jetzt schon seit etwa acht Jahren. Ich habe 2017 angefangen – 2017 war mein erster Deal.

Tomek: Die Zeit vergeht sehr schnell. Du hast bald dein zehnjähriges Jubiläum. Ich würde mich freuen, wenn du uns einmal ganz kurz durch die Zahlen führst. Sag doch einmal ganz kurz: 2017 war es ja – das war dein erster Deal. Wie hat er sich damals gerechnet? Was hat er gekostet? Wie hast du finanziert? War er vermietet oder nicht vermietet?

Torben: Ja, mein erster Deal war 2017, im Herbst. Ich hatte Mitte des Jahres mein erstes volles Arbeitsjahr abgeschlossen, und der Auslöser war eigentlich das unbefristete Arbeitsverhältnis. Mein Arbeitsvertrag wurde damals von einer einjährigen Befristung auf unbefristet umgestellt – bei der *Jungheinrich AG*. Damals waren sie noch ein MDAX-Unternehmen.

Bonität des Grauens – das war wirklich das Beste, was einem 21-Jährigen passieren kann: mit dieser Bonität zu starten. Ich habe einfach in meinem Umfeld gesagt, dass ich Immobilien kaufen möchte – und ich hoffe, ihr wisst es schon –, aber sagt den Leuten in eurem Umfeld, dass ihr Immobilien kaufen wollt. Fertig. Der Riesenvorteil kam tatsächlich genau darüber: Und zwar war das der Vater des Freundes meiner Schwester. Der hatte eine Wohnung, die leer stand, und die wollte er verkaufen.

Wir waren uns relativ schnell einig, was den Kaufpreis anging. Ich glaube, es waren – ich muss eben gucken – 155.000 Euro, meine ich. Der Preis war im Nachhinein ein bisschen zu teuer. Mein Gott – ich habe einen großen Teil davon finanziert. Ich habe noch eine Garage dazubekommen, die ich irgendwann übrigens einzeln verkauft habe, weil sie ein separates Grundbuchblatt hatte.

Tomek: Und weißt du noch, wie du finanziert hast?

Torben: Ja, ich habe 140.000 Euro finanziert. Das waren zwei Prozent Tilgung. Das Ding ist cashflow-positiv. Und jedes Mal, wenn ein Mieter kündigt, sage ich nicht: „Oh nein", sondern: „Yay, ich kann die Miete wieder anheben."

Tomek: Weißt du noch, was der Cashflow vor Steuern am Anfang war?

Torben: Ich hatte – ich weiß gar nicht mehr genau – 470 Euro als Rate. Ich war irgendwie bei 500 Euro Kaltmiete, plus 100 Euro für die Garage. Die Garage war vom Aufwand her einfach nicht mehr rentabel. Und dann habe ich gesagt: „Gut, dann ist es besser, sie zu verkaufen."

Zahlen und Details zu Torben Schulthoffs erstem Immobilien-Deal

Jahr: 2017

Stadt: Hamburg (Hamburg)

Kaufpreis: 155.000 Euro

Kaufnebenkosten: Die Differenz zum Darlehen (140.000 Euro) wurde aus Eigenkapital bezahlt

Makler: Nein

Deal-Art: Buy & Hold

Quadratmeter: ca. 50 m^2

Anfangsmiete: 500 Euro kalt plus 100 Euro (Garage)

Renovierungskosten: Keine größeren – Wohnung wurde 2014 komplett saniert

Zinsbindung: 10 Jahre

Zins: ca. 2,12 %

Tilgung: 2 %

Annuität: 4,03 % bzw. ca. 470 Euro monatlich

Anfangsrendite: Konservativ < 4 % geschätzt

Finanzierungsanteil: ca. 90 % (140.000 Euro Kredit bei 155.000 Euro Kaufpreis)

Cashflow vor Steuern: Positiv, da Kaltmiete plus Garage insgesamt ca. 600 Euro

Vermietungsmodell: Zunächst WG-Vermietung, später klassische Vermietung

Wie ist der Stand jetzt? Immobilie ist weiterhin im Bestand, normal vermietet, keine Sondernutzung

Aktueller Wert: ca. 180.000 Euro

Ist-Miete: Wurde bei Mieterwechseln regelmäßig auf Marktniveau angepasst

Ist-Rendite: Vermutlich leicht über dem Anfangswert durch Mietsteigerung

Cashflow vor Steuern (aktuell): Weiterhin positiv

Das ganze Interview mit Torben findest du hier als Folge des *Deals-and-Dreams*-Podcasts:

Torben Schulthoff:

Interview mit Tom Urbanek

aka *Immo Mentor*

Tomek: Tom ist nicht nur Autor, sondern auch der *Immo Mentor* – darunter ist er auch bei *Instagram* bekannt. Wir haben tatsächlich viele, viele Gemeinsamkeiten, wie wir gerade schon festgestellt haben: Wir sind beide im Netzwerk *Die wichtigste Stunde*. Aber nimm uns doch noch einmal ganz kurz mit: Wer bist du? Was machst du? Gib uns einfach mal einen kurzen Abriss.

Tom: Wer ist Tom? Wer ist da – Tom, der Wilde mit dem Nasenring? Ich bin ursprünglich, ich sag mal, als Schlagzeuger und Musiker in die Selbstständigkeit gekommen. Ich spiele seit meinem sechsten Lebensjahr Schlagzeug – hauptsächlich die härtere Gangart: Rock und Metal. Dadurch bin ich übrigens auch zum Nasenring gekommen. Ich habe sehr früh angefangen, in meinen ersten Bands zu spielen – schon mit etwa 13 Jahren. Wir haben dann unsere ersten Konzerte selbst organisiert, später auch Konzerte für andere Bands. Daraus entstand schon während meiner Schulzeit eine Eventagentur, die ich später als Einzelunternehmen weitergeführt habe. Ich habe teilweise über 100 Events im Jahr veranstaltet. Zusätzlich hatte ich noch eine Werbeagentur und ein Modelabel, gemeinsam mit einem Italiener – das gibt es übrigens immer noch: *dresslikeasir.com*.

Relativ früh hatte ich dann auch ein paar Start-up-Ausflüge bzw. -Investments, die in den Anfängen nicht so gut funktioniert haben. Ich investiere aber auch heute noch in Start-ups. Durch meinen damaligen Mentor hatte ich dann tatsächlich die Möglichkeit, im zarten Alter von 18 Jahren – mit dem ersten Geld aus dem Musikerdasein und der Eventszene – meine erste Immobilie zu kaufen.

Das war eine 55-Quadratmeter-Wohnung im 15. Bezirk in Wien, Nähe Westbahnhof. Wer schon mal in Wien war, dem sagt das vielleicht etwas. Das war natürlich eine der allerbesten Entscheidungen meines Lebens in finanzieller Hinsicht. Es war damals eine große Hürde, und ich sag ganz ehrlich: Ohne meinen Mentor, der mich angeschoben und gesagt hat „Hey, das machen wir jetzt" – wir haben die Wohnung nämlich gemeinsam gekauft – hätte ich es damals noch nicht getan. Und genau das sehe ich heute ein Stück weit als meine Mission: Ganz egal, ob du 18, 20, 30 oder 40 bist – ich möchte Menschen helfen, über die Ziellinie zu kommen.

Tomek: Für wie viel hast du den Deal damals gekauft?

Tom: Roundabout 70.000 Euro.

Tomek: Was ist die Wohnung heute wert?

Tom: Ich habe es tatsächlich deshalb so gut in das Sheet eintragen können, das du mir geschickt hast, weil ich letzte Woche die Bewertung von der Bank bekommen habe. Die Bankbewertung liegt jetzt bei 230.000 Euro.

Zahlen und Details zu Tom Urbaneks erstem Immobilien-Deal

Jahr: 2009

Stadt (Land): Wien (Österreich)

Kaufpreis: 70.000 Euro

Kaufnebenkosten: 7.000 Euro

Makler: Ja

Deal-Art: Buy & HOPE

Quadratmeter: 55 m^2

Anfangsmiete: 240 Euro

Renovierungskosten: ca. 5.000 Euro

Zinsbindung: Variabel

Zins: ca. 5 %

Annuität: 7 % bzw. 286 Euro

Anfangsrendite: 3,7 %

Finanzierungsanteil: 70 %

Vermietungsmodell: Normal bzw. Langzeit

Aktueller Wert: 230.000 Euro

Ist-Miete: Immobilie ist von privat an meine eigene Gesellschaft vermietet und diese betreibt Kurzzeitvermietung.

Ist-Rendite: ca. 14 %

Tom Urbanek:

Das ganze Interview mit Tom findest du hier als Folge des *Deals-and-Dreams*-Podcasts:

Interview mit Oliver Fischer

Tomek: Für alle, die dich vielleicht noch nicht kennen, erklär mal ganz kurz: Wer bist du? Was machst du?

Oliver: Ja, mein Name ist Oliver Fischer. Ich bin jetzt schon ein Urgestein im Immobilienbusiness, will ich mal sagen. Ich habe mit 21 angefangen, mit Immobilien zu handeln und habe mittlerweile über 3.000 Immobilien gekauft, aufbereitet und verkauft sowie viele, viele Tausende mehr unterstützt im Vertrieb. Und jetzt bringe ich eben auch Menschen bei, mehr Geld zu verdienen durch Immobilien und meine Leidenschaft ist eben Fix & Flip, das bringe ich den Leuten bei und mache es immer noch sehr, sehr gerne selber.

Tomek: Für alle, die den Begriff nicht kennen und du kanntest ihn ja am Anfang auch nicht: Wie würde man Fix & Flip ganz genau definieren? Vor allem für Menschen, die vielleicht noch nie eine Immobilie gekauft haben?

Oliver: Also Fix & Flip bedeutet, dass man eine Immobilie kauft, aufbereitet und verkauft. Optimalerweise günstig einkauft und dann eben auch Mehrwert schafft durch die Aufbereitung. Und dann natürlich auch zum besten Preis verkauft.

Tomek: Wie viele Jahre bist du jetzt im Immobilienbusiness?

Oliver: Also ich bin jetzt über 35 Jahre selbstständig als Immobilienhändler, Bauträger, auch mit Maklerschein oder Gewerbeerlaubnis. Ich bin sogar ausgebildeter und geschulter Sachverständiger und zertifiziert auch von der *IHK*. Vor 39 Jahren habe ich meine erste Wohnung gekauft. Ich bin jetzt gerade 60 geworden und Opa. Das ist noch besser als Immobilien, Opa zu sein. Und ja, da sind natürlich unheimlich viele Immobilien durchgegangen und sehr, sehr viele Geschichten entstanden, sehr viel Erfahrung natürlich auch. Und extrem viele Fehler habe ich natürlich auch gemacht, wo ich jetzt die Leute vor bewahre, diese nicht zu tun.

Wir legen Wert darauf bei dem Erstgespräch, dass wir schon wissen, ob du im eigenen Haus wohnst oder schon mal eine Eigentumswohnung gekauft hast. So finden wir heraus, ob das System Immobilie verstanden wurde. Ich fange nicht an, jetzt zum Beispiel eine Teilungserklärung zu erklären. Ich erkläre den Profis nachher, was da reingehört, damit sie einen Vorteil davon haben und schneller verkaufen können zum Beispiel. Das schon, aber nicht die Grundlagen, wie ich kaufe. Und ich glaube, das macht es dann auch aus, dass die Leute dann sehen, man kann da wirklich Geld mit verdienen. Man kann wirklich Leute glücklich machen, auf beiden Seiten. Lösung und Problemlösung für den Verkäufer, weil der hat einen großen Schmerz, den wir lindern können und dann auf der anderen Seite eben auch eine Immobilie verkaufen, die toll hergerichtet ist, die gut aussieht, die auch funktioniert, die nicht stinkt, die hell und die sauber ist. Und das ist eben das Geschäft, was wir machen. Wir bedienen einfach eine hungrige Meute an Leuten, die einfach eine schöne Wohnung kaufen möchten und auf der anderen Seite helfen wir Leuten, die ihre Wohnung schnell verkaufen wollen.

Tomek: Also es entstehen wirklich Mehrwerte dabei. Das ist auch, glaube ich, das, was viele gar nicht sehen und *get rich quick*, das ist eine Sache, das funktioniert vermutlich nicht, zumindest nicht ohne Fleiß, aber *get rich* funktioniert mit Immobilien, wenn man bereit ist, Arbeit hineinzustecken. Und wenn man auch bereit ist, eine hohe Schlagzahl zu entwickeln, viel zu besichtigen, sich fortzubilden, an sich zu arbeiten und dann aus den Immobilien einfach bessere Immobilien zu machen, die eine größere Käuferschicht haben, als die schlechte unrenovierte Immobilie, bei der du die Perle siehst, die sich dahinter verbirgt. Aber derjenige, der sie in dem Moment verkauft, der hätte es ja eigentlich theoretisch sogar auch selber machen können. Wenn Menschen dir folgen wollen und mehr darüber erfahren wollen, was du genau mit deiner Community machst, wo können sie es am besten tun?

Oliver: Am besten bei *Instagram oliverfischer.de* eingeben. Auf *YouTube* bin ich auch aktiv und öfter veröffentliche ich mal eben auch Projekte, die wir machen. Vielleicht auch mal ein Webinar, wo du daran teilnehmen kannst, was du dir anschauen kannst. Auch da sind bei *YouTube* schon einige Sachen hinterlegt.

Zahlen und Details zu Oliver Fischers erstem Immobilien-Deal

Jahr: 1985

Stadt: Delmenhorst (Niedersachsen)

Kaufpreis: 55.000 DM (heute ca. 28.118 Euro) für 2 Wohnungen

Kaufnebenkosten: 4.675 DM (heute ca. 2.338 Euro)

Makler: Nein

Deal-Art: Nur Flip

Renovierungskosten: 0 Euro

Wie ist der Stand jetzt? Wurde verkauft

Gesamtinvestitionskosten: 59.675 DM (heute ca. 30.501 Euro)

Verkaufspreis: Eine Wohnung für 42.000 DM (heute ca. 21.474 Euro), die andere Wohnung für 80.000 DM (heute ca. 40.903 Euro)

Gewinn: ca. 62.325 DM (heute ca. 31.859 Euro)

Das ganze Interview mit Oliver findest du hier als Folge des *Deals-and-Dreams*-Podcasts:

Oliver Fischer:

2

Immobilienmärkte verstehen

Wie funktioniert der Immobilienmarkt? Angebot und Nachfrage

Der Immobilienmarkt basiert auf Angebot und Nachfrage, die Preis und Verfügbarkeit bestimmen. Wer ihn versteht, kann gezielt investieren. Gleichzeitig müssen immer zwei Märkte betrachtet werden. Zum einen der Mietmarkt: Zu welchem Quadratmeterpreis Kaltmiete kann ich eine Wohnung ideal vermieten? Zum anderen der Kaufmarkt: Wie viel ist meine Immobilie aktuell wert, und wie entwickelt sich der Wert, wenn sich meine Miete nach oben entwickelt?

Angebot und Nachfrage als Kernfaktoren

Das Angebot auf dem Immobilienmarkt umfasst alle verfügbaren Immobilien, die zum Kauf oder zur Miete angeboten werden. Die Größe und Zusammensetzung des Angebots werden durch verschiedene Faktoren beeinflusst, darunter Neubauaktivitäten, Zinssätze, wirtschaftliche Entwicklungen, Stadtentwicklungsprojekte sowie gesetzliche Regulierungen. Diese Einflussgrößen bestimmen maßgeblich, wie viele Immobilien auf dem Markt verfügbar sind und wie sich die Preise entwickeln.

Die Nachfrage auf dem Immobilienmarkt wird maßgeblich von Faktoren wie dem Bevölkerungswachstum, dem Einkommensniveau, den Zinssätzen sowie aktuellen Wohntrends beeinflusst. Diese Elemente bestimmen, wie viele Menschen Immobilien suchen und welche Art von Wohnraum gefragt ist. Dadurch wirkt sich die Nachfrage direkt auf die Marktentwicklung und die Preisgestaltung aus.

Marktzyklen und ihre Bedeutung

Der Immobilienmarkt durchläuft wiederkehrende Zyklen:

In der **Boomphase** steigt die Nachfrage stark an, die Preise erhöhen sich deutlich, und zahlreiche Neubauvorhaben werden umgesetzt. In der darauffolgenden **Sättigungsphase** übersteigt das Immobilienangebot die Nachfrage, was zu einer Preisstagnation führt. Im **Abschwung** sinkt die Nachfrage, die Preise fallen, und die Anzahl der Bauprojekte nimmt ab. In der anschließenden **Erholungsphase** zieht die Nachfrage wieder an, und die Investitionen in den Immobilienmarkt steigen erneut.

In den letzten 20 Jahren gab es insbesondere in den Großstädten aufgrund des verstärkten Zuzugs keine Abflachung mehr auf dem Mietmarkt. Der Mietmarkt ist vielmehr durch das mangelnde Angebot überhitzt.

Diese Zyklen prägen das Marktgeschehen und sind wichtige Faktoren bei Investitionsentscheidungen. Die Kenntnis dieser Zyklen hilft bei optimalen Kauf- und Verkaufsentscheidungen. Die Mieten sinken in der Regel nicht.

Lokale vs. globale Märkte

Globale Trends beeinflussen den Markt, doch regionale Unterschiede sind groß:

- Der Immobilienmarkt in Großstädten unterscheidet sich deutlich von jenem in ländlichen Regionen. In urbanen Zentren sorgt eine starke Nachfrage für hohe Preise, während Immobilien auf dem Land zwar günstiger, aber auch weniger gefragt sind. Diese Gegensätze haben erheblichen Einfluss auf die Investitionschancen und die potenzielle Wertentwicklung von Immobilien. Besonders seit Corona sind jedoch die Speckgürtelbereiche von Großstädten enorm an Nachfrage gestiegen.
- In wirtschaftlich starken Regionen sorgt eine hohe Beschäftigungsquote für Stabilität auf dem Immobilienmarkt. Eine prosperierende Wirtschaft führt zu einer kontinuierlichen Nachfra-

ge nach Wohnraum und unterstützt somit eine positive Wertentwicklung der Immobilien. Deshalb gelten solche Gegenden als besonders attraktive Investitionsstandorte. Denk daran, dir auch die Arbeitslosenzahlen in der Region anzusehen.

- Ausländische Investoren haben einen bedeutenden Einfluss auf die Immobilienmärkte in Metropolen. Durch ihre Käufe steigern sie die Nachfrage und prägen somit die Preisentwicklung und Dynamik in großen Städten. Dadurch werden urbane Zentren immer stärker zu internationalen Hotspots für Immobilieninvestitionen.

Makro- und Mikrolagen: Die Bedeutung von Standortfaktoren

Der Standort beeinflusst Wert und Attraktivität einer Immobilie. Man unterscheidet zwischen Makrolage (Region) und Mikrolage (direktes Umfeld). Beide bestimmen Nachfrage, Preis und Wertentwicklung.

Makrolage – Der übergeordnete Standort

Makrolage beschreibt die allgemeine Lage einer Immobilie, geprägt durch wirtschaftliche und infrastrukturelle Faktoren.

Wichtige Faktoren

Wirtschaftsstärke: In wirtschaftlich starken Regionen wie München oder Frankfurt sind die Immobilienmärkte besonders stabil. Die solide wirtschaftliche Lage und die hohe Zahl an Arbeitsplätzen sorgen dafür, dass diese Standorte eine sichere Basis für langfristige Wertsteigerungen und attraktive Investitionsmöglichkeiten bieten.

Bevölkerungsentwicklung: Die Entwicklung der Bevölkerungszahlen beeinflusst maßgeblich die Immobilienpreise. In Städten mit wachsender Bevölkerung steigen die Preise meist aufgrund der höheren Nachfrage. Dagegen führen rückläufige Bevölkerungszahlen in schrumpfenden Regionen häufig zu Stagnation, da weniger Wohnraum benötigt wird.

Infrastruktur: Die Qualität der Infrastruktur spielt eine entscheidende Rolle für die Attraktivität eines Immobilienstandorts. Besonders gut ausgebaute Verkehrsverbindungen und ein effizientes öffentliches Verkehrsnetz erhöhen die Lebensqualität und machen die Gegend sowohl für Bewohner als auch für Investoren attraktiver, was sich positiv auf die Immobilienwerte auswirkt.

Lebensqualität: Die Lebensqualität spielt eine zentrale Rolle bei der Beurteilung von Immobilienstandorten. Wichtige Kriterien sind dabei eine gute Bildungsinfrastruktur, eine umfassende medizinische Versorgung, abwechslungsreiche Freizeitangebote sowie eine intakte und angenehme Umwelt, die den Standort für Bewohner und Investoren attraktiv machen.

Politik: Politik wirkt sich maßgeblich auf die Attraktivität von Immobilienstandorten aus. Fördermaßnahmen können Investitionen fördern, während Mietpreisregulierungen Einfluss auf die Vermietbarkeit und die Rendite von Immobilien haben. Daher sind politische Rahmenbedingungen entscheidende Faktoren bei der Beurteilung von Immobilienmärkten.

Mikrolage – Das direkte Umfeld der Immobilie

Die Mikrolage umfasst die unmittelbare Umgebung der Immobilie und beeinflusst die Lebensqualität sowie die Attraktivität für Käufer und Mieter.

Wichtige Faktoren

Verkehrsanbindung: Die verkehrstechnische Anbindung spielt eine entscheidende Rolle für die Attraktivität einer Immobilie. Eine gute Erreichbarkeit durch Bus, Bahn oder Autobahnen steigert das Interesse potenzieller Mieter und Käufer und kann somit die Nachfrage und den Immobilienwert positiv beeinflussen.

Einkaufsmöglichkeiten: Eine gute Versorgung mit Einkaufsmöglichkeiten erhöht den Wohnwert eines Standorts deutlich. Supermärkte, Restaurants und andere Geschäfte des täglichen Bedarfs bieten Komfort und Lebensqualität, was die Attraktivität der Wohnlage für Mieter und Eigentümer steigert.

Bildung & Betreuung: Schulen und Kindertagesstätten sind für Familien ein wichtiger Standortfaktor. Eine gute Bildungs- und Betreuungsinfrastruktur erhöht die Lebensqualität und macht Wohnlagen besonders attraktiv für Eltern mit Kindern – was sich positiv auf die Nachfrage nach Immobilien auswirkt.

Freizeit & Erholung: Parks, Grünanlagen und Sporteinrichtungen tragen erheblich zur Attraktivität eines Wohnstandorts bei. Sie bieten Raum für Erholung, Bewegung und Freizeitgestaltung und erhöhen dadurch die Lebensqualität für Bewohner jeden Alters – ein klarer Vorteil bei der Entscheidung für eine Immobilie.

Lärm & Umwelt: Eine hohe Lärm- oder Umweltbelastung kann die Lebensqualität erheblich beeinträchtigen und den Immobilienwert senken. Faktoren wie Verkehrslärm, industrielle Emissionen oder schlechte Luftqualität mindern die Attraktivität eines Standorts und wirken sich häufig negativ auf die Nachfrage aus.

Nachbarschaft: Die Qualität der Nachbarschaft ist ein entscheidender Faktor für die Wohnattraktivität. Saubere, gut gepflegte Viertel mit geringer Kriminalität schaffen ein sicheres und angenehmes Lebensumfeld, das sowohl Bewohner als auch Investoren anspricht. Dadurch steigen meist auch der Wert und die Nachfrage nach Immobilien in solchen Gegenden.

Makro- und Mikrolage im Zusammenspiel

Eine gute Makrolage nützt wenig, wenn die Mikrolage unattraktiv ist – und umgekehrt. Beide sollten sorgfältig analysiert werden.

Tipps zur Standortbewertung

Bevor man sich für eine Miet- oder Kaufimmobilie entscheidet, sollte man zunächst die aktuellen Preise am Markt sorgfältig vergleichen. Auch ein Blick auf geplante Bauvorhaben in der Umgebung kann hilfreich sein, um mögliche Veränderungen im Wohnumfeld frühzeitig zu erkennen. Gespräche mit Anwohnern liefern oft wertvolle Einblicke in das tägliche Leben vor Ort. Zudem können digitale Tools bei der Analyse des Immobilienmarkts unterstützen und nützliche Informationen zu Preisentwicklungen und Standortfaktoren liefern.

Mein Lieblings-Online-Tool ist das kostenlose *Immocation*-Standort-Tool, das super viele Daten inklusive Bevölkerungsentwicklung, Durchschnittsmieten und Bevölkerungszahlen zusammenfasst und dabei einen perfekten Überblick bietet. Ich selbst achte besonders auf die Bevölkerungs- und Arbeitslosenentwicklung der letzten zehn Jahre, den *Prognos*-Rang und den *Prognos*-Dynamikrang. Mithilfe dieses Tools habe ich für mich Standorte überprüft, um festzustellen, ob Deals, die mir angeboten wurden, sich auch wirklich langfristig lohnen.

Aber Achtung: Nur weil *Prognos* eine negative Bevölkerungsentwicklung in den nächsten zehn Jahren voraussagt, heißt das noch lange nicht, dass diese wirklich eintreten wird. Auch hier schaue ich mir die Entwicklung der letzten zehn Jahre an.

Auch eine absolute Tool-Empfehlung ist *PriceHuble*. Dieses Tool ist zwar nicht kostenlos, aber jeden Euro wert. Was besonders attraktiv bei *PriceHuble* ist, ist die automatisierte Mikrolagenanalyse, die Analyse der Miet- und Kaufangebote der Vergangenheit. Das Tool archiviert ehemalige Immobilienanzeigen der Portale und gibt damit einen besonders guten Überblick, selbst wenn Stand jetzt nur wenige vergleichbare Angebote online sind.

Marktzyklen erkennen und für sich nutzen

Der Immobilienmarkt schwankt. Welcher Zyklus wann eintritt, ist allerdings nicht vorhersehbar. In der Vergangenheit war – bis auf die schnelle Zinswende im Jahr 2022 – der Wandel im Immobilienmarkt auch immer sehr langsam. Wie der liebe Markus Beforth zu sagen pflegt, den du im Buch finden wirst: „Wenn es sich rechnet, rechnet es sich.“ Somit sollte eine Marktphase nie deine Entscheidung, zu kaufen oder nicht zu kaufen, bestimmen. Vielmehr solltest du deine Angebote an der Marktphase ausrichten und über den Angebotspreis die Rentabilität deines Investments sichern.

Die vier Phasen des Immobilienmarktzyklus

1. **Boom (Expansion):** In der Boomphase treiben ein starkes Wirtschaftswachstum, niedrige Zinssätze und eine wachsende Nachfrage die Immobilienpreise nach oben. Gleichzeitig nimmt die Bautätigkeit deutlich zu, da Investoren und Entwickler die günstigen Rahmenbedingungen für Neubauvorhaben nutzen.

   Merkmale: Während eines Booms zeichnen sich die Immobilienmärkte durch eine hohe Nachfrage sowie steigende Preise und Mieten aus. Günstige Finanzierungsbedingungen begünstigen die Investitionsbereitschaft, was zu einer erhöhten Bautätigkeit führt.

2. **Sättigung (Hochphase):** In der Sättigungsphase stagniert die Entwicklung der Immobilienpreise, da das Angebot die Nachfrage übersteigt. Der Markt ist geprägt von einer Fülle an verfügbaren Objekten, wodurch das Wachstum an Preissteigerungen vorerst zum Erliegen kommt.

   Merkmale: Die Immobilienpreise bleiben auf hohem Niveau, doch das Wachstum verläuft nur noch schleppend. Gleichzeitig reduziert sich die Anzahl der Kaufinteressenten, und die Bautätigkeit nimmt ab, da weniger neue Bauvorhaben gestartet werden.

3. **Abschwung (Rezession):** Ein wirtschaftlicher Abschwung oder eine Rezession führt häufig zu einem Rückgang der Nachfrage. Gleichzeitig steigen die Kosten für Finanzierungen, was Investitionen unattraktiver macht. Diese Entwicklungen wirken sich preisdämpfend aus, da das Angebot die sinkende Nachfrage übersteigt.

   Merkmale: Aktuell lässt sich am Immobilienmarkt eine deutliche Entwicklung beobachten: Die Immobilienpreise sind zurückgegangen, während die Zinsen kontinuierlich gestiegen sind (Juni 2025). Infolge dieser Situation werden immer weniger Neubauten umgesetzt, da sich Bauvorhaben durch die höheren Finanzierungskosten zunehmend schwieriger realisieren lassen.

4. **Erholung (Aufschwung):** Der Immobilienmarkt ist in einer Phase der Erholung: Die Preise steigen allmählich, während die Zinsen nachgeben. Diese Kombination deutet auf eine zunehmende Marktstabilität hin und schafft verbesserte Bedingungen für Kaufinteressenten und Investoren.

   Merkmale: Am Immobilienmarkt sind erste Anzeichen für steigende Preise erkennbar, begleitet von einer wachsenden Nachfrage nach Mietwohnungen. Parallel dazu verbessern sich die Bedingungen für Finanzierungen, was den Immobilienerwerb für viele wieder attraktiver macht.

Den richtigen Zeitpunkt für Investitionen wählen

Der beste Zeitpunkt zum Investieren war vor langer Zeit. Da wir aber schlecht in die Vergangenheit reisen können, ist der beste Zeitpunkt zum Investieren immer jetzt.

Die typischen Aussagen „Jetzt ist es zu spät, um in den Immobilienmarkt einzusteigen“ oder „Früher war alles günstiger“ haben somit keine Grundlage. Denn auch in zehn Jahren von heute werden die Menschen erzählen, dass sie damals vor zehn Jahren hätten investieren sollen, aber alles viel zu teuer war. Und das wird immer so weitergehen.

Auch hier gilt: „Zu teuer“ gibt es nicht, da nur der Käufer den Preis bestimmt. Wenn du also eine tolle Immobilie entdeckst, die sich noch nicht rechnet, dann unterbreite ein begründetes Angebot und überzeuge den Verkäufer charmant und liebevoll, warum dein Preis der angemessenere ist.

Außerdem gibt es im Immobilienbereich nicht „den Markt“, weil jede Immobilie überall ein wenig anders ist – sei es die Lage im Gebäude, die Möglichkeit der Erweiterung durch Außenbereiche oder der Ausbau von Dachböden zur Erweiterung der Nutzfläche.

Es ist deine Aufgabe als Immobilieninvestor, diese Potenziale zu entdecken, zu heben, dadurch einen tollen Mehrwert zu erschaffen und somit durch Wertsteigerung und mehr Mieteinnahmen belohnt zu werden.

Marktzyklen frühzeitig erkennen

Die Analyse aktueller Wirtschaftsdaten liefert wichtige Anhaltspunkte für die Entwicklung auf dem Immobilienmarkt. Niedrige Zinssätze, ein steigendes Bruttoinlandsprodukt sowie eine hohe Beschäftigungsrate sprechen für ein wirtschaftliches Umfeld mit positiver Dynamik. Gleichzeitig sollte man bei Immobilienangeboten genau hinschauen: Der geforderte Angebotspreis entspricht nicht zwangsläufig dem tatsächlichen Kaufpreis. Eine gründliche Beobachtung des Marktes ist daher unerlässlich, um fundierte Entscheidungen treffen zu können.

Das Wachstum der Bevölkerung und die Migration haben einen großen Einfluss auf die Nachfrageentwicklung am Immobilienmarkt. Steigende Einwohnerzahlen und Zuzüge führen meist zu einer erhöhten Nachfrage nach Wohnraum, was sich deutlich auf die Marktentwicklung und die Preisgestaltung auswirkt.

Interview mit Sophie Neef

Tomek: Sophie hat nicht nur eine absolut beeindruckende Zahl von *Instagram*-Followern – 55.000, wie ich gerade gelernt habe –, sondern sie hat auch tatsächlich schon mit ihrem ersten Deal angefangen, sich mittlerweile selbstständig gemacht und hilft inzwischen auch anderen bei ihrem ersten Deal. Ich freue mich heute sehr, viel über sie zu erfahren – über ihren ersten Deal, aber auch besonders darüber, was vielleicht vielen Frauen im Weg steht. Schön, dass du heute zu Gast bist. Herzlich willkommen.

Sophie: Ja, herzlichen Dank für die Einladung, Tomek. Ich freue mich sehr, dass ich heute hier sein darf.

Tomek: Gerne, gerne. Erzähl vielleicht noch einmal mit deinen eigenen Worten: Wie begann deine Karriere im Immobilienbereich? Wo kommst du überhaupt her – und warum dann auf einmal Immobilien? Wie ist das passiert?

Sophie: Ja, also das war bei mir tatsächlich eher ein Zufall als ein großer Plan. Ich war in einer relativ typischen Konzernkarriere als Angestellte tätig. Dann kam Corona – und mit Corona durch Zufall ein Werbevideo, das mir auf *YouTube* zum Thema Immobilien ausgespielt wurde. Ich habe mir dann noch etwas umfangreichere Beratungsunterstützung geholt und 2021 wirklich gestartet.

Tomek: Hol uns mal ein bisschen ab, wenn du magst: Wie war denn dein erster Deal? Wo befindet der sich überhaupt – und wie ist es dazu gekommen? Wie hast du ihn gefunden?

Sophie: Ja, der erste Deal ist tatsächlich in meiner Heimatstadt Frankfurt (Oder). Es ist schon ein bisschen herausfordernd zu sagen, ob es jetzt wirklich *der* erste Deal ist – darüber können wir gleich noch ein bisschen genauer sprechen. Das ist schon gar nicht so trivial, denn es war definitiv die erste Wohnung, für die ich beim Notar saß.

Tomek: Ich glaube auch, das hört nicht auf. Aber nimm uns mal ein bisschen mit in die Zahlen: Was hat die Wohnung gekostet? Hast du mit oder ohne Makler gekauft? Was waren die Kaufnebenkosten? Und wo stand die Wohnung damals, als du sie gekauft hast?

Sophie: Also, die Wohnung ist zunächst von der Lage her fußläufig vom Bahnhof zu erreichen, um möglichst viel Zielpublikum abdecken zu können. Die Wohnung hat letztendlich 50.000 Euro gekostet und war nicht inseriert.

Tomek: Und weißt du noch, wie deine Finanzierungskonditionen damals waren?

Sophie: Ja, wenn ich das erzählen darf, ohne dass die Zuschauer und Zuhörer anfangen zu weinen: Es war ein effektiver Zinssatz von 1,22 Prozent und eine Tilgung von 2 Prozent.

Tomek: Wenn ich das gerade richtig sehe, hast du, glaube ich, mit einer Kaltmiete von 355 Euro angefangen. Jetzt hast du aber gesagt, dass du schon wieder neu vermietet hast. Wo liegst du denn momentan?

Sophie: Jetzt stehe ich tatsächlich bei 415 Euro.

Tomek: 415 Euro, das ist, wenn ich das hier richtig sehe, tatsächlich eine Bruttomietrendite von zehn Prozent. Ich glaube, beim Start zum ersten Deal hängen die größten Hindernisse und vielleicht auch die größten Mindset-Blockaden. Was war es denn bei dir? Was waren deine Ängste vor dem ersten Immo-Deal?

Sophie: Ich glaube, das war fast noch diffuser als diese ganz konkreten Probleme. Über die bin ich dann eher gestolpert, als ich schon so weit war, eine Wohnung kaufen zu können, und gemerkt habe, ich traue mich jetzt nicht ganz. Aber davor, noch bevor ich überhaupt da stand, dass ich eine Wohnung hätte kaufen können, war es dieses ganz diffuse Gefühl, so eine große Summe. Also die ist ja dann sehr schnell sechsstellig. Und ich hatte noch nie ein sechsstelliges Vermögen auf dem Konto. Oder das war irgendwie so ungreifbar. Die Zahlen nimmt man auf über die Bank. Also mich hat, glaube ich, wirklich die Zahl – also meine Hürde war die Zahl an sich, die reine Zahl.

Zahlen und Details zu Sophie Neefs erstem Immobilien-Deal

Jahr: 2021

Stadt: Frankfurt Oder (Brandenburg)

Kaufpreis: 50.000 Euro (Darlehen 58.000 Euro)

Kaufnebenkosten: 6.000 Euro

Makler: Ja (Off-Market)

Deal-Art: Buy & Hold

Quadratmeter: 43 m^2

Anfangsmiete: 355 Euro

Renovierungskosten: 3.000 Euro (Kücheneinbau und neue Tür)

Zinsbindung: 10 Jahre

Zins: 1,22 %

Tilgung: 2 %

Annuität: 3,23 % bzw. 156 Euro pro Monat

Anfangsrendite: 8,5 %

Nettomietrendite: 5,3 %

Finanzierungsanteil: 116 %

Cashflow vor Steuern: 133 Euro

Vermietungsmodell: Klassische Vermietung

Wie ist der Stand jetzt? Ich habe das Objekt im Frühjahr 2022 erstmals neu vermietet (war leerstehend). Da meine Mieterin nach einem Jahr überraschend verstorben ist, habe ich für 415 Euro zum Herbst 2023 neu vermietet.

Aktueller Wert: PH aktuell: 70.000 Euro

Ist-Miete: 415 Euro

Ist-Rendite: 10 %

Cashflow vor Steuern (aktuell): 173 Euro

Das ganze Interview mit Sophie findest du hier als Folge des *Deals-and-Dreams*-Podcasts. Hier befindet sich auch der Link zu Sophies *Starters Guide*, den ich dir wirklich sehr ans Herz legen möchte.

Sophie Neef:

Interview mit Samet Evcil

aka *Immodaddy*

Tomek: Wer bist du und was machst du?

Samet: Ich bin Samet aus Wiesbaden, 37 Jahre alt, habe zwei Kinder und mache viel im Immobilienbereich.

Tomek: Erzähl mal, wie ist es, in dieses Game hineinzurutschen?

Samet: Also, zu dem Zeitpunkt war ich Schichtarbeiter in der Papierfabrik. Man muss wissen, dass alles, was ich mir bisher aufgebaut habe, wirklich eine Selfmade-Story ist. Ich komme aus ganz armen Verhältnissen, beide Elternteile sind Schwerbehinderte gewesen. Ich hatte auch niemanden in der Familie, der mir hätte erzählen können, wie Immobilien funktionieren oder der selber Immobilienbesitz hatte.

Ich bin den klassischen Weg gegangen: Ich habe meine Ausbildung zum Maschinenführer/Industriemechaniker gemacht und bin dann hier gelandet. Fast zehn Jahre habe ich in der Papierfabrik gearbeitet. Und ja, wie man das so macht: Man ist in der Firma, hat einen Festvertrag und denkt das erste Mal darüber nach, lieber etwas zu kaufen, als Miete zu zahlen – so, wie es die meisten eben machen. Genau so war das damals bei mir und auch bei meiner Exfrau.

Wir haben gesagt: „Ey, komm, lass uns eine Eigentumswohnung kaufen." Wir sind nicht aus der Ecke Wiesbaden/Mainz, und die Mieten waren damals schon echt sportlich. Man konnte also statt Miete zu zahlen auch einfach etwas kaufen. Das war der Grundgedanke. Wir haben lange gesucht, aber nichts Passendes für eine Eigentumswohnung gefunden. Irgendwann kam dann mein damaliger Schwiegervater und meinte: „Hey, ich habe von einem befreundeten Pärchen gehört, die verkaufen ihr Grundstück mit ihrem Haus. Wäre das nichts für euch?"

Ich habe erst mal abgelehnt und gesagt: „So ein Haus ist vielleicht doch eine Nummer zu groß, ich habe einfach Angst vor den Kosten." Wir waren damals beide circa 25 Jahre alt, also noch relativ jung, und hatten Angst vor diesem großen Schritt – ein riesiges Haus zu kaufen, die Kosten, was, wenn etwas kaputt geht, die Heizung kaputt ist und so weiter. Ich habe einfach als Schichtarbeiter, der netto ungefähr 3.000 Euro verdient hat, nicht gewusst, wie das alles funktioniert.

Mein Schwiegervater ist uns fast zwei Wochen hinterhergelaufen. Ich bin ihm heute noch echt dankbar, dass er das gemacht hat. Er hat uns immer wieder gesagt: „Schaut euch das Haus doch mal an, das ist echt toll und günstig." Und dann hat er uns überredet, zu der Besichtigung zu gehen.

Wir sind dann hingefahren, er zeigt uns das Grundstück – etwa 1.700 Quadratmeter groß. Ich war erst mal baff: „Okay, und um welches Haus geht es?" Da sagt er: „Ja, das hier und das da." Ich dachte nur: „Oh, wir wollten ja eigentlich nur eine Eigentumswohnung kaufen!" Und wir standen da in der halben Straße in Wiesbaden.

Lange Rede, kurzer Sinn: Wir haben das damals tatsächlich gekauft, ohne wirklich Ahnung von Immobilien zu haben – wirklich null. Auch mein Schwiegervater hatte bis dato erst einmal in seinem Leben ein Einfamilienhaus gekauft und somit auch kaum Erfahrung mit Immobilien.

So sind wir quasi in das Immobilienthema reingestolpert: Auf der Suche nach einer kleinen Eigentumswohnung hatten wir plötzlich ein Eigenheim und wurden auch noch Vermieter. Auf dem Grundstück steht nämlich ein großes Zweifamilienhaus, dazu ein Bungalow, ein Einfamilienhaus separat und noch eine kleine Gewerbeeinheit – eine Halle mit Büro. Also drei oder sogar vier Einheiten auf diesem Grundstück.

Wir haben das damals sehr günstig gekauft – für 290.000 Euro. Das war ein absolutes Schnäppchen. Warum so günstig? Das Pärchen, das verkauft hat, stand kurz vor der Privatinsolvenz. Was wir gemacht haben, war im Grunde nur die Ablösung des Restdarlehens. Alles andere wäre sowieso in die Insolvenzmasse geflossen.

Heute müsste das Ganze locker 1,3 bis 1,4 Millionen Euro wert sein. So sind wir also reingestolpert, wirklich auf der Suche nach einer kleinen Eigentumswohnung, und haben dann gleich so ein riesiges Grundstück gekauft. Plötzlich waren wir Vermieter und hatten gleichzeitig unser Eigenheim – zwei Fliegen mit einer Klappe geschlagen. Und ja, da sitze ich heute noch, im Dachgeschoss, in meinem Wohnort. So war der Start.

Zahlen und Details zu Samet Evcils erstem Immobilien-Deal

Jahr: 2012

Stadt: Wiesbaden (Hessen)

Kaufpreis: 290.000 Euro

Kaufnebenkosten: 23.200 Euro

Makler: Nein, ohne Makler

Deal-Art: Buy & Hold

Quadratmeter: 300 m^2

Anfangsmiete: 2.800 Euro

Renovierungskosten: 25.000 Euro

Zinsbindung: 10 Jahre

Zins: 3,2 %

Tilgung: 2 %

Annuität: 5,2 % bzw. 1.256 Euro pro Monat

Anfangsrendite: 9,93 %

Finanzierungsanteil: 100 %

Cashflow vor Steuern: 1.500 Euro

Vermietungsmodell: Klassisch

Wie ist der Stand jetzt? Entmietet, entwickelt und neu vermietet, aktuelle Mieteinnahmen 4.500 Euro, folgefinanziert weitere zehn Jahre zu 1,8 % Zinsen, monatliche Rate ca. 900 Euro, somit aktuelle Rendite knapp 16 % und Cashflow ca. 3.600 Euro pro Monat

Aktueller Wert: 1,3 Mio. Euro

Ist-Miete: 4.500 Euro

Ist-Rendite: 16 %

Cashflow vor Steuern (aktuell): 3.600 Euro

Das ganze Interview mit Samet findest du hier als Folge des *Deals-and-Dreams*-Podcasts, ebenso wie den Link zu Samets *No Limit Club*, den ich jedem ans Herz legen möchte.

Samet Evcil:

Interview mit René Zeitel

Tomek: René, hol uns doch mal ab. Wer bist du? Was machst du?

René: Ich bin Investment-Privatier und Geschäftsführer der *HKG Unternehmensgruppe* in Hamburg, Familienvater und habe irgendwann festgestellt, dass das, was ich wohl die ganze Zeit als normal empfand, sehr spannend ist, wenn man es teilt. Und das mache ich nun seit drei Jahren. Da haben wir uns auch kennengelernt, Tomek. Seitdem sehen wir uns auf vielen Formaten. Ja, und das teile ich auf *Instagram* mit der Erfahrung von 20 Jahren.

Tomek: Jetzt könnte man ja meinen, wenn man sich deinen Lifestyle bei *Instagram* anschaut, der René, der ist doch garantiert mit einem goldenen Löffel geboren. Ist das denn so gewesen?

René: Ich kann absolut verstehen, dass man das so denkt. Aber: Nein, das ist nicht so gewesen. Ganz normal groß geworden. Meine Mutter ist Lehrerin und mein Vater Messingenieur. Aber irgendwann hat es mich so getrieben, und ich wollte irgendwie raus und immer etwas Größeres und Neues erreichen. Ich habe ja 15 Jahre Bundeswehr unterschrieben, und das war eine coole Zeit. Aber nein, es ist nicht so. Und das habe ich auch gerade letztens mit einem Kumpel festgestellt: Wenn du Generation Erbe bist, dann bist du nicht Self-Made. Es gibt diese zwei Lager. Und mit Generation Erbe kann ich mich meistens, weil ich auch so durch und durch Unternehmer bin, gar nicht so gut unterhalten, weil ja das Spannende eigentlich der Weg dahin ist. Ich glaube, das ist auch heute unser Thema hier: Wie kam es dahin und welche Immobilien waren so die Anfänge? Ich habe so gehört, dass du mich das genau fragen möchtest, aber dass es genau das natürlich nicht war, sondern dass ich nicht geerbt habe und dann einfach von alleine irgendwelche Häuser gekauft habe, weil ich das Geld hatte. Das war leider nicht der Fall. Aber vielleicht auch gut, weil genau der Weg ja das ist, was es so spannend macht.

Tomek: Was ich immer wieder bewundere: Ich habe das Thema Immobilien ja viel, viel später angefangen als du, und ich hatte schon das Glück, dass es, als ich mit Immobilien angefangen habe, schon die ersten *YouTube*-Videos zu dem Thema gab, dass Menschen schon Inhalte geteilt haben. Dass es Bücher gab – das war ja zu deiner Zeit noch komplett anders.

René: Gar nicht eigentlich. Es gab vielleicht mal spezialisierte Makler, auch für Zwangsversteigerungsimmobilien oder Insolvenzimmobilien. Die hat man dann von Maklern bekommen – ich habe die Makler eigentlich irgendwann gefunden, weil es dort provisionsfreie Immobilien gab. Weil ich auch da natürlich immer geguckt habe, dass ich etwas Günstiges kaufe. Aber so gab es das sonst nicht. Du hast dann einfach große Maklerhäuser gehabt, an die du dich gewandt hast, wenn du Mehrfamilienhäuser kaufen wolltest. Und bei mir ging es ja auch gleich damit los. Das ist, glaube ich, ein guter Weg gewesen. Was aber nicht heißt, dass es Glück war, sondern man hat wahrscheinlich aufs richtige Pferd am Anfang gesetzt. Du hast das vorhin ganz gut gesagt: Vorbereitung trifft Gelegenheit. Finde ich richtig gut. War auch der Weg. Ich habe mich natürlich vorbereitet, viel gelesen, im Internet versucht zu recherchieren, wie viel Rate ich für die eine oder andere Summe zahle und wie viel Miete ich in einem Haus bekommen müsste. Und dann tastete man sich irgendwie so ran. Das Haus ist ganz schön teuer, da muss ich eine hohe Rate zahlen. Das gab es nirgends zu lesen. Aber das ist ja eigentlich kein Hexenwerk. Aber danach habe ich einfach nur gesucht. Ich habe immer dieses Gap eingekauft, also die Differenz zwischen Rate und Mieteinnahmen, weil ich wusste, ich habe dann 2.000 Euro im Monat plus. Wenn ich jetzt schaffe, dass das Haus immer bewohnt ist und die Mieter immer zahlen, habe ich ja mein Leben lang 2.000 Euro. Wirklich runtergebrochen ist das eigentlich das, was sich bis jetzt auch noch durchzieht.

Jedes Haus muss sich in sich alleine tragen oder über eine Zeit der Entwicklung, Sanierung, unterstützende Einnahmen. So ist es bei der Buy-&-Hold-Strategie. Aber irgendwann gab es dann auch kleinere Häuser, und irgendwann gab es auch dieses erste bei mir, dieses erste Mehrfamilienhaus, und das war dann erwerbbar auch mit den Mieteinnahmen und dem Gehalt, das ich bei der Bundeswehr hatte.

Zahlen und Details zu René Zeitels erstem Immobilien-Deal

Jahr: 2004

Bundesland: Mecklenburg-Vorpommern

Kaufpreis: 205.000 Euro

Kaufnebenkosten: 20.000 Euro

Makler: Ja

Deal-Art: Buy & Hold

Quadratmeter: 300 m^2

Anfangsmiete: ca. 20.000 Euro pro Jahr

Renovierungskosten: 0 Euro

Zinsbindung: 10 Jahre

Zins: 5,5 %

Tilgung: 1 %

Annuität: 6,5 % bzw. 1.218,75 Euro pro Monat

Anfangsrendite: 8,89 %

Finanzierungsanteil: 100 %

Cashflow vor Steuern: 5.375,04 Euro pro Jahr

Vermietungsmodell (Sondervermietung?): Normal

Ist-Miete: ca. 40.000 Euro pro Jahr

Ist-Rendite: Abbezahlt, Miete kommt rein

Cashflow vor Steuern (aktuell): 100 % (40.000 Euro)

Das ganze Interview mit René findest du hier als Folge des *Deals-and-Dreams*-Podcasts:

René Zeitel:

Interview mit Daniel Kleinert

Tomek: Magst du dich einmal kurz selbst vorstellen? Wer bist du und was machst du?

Daniel: Ich bin Daniel Kleinert und komme aus Berlin. Ich bin 48 Jahre alt. Man kann sagen, ich habe mir den Traum erfüllt: vom Angestellten im Großkonzern zum selbstständigen Unternehmer mit finanzieller Freiheit. Ich habe 18 Jahre lang im Großkonzern gearbeitet, Eisenbahninfrastruktur gebaut und gemanagt. Dort habe ich die klassische Karriere durchlaufen – vom Azubi bis zum Manager, mit entsprechenden Verantwortungen, Boni und allem, was dazugehört.

2001 – darüber sprechen wir jetzt – habe ich mein erstes Haus gekauft. Das war noch recht unbedarft. Aber 2008 habe ich dann wirklich verstanden, was Immobilien bewirken können. Ich habe erkannt: Ich kann mir mit Immobilien meine Träume erfüllen. Und mein Traum war es schon immer, finanziell unabhängig zu werden – ja, sogar reich zu werden. Also habe ich 2008 angefangen, sehr gezielt und strukturiert in Immobilien zu investieren. Ich habe in der Zeit unglaublich viel über Immobilien gelernt. Und heute mache ich genau das, wovon ich mit Anfang 20 immer geträumt habe: Ich arbeite mit Immobilien, bin selbstständig, Unternehmer – und darf mein Wissen weitergeben.

Ich bin heute Coach bei *Immocation*. Und genau das, was ich dort tue – meine Erfahrungen weitergeben und andere auf ihrem Weg begleiten – ist das, was mein Leben heute erfüllt und mich wirklich glücklich macht.

Tomek: Lass uns mal zurückkommen auf deinen ersten Deal – den gab es ja tatsächlich noch zu D-Mark-Zeiten.

Daniel: Ich wollte schon immer unabhängig und reich werden – selbst zu DDR-Zeiten, obwohl mir klar war: Das wird schwierig. Ich hatte als Kind einen kleinen Globus und träumte mit der Taschenlampe in der Hand davon, die Welt zu bereisen. Mehr als Balaton war damals aber nicht drin.

Als die Mauer fiel, wusste ich: Jetzt liegt es an mir. In den 90ern stürzte ich mich in die Börse – voller Leidenschaft. Ich habe alles gelesen, was ich finden konnte, Kostolany war mein Held. Ich setzte sogar 2001 auf fallende Kurse – lag richtig, aber meine Optionen liefen aus, kurz bevor 9/11 die Märkte zusammenbrechen ließ. Das war für mich der Wendepunkt: Aktien sind nicht mein Weg.

Noch im selben Jahr kaufte ich mit einem Schulfreund mein erstes Mehrfamilienhaus – in Kremmen, für 100.000 D-Mark. Die Miete lag bei rund 1.150 D-Mark, die Finanzierung klappte, die Rate betrug 720 Euro. Zwei Wohnungen, ein Allianzbüro – und ein Rentnerpaar, das mir vor Ort half. So begann meine Reise als Immobilieninvestor – der erste echte Schritt in Richtung Freiheit.

Zahlen und Details zu Daniel Kleinerts erstem Immobilien-Deal

Jahr: 2001

Stadt: Kremmen (Brandenburg)

Kaufpreis: 100.000 DM (heute ca 51.129 Euro)

Kaufnebenkosten: 12.000 DM (heute ca 6.136 Euro)

Makler: Ja

Deal-Art: Buy & Hold

Quadratmeter: 225 m^2

Anfangsmiete: 1.100 DM pro Monat (heute ca. 562 Euro)

Renovierungskosten: 10.000 DM (heute ca. 5.112 Euro)

Zinsbindung: 10 Jahre

Zins: 6 %

Tilgung: 1 %

Annuität: 7 %

Anfangsrendite: 13,2 %

Finanzierungsanteil: 110 %

Vermietungsmodell: Normale Vermietung

Wie ist der Stand jetzt? Verkauft

Aktueller Wert: ca. 250.000 Euro

Verkaufspreis: 100.000 Euro

Gesamtinvestitionskosten: 110.000 DM (heute ca. 56.243 Euro) ausgenommen KNK

Gewinn: ca. 43.757 Euro

Daniel Kleinert:

Das ganze Interview mit Daniel findest du hier als Folge des *Deals-and-Dreams*-Podcasts:

3

Rendite, Cashflow und Co.

Der Erfolg einer Immobilieninvestition steht und fällt mit den richtigen Kennzahlen. Wer langfristig profitabel investieren möchte, sollte wichtige Kennzahlen wie Mietrendite, Cashflow und Eigenkapitalrendite verstehen und berechnen können.

Wichtige Kennzahlen: Mietrendite, Cashflow, Eigenkapitalrendite

Mietrendite

Die Mietrendite zeigt das Verhältnis der jährlichen Mieteinnahmen zum Kaufpreis der Immobilie. Sie gibt einen ersten Anhaltspunkt dafür, ob sich eine Investition lohnt.

- **Bruttomietrendite:** Eine hohe Bruttomietrendite bedeutet grundsätzlich, dass die Immobilie hohe Einnahmen im Verhältnis zum Kaufpreis generiert. Allerdings berücksichtigt sie keine Kosten wie etwa für Instandhaltung oder Verwaltung.
- **Nettomietrendite:** Die Nettomietrendite gibt eine genauere Einschätzung der Rentabilität, da hier auch die Bewirtschaftungskosten einfließen.

Cashflow

Der Cashflow zeigt, ob die Immobilie nach Abzug aller Kosten einen positiven oder negativen Geldfluss generiert. Ein **positiver Cashflow** bedeutet, dass die Immobilie sich selbst trägt und zusätzlich Einnahmen erwirtschaftet. Ein **negativer Cashflow** erfordert hingegen eine monatliche Zuzahlung.

Achtung: Auch Immobilien mit negativem Cashflow können lohnenswerte Investments sein – vor allem in guten Lagen und unter Berücksichtigung der Wertentwicklung. Ebenso kannst du durch die Steuerabschreibung häufig Immobilien, die vor der steuerlichen Abschreibung noch einen negativen Cashflow haben, in Immobilien mit positivem Cashflow verwandeln. Dies kannst du noch verstärken durch Gutachten zur Restnutzungsdauer.

Eigenkapitalrendite

Die Eigenkapitalrendite misst die Rentabilität des eingesetzten Kapitals und zeigt, wie effektiv das eigene Geld in der Immobilie arbeitet. Ein hoher Fremdkapitalanteil kann die Eigenkapitalrendite steigern. Entscheidend ist hier das richtige Gleichgewicht zwischen Ertrag und Sicherheit. Besonders bei guten Deals mit einem geringeren Kaufwert im Verhältnis zum Markt ergibt es Sinn, eigenkapitalschonend und im Idealfall sogar ohne Eigenkapital einzukaufen. Das ist wirklich nur bei Immobilien möglich: dass du bei guter Bonität ohne Anzahlung für dich völlig kostenlos eine Immobilie kaufen kannst. Die steuerliche Abschreibung verstärkt auch hier noch diesen Prozess.

Nebenkosten und Steueraspekte berücksichtigen

Beim Kauf und der Verwaltung einer Immobilie fallen neben dem Kaufpreis zahlreiche weitere Kosten und steuerliche Verpflichtungen an. Eine Kenntnis dieser Faktoren ist wichtig, um die Rentabilität einer Investition realistisch einzuschätzen. Es ist jedoch einfacher, als du im ersten Moment denkst.

Nebenkosten beim Immobilienkauf

Neben dem eigentlichen Kaufpreis entstehen einmalige Erwerbsnebenkosten, die in die Kalkulation einfließen sollten:

- **Grunderwerbsteuer:** Abhängig vom Bundesland zwischen 3,5 Prozent und 6,5 Prozent des Kaufpreises (2024).

- **Notar- und Grundbuchkosten:** Ich rechne immer pauschal mit ca. 2 Prozent des Kaufpreises.
- **Maklerprovision:** Falls ein Makler involviert ist, kann die Provision bis zu 6 Prozent des Kaufpreises zzgl. Mehrwertsteuer betragen.
- **Finanzierungskosten:** Bearbeitungsgebühren und Zinsen bei einer Fremdfinanzierung sollten berücksichtigt werden.

Diese Nebenkosten summieren sich meist auf bis zu 15 Prozent des Kaufpreises und sollten in der Gesamtinvestition eingeplant werden.

Laufende Nebenkosten

Nach dem Erwerb entstehen regelmäßige Kosten, die sich auf die Rentabilität auswirken:

- **Grundsteuer:** Diese ist jährlich zu entrichten und abhängig von der Kommune und dem Wert der Immobilie.
- **Versicherungen:** In Deutschland ist es zwar nicht gesetzlich vorgeschrieben, eine Wohngebäudeversicherung abzuschließen, allerdings verlangen dies alle Banken, wenn man einen Kredit für eine Immobilie abschließt. Auch sollte man eine Hausrat- und Haftpflichtversicherung abschließen, wobei dies aber auch keine Pflicht ist, sondern dem Schutz dient.
- **Instandhaltungsrücklagen:** Dies sind regelmäßige Rücklagen für Reparaturen und Modernisierungen. Dies kannst du, falls du eine einzelne Wohnung kaufst, direkt über die Hausverwaltung abwickeln. Die Rücklagen betreffen das allgemeine Eigentum der Hauseigentümergemeinschaft. Unabhängig davon solltest du dir auch selbst eine Rücklage bilden, sodass du beim Mieterwechsel aus dieser Rücklage eine eventuelle Renovierung bezahlen kannst.
- **Verwaltungsgebühren:** Dies sind Kosten für externe Hausverwaltungen oder eigene Verwaltungstätigkeiten.

- **Betriebskosten:** Dies sind Nebenkosten, die nicht auf den Mieter umgelegt werden können, z. B. nicht umlagefähige Instandhaltungen.

Steuerliche Aspekte

Die Besteuerung von Immobilieninvestitionen beeinflusst die Nettorendite erheblich. Wichtige Steuerfaktoren sind:

- **Einnahmen aus Vermietung:** Mieteinnahmen müssen als Einkommen versteuert werden.
- **Abschreibungen:** Lineare Abschreibung von 2 bis 3 Prozent pro Jahr auf den Gebäudewert senkt die Steuerlast.
- **Werbungskosten:** Zinsen, Instandhaltung, Fahrtkosten und weitere Aufwendungen können steuerlich geltend gemacht werden.
- **Spekulationssteuer:** Verkauft man eine Immobilie innerhalb von zehn Jahren nach dem Kauf mit Gewinn, fällt diese Steuer an. Nach der Haltefrist bleibt der Gewinn steuerfrei. Dies gilt nur für vermietete Immobilien. Selbstbewohnte Immobilien können bereits nach zwei Jahreswechseln steuerfrei verkauft werden. Und wenn die Immobilie leer ist und von dir zwischenzeitlich bewohnt wird, dann theoretisch noch viel schneller.
- **Gewerbesteuer:** Wer zu viele Immobilien im Handelsmodell verkauft, könnte als gewerblicher Händler eingestuft werden und Gewerbesteuer zahlen müssen.

Interview mit Laura Schick

Tomek: Laura hat ein ganz boldes Statement – und das steht gleich auf ihrem Buch: *Blondinen können alles – außer Geld.* Aber erzähl erst einmal: Wer bist du? Was machst du?

Laura: Ja, ich bin ein Multitalent, könnte man sagen. Also, es fängt damit an, Mama einer mittlerweile sechsjährigen Tochter zu sein. Ich bin selbst Investorin für Immobilien in Berlin und im Umland. Beruflich bin ich in einem Investmentmaklerunternehmen tätig. Dort arbeite ich als Maklerin, klassisch in der Vermittlung von Immobilien, die dem Kapital- und Vermögensaufbau dienen sollen – also keine selbstgenutzten Immobilien im vordergründigen Sinne. Und ja, das ist so der Dreiklang, mit dem ich unterwegs bin.

Tomek: Und als Autorin hast du dich auch schon behauptet.

Laura: Genau, das Buch ist im April 2023 erschienen. Es war ein sehr spannendes Projekt und hat auch eine Weile gedauert. Bis es dann schließlich veröffentlicht wurde, waren das ungefähr drei Jahre Arbeit.

Tomek: Einmal vorweggenommen: Ist das Titel auch das Resümee, oder was verrätst du alles in dem Buch? Wie geht es aus?

Laura: Es sind Kapitel für Frauen, von einer Frau geschrieben. Ich spreche explizit die Leserin an, und es soll eigentlich ein wenig einen Weg aufzeigen, wie man es machen kann – auch Ängste vor dem Thema Immobilieninvestment nehmen. Ich glaube, das ist bei vielen Frauen eine Hürde, weil sie denken, sie müssten Angst vor großen Zahlen haben.

Tomek: Hundertprozentig. Ich habe auch gelernt – tatsächlich sogar in einem deiner Vorträge –, dass Frauen ein ganz anderes Mindset beim Investieren haben als Männer. Und vielleicht, um da auch einmal das Leid dieser und mit Sicherheit vieler anderer Branchen zu beklagen.

Laura: Ja, ich war noch in jungen Jahren, sozusagen. Ich habe mit 23 meine erste Immobilie gekauft – in Berlin-Mitte, direkt hinter dem Schloss Bellevue in der Melanchthonstraße. Es gibt mehrere Straßen dieses Namens in Berlin, aber meine ist eben die in Tiergarten. Und ich habe ja vorhin gesagt, ich bin Maklerin. Damals, vor zwölf Jahren, hatte ich diese Wohnung im Vertrieb. Ich hatte einen irischen Eigentümer, der nicht wirklich eine Ahnung vom Berliner Immobilienmarkt hatte. Der hatte die Wohnung irgendwann einmal gekauft, dann liegen lassen und sich nie darum gekümmert. Irgendwann ist ihm dann doch aufgefallen, dass sie noch Bestandteil seines Portfolios ist und er sie loswerden möchte. Dann sollten wir sie anbieten. Ich habe das übernommen, weil ich damals noch nicht so lange im Büro war – das war mein erstes Jahr, ehrlich gesagt, oder vielleicht der Anfang des zweiten. Er hat uns die Wohnung also angeboten. Ich habe mich damals auch noch um Eigentumswohnungen gekümmert. Nur mit dem Nachteil: Die Mieterin, die er da drin hatte, hat niemanden reingelassen. Es war halt so eine klassische Berliner Altmieterin. Sie wollte natürlich von einem Verkauf gar nichts wissen und diesen auch schon gar nicht unterstützen. Der Kaufpreis lag bei 50.000 Euro.

Tomek: Und dementsprechend hast du genau die richtige Entscheidung getroffen. Und was toll ist: dass du weitergemacht hast. Dass du nicht nur gesagt hast, du machst ein oder zwei Wohnungen. Ist für dich die Einkaufstour schon vorbei? Willst du weiter ankaufen? Oder wie geht deine Immobilienreise weiter?

Laura: Ja, also der ursprüngliche Plan war eigentlich mal, so alle zwei Jahre eine Immobilie anzukaufen, weil das das gewesen ist, was ich in der Vergangenheit auch immer gut geschafft habe.

Tomek: Wenn Menschen mehr über dich erfahren wollen, wo können sie dir denn folgen? Wo bist du denn zu finden?

Laura: Ja, klassisch bei *LinkedIn* und *Instagram* gibt es natürlich Kanäle von mir. Und ansonsten kann man mich googeln. Da gibt es wahnsinnig viele Einträge. Es macht übrigens total Spaß, wenn man sich selber mal googelt. Ich mache das nicht so häufig, aber wenn man es mal macht, ist es wirklich witzig, was da so alles kommt. Ja, und ansonsten eben über die gewerbliche Homepage bei *Schick Immobilien*.

Zahlen und Details zu Laura Schicks erstem Immobilien-Deal

Jahr: 2013
Stadt: Berlin (Berlin)
Kaufpreis: 50.000 Euro
Kaufnebenkosten: 3.000 Euro
Makler: Ich war selbst die Maklerin
Deal-Art: Buy & Hold
Quadratmeter: 32,85 m^2
Anfangsmiete: 250 Euro kalt
Renovierungskosten: ca. 15.000 Euro
Zinsbindung: 15 Jahre
Zins: 3,4 %
Tilgung: 5,5 %
Annuität: 8,9 %
Anfangsrendite: 5,6 %
Finanzierungsanteil: 20.000 Euro Eigenkapital
Cashflow vor Steuern: quasi plus/minus null
Vermietungsmodell: unbefristete Vermietung
Aktueller Wert: 200.000 Euro
Ist-Miete: 660 Euro kalt
Ist-Rendite: 15 %
Cashflow vor Steuern (aktuell): 530 Euro

Das ganze Interview mit Laura findest du hier als Folge des *Deals-and-Dreams-*Podcasts:

Laura Schick:

Interview mit Johannes Lemminger

Tomek: Johannes und mich verbinden tatsächlich ganz, ganz viele Dinge. Er ist nicht nur unser Steuerberater, er ist auch mein Co-Investor – wir haben gemeinsam mehrere Mehrfamilienhäuser. Außerdem ist er Buchautor, inzwischen sogar mehrfacher Buchautor. Mit seinem Buch *Steuern machen Spaß* hat er es – völlig verdient – auf die Bestsellerliste geschafft. Wir sind übrigens auch im selben Netzwerk – bei *Die wichtigste Stunde* von Maurice. Johannes, für alle, die dich noch nicht kennen: Stell dich doch einfach mal vor – wer bist du und was machst du?

Johannes: Ich bin auch Buchautor – ja. Zacharias Zaster ist mein Alias. Ganz witzige Geschichte: Am Anfang von Zacharias Zaster – das war 2018 – dachten tatsächlich alle, ich wäre dieser Zacharias Zaster, weil ich gar nicht vor die Kamera gegangen bin. Da war nur diese Figur, dieser Zaster, und irgendwann habe ich dann gesagt: „Okay, jetzt muss ich das auch mal öffentlich machen" – also die Verbindung herstellen, auch zur Kanzlei.

Ich bin also auch Steuerberater – ich habe diesen Titel noch. Es steht ganz offiziell: Steuerberater. Neulich war ich auf einer Veranstaltung – da bekommst du so ein schönes Namensschild. Und dann wurde ich angesprochen: „Ah, du bist Steuerberater?" Ich war erst irritiert, hab's gar nicht verstanden – aber klar, stand ja auf dem Namensschild. Und dann habe ich gesagt: „Ja, ich habe den Titel – aber heute bezeichne ich mich lieber als einen Menschen mit Herz und Begeisterung." Ich glaube, das beschreibt am besten, was ich heute wirklich tue.

Tomek: Würde mich freuen, wenn du uns alle mal abholst: Wie war dein allererster Immobiliendeal? Wo war der, wie ist er zustande gekommen, was ist daraus heute geworden – und vor allem: Wohin hat er dich heute geführt?

Johannes: Die erste Immobilie habe ich 2001 gekauft. Es war eine ganz normale Eigentumswohnung in Achern, Baden-Württemberg. Der Kaufpreis lag bei 378.000 D-Mark.

Die Kaufnebenkosten waren damals erstaunlich gering, weil die Grunderwerbsteuer in Baden-Württemberg zu der Zeit auch niedriger war. Sie betrug damals 3,5 Prozent. Heute sind es hier 5 Prozent – was ja immer noch relativ moderat ist.

Der Kauf lief komplett ohne Makler ab, weil 2001 auch mein Einstieg ins Berufsleben war. Es war deswegen ohne Makler, weil ich bei einem Kunden gekauft habe, der Immobilienprojekte vermittelt hat und auch selbst gebaut hat.

Fix & Flip hatte ich damals noch gar nicht gekannt. Wahrscheinlich hätte ich es für irgendeinen Comic gehalten, denn dass das etwas mit Immobilien zu tun hat, war mir gar nicht bewusst. Und das ist auch so die spannende Geschichte: Du studierst BWL mit Fachrichtung Steuern, und trotzdem weißt du nicht, was Fix & Flip bedeutet. Heute würde ich denken: „Hey, was hast du denn studiert?"

Es war ein Neubau, Renovierungskosten gab es also keine. Wir konnten sogar noch genau auswählen, welche Fliesen und Ausstattung wir wollten. Die Zinsbindung betrug zehn Jahre, so wie heute auch. Und der Zins lag damals bei etwa 5,5 Prozent – also im Regelfall.

Zahlen und Details zu Johannes Lemmingers erstem Immobilien-Deal

Jahr: 2001

Stadt: Achern (Baden-Württemberg)

Kaufpreis: 378.000 DM

Kaufnebenkosten: ca. 17.000 DM

Makler: Nein

Deal-Art: Buy & Hold

Quadratmeter: 90 m^2

Anfangsmiete: 545 + 35 = 580 DM

Renovierungskosten: Keine bzw. Neubau

Zinsbindung: 10 Jahre

Zins: 5,5 %

Tilgung: Ansparen Depot und KLV

Anfangsrendite: ca. 3,5 %

Finanzierungsanteil: 100 %

Cashflow vor Steuern: Negativ

Wie ist der Stand jetzt? Wie hat sich die Immobilie entwickelt? Verkauf an mich (320.000 Euro)

Aktueller Wert: 320.000 Euro

Ist-Miete: 850 Euro

Ist-Rendite: 3,2 %

Cashflow vor Steuern (aktuell): Leicht negativ

Johannes Lemminger:

Das ganze Interview mit Johannes findest du hier als Folge des *Deals-and-Dreams*-Podcasts:

Interview mit Johanna Bauer

aka *Immo-Oma*

Tomek: Ich habe gerade erfahren: Bei deinem ersten Deal gab es den Schilling noch.

Johanna: Genau. Mein erster Deal war vor 25 Jahren – das war knapp vor der Euro-Einführung, also 1999. Aber es war nicht meine erste Wohnung. Meine erste Wohnung hatte ich sieben Jahre vorher.

Tomek: Bei der ersten vermieteten Wohnung: Was war der Kaufpreis damals?

Johanna: Der Kaufpreis lag damals bei etwa 42.000, in Euro gerechnet.

Tomek: Was ist dein Vermietungsmodell?

Johanna: Ja, ich habe ganz normal angefangen – damals mit einem ganz normalen Mieter. Ich habe jetzt noch einmal genau nachgeschaut und umgerechnet: Der hat damals 3.900 Schilling Bruttomiete gezahlt, und 800 Schilling waren Betriebskosten. Und Mehrwertsteuer gibt es in Österreich ja auch auf die Miete. Meine Nettomiete war damals umgerechnet 200 Euro. Also nicht sehr viel. Ich meine, gemessen am Kaufpreis auch wieder nicht so dramatisch wenig – eigentlich. Aber natürlich macht man damit keine weiten Sprünge. Dieser Mieter ist dann ins Ausland gegangen und hat die Miete nicht mehr gezahlt. Dann war ich mit ihm vor Gericht. Er hat nachgezahlt und wollte bleiben, aber er hat gekündigt. Und ich habe irgendwie davon gehört, dass man an Touristen vermieten könnte. Da habe ich mir gedacht: Aha, das probiere ich jetzt. Ich habe dann immer Anrufe bekommen – von aller Herren Länder. Die haben mich angerufen und gesagt: „Wow, das funktioniert ja wirklich!" Die waren ganz überrascht. Mein Geschäftsmodell war so: Ich habe die Mieter nicht im Voraus bezahlen lassen. Ich habe immer gesagt: „Ihr könnt zahlen, wenn ihr ankommt." Weil ich mir gedacht habe, sonst sind sie misstrauisch – es war ja alles noch nicht eingeführt. Ich habe mir gedacht: Dann haben sie kein Risiko. Und wenn einer storniert, dann storniert er halt. Aber damals hat niemand storniert, weil es so wenige Apartments gab.

Tomek: Wie viele Wohnungen hast du mittlerweile?

Johanna: Eigentlich habe ich ein sehr kleines Portfolio – im Vergleich zu den anderen Größen, die in deinem Buch auftreten werden. Aber ich habe immerhin zwölf vermietete Wohnungen. Ich habe eine Freundin, die ist zehn Jahre jünger als ich. Also: Ich bin 75, sie ist 65. Sie ist in Pension gegangen, war Lehrerin. Sie kann nicht aufhören zu arbeiten. Kannst du dir das vorstellen?

Tomek: Weil das Geld nicht reicht. Die Lösung: Immobilien.

Johanna: Die Lösung dafür: rechtzeitig anfangen. Meine erste Anlagewohnung habe ich mit 50 gekauft. Eigentlich möchte man glauben, es sei viel zu spät. Aber mit 65 war ich lastenfrei. Es ist nie zu spät – also, mit 60 ist es fast zu spät, weil man da kaum noch Darlehen bekommt.

Tomek: Was gibt es eigentlich bei dem Thema Verwaltung zu beachten? Verwaltest du selbst? Lässt du dich unterstützen? Wie organisierst du das?

Johanna: Also, ich habe keine Hausverwaltung. Ich habe einen Angestellten, der geringfügig beschäftigt ist – für 300 Euro. Und es fällt ja nur sehr wenig Arbeit an. Muss man ja wissen: Es ist kein passives Einkommen, aber doch ein fast passives Einkommen.

Zahlen und Details zu Johanna Bauers erstem Immobilien-Deal

> **Jahr:** 1999 (das war meine erste vermietete Immobilie), davor habe ich meine selbstgenutzte Wohnung gekauft, da weiß ich leider die Zahlen nicht mehr.
>
> **Stadt (Land):** Wien (Österreich)
>
> **Kaufpreis:** 41.400 Euro

Kaufnebenkosten: 2.900 Euro

Makler: Nein, ich war selbst die Maklerin

Deal-Art: Buy & Hold

Quadratmeter: 38 m^2

Anfangsmiete: Das weiß ich nicht mehr, aber von Cashflow konnte damals keine Rede sein, die Zinsen lagen bei 6 %

Renovierungskosten: 19.000 Euro

Zins: 6 %

Annuität: 5,96 % bzw. 300 Euro pro Monat

Anfangsrendite: Negativ, ab 2004 touristische Vermietung und Cashflow

Vermietungsmodell: Ab 2004 touristisch. *Airbnb* gab es noch nicht, *booking.com* nahm noch keine privaten Ferienwohnungen auf. Also habe ich über eine selbst geschriebene HTML-Website, die bei *Google* auf Seite 1 gerankt war, weltweit vermietet.

Wie ist der Stand jetzt? Vermietet an einen Expat für 950 Euro brutto inkl. Strom, Gas und Garage. Cashflow 490 Euro vor Steuern, das sind knapp 13 Euro/m^2 nach Abzug aller Kosten.

Aktueller Wert: 220.000 Euro

Ist-Miete: 950 Euro brutto

Ist-Rendite: Je nach dem, von welchem Wert aus man es berechnet. Bezogen auf meine Einstandskosten: ca. 9 %, bezogen auf den jetzigen Wert: ca. 2,7 %

Cashflow vor Steuern: 490 Euro

Das ganze Interview mit Johanna findest du hier als Folge des *Deals-and-Dreams*-Podcasts:

Johanna Bauer:

Interview mit Christopher W. Brée

Tomek: Stell dich bitte kurz vor: Wer bist du und was machst du?

Christopher: Mein Name ist Christopher W. Brée. In meiner Funktion als Partner und Geschäftsführer bei *Best Place Invest* bin ich für die Vermittlung und Transaktionsbegleitung von Anlageimmobilien verantwortlich. Wir konzentrieren uns auf wohn- und geschäftlich genutzte Immobilien wie Mehrfamilienhäuser, größere Wohnanlagen, Bürohäuser, Hotels, Gewerbeimmobilien sowie Grundstücke mit Entwicklungspotenzial. Unser Schwerpunkt liegt – durch unsere eigenen Büros vor Ort – in den Lagen Berlin, Frankfurt, Hamburg und München. Von dort aus betreuen wir Investoren und Eigentümer deutschlandweit.

Tomek: Aber zwischendurch hat es sich ja noch mal in ein ganz anderes Genre entwickelt.

Christopher: Ja, tatsächlich. Musik war für mich immer ein Ventil – ein Weg, um mit Dingen umzugehen, die nicht leicht waren. Deshalb habe ich meine gesamte Jugend über Musik gemacht. Später hatte ich dann – während meiner Tätigkeit als Immobilienmakler – die Möglichkeit, das beruflich zu machen. Im großen Stil: Ich wurde von einer großen deutschen Plattenfirma unter Vertrag genommen und habe drei Jahre lang hauptberuflich Musik gemacht. Aber irgendwann habe ich gemerkt: Mein erwachsenes Ich gehört in die Immobilienwelt. Und deshalb habe ich diesen Weg wieder aufgenommen.

Tomek: Du hast heute für uns einen ersten Deal mitgebracht, allerdings nicht deinen eigenen. Magst du uns dazu mal etwas erzählen?

Christopher: Der Deal war – und ist – für mich bis heute ein besonderer. Vor allem wegen der Umstände: Er fand direkt nach meinem Wiedereinstieg als Makler statt und war für mich ein „Magic Moment“ – so nenne ich Situationen, in denen alles plötzlich zusammenpasst. Davon erlebt man vielleicht ein bis zwei im Jahr – dieser Moment war einer davon.

Ich saß damals bei einem Eigentümer und fragte ihn offen, ob er derzeit Immobilien zum Verkauf anbietet. Er zeigte mir eine Auswahl an Objekten – und erwähnte dabei eher beiläufig: „Ach ja, da ist noch ein schwieriges Haus in Schwerin. Spielcasino drin, stark sanierungsbedürftig, will niemand haben, bekommen wir nicht verkauft." Dann legte er das Exposé beiseite und machte mit der nächsten Immobilie weiter.

Ich hakte sofort nach: „Entschuldigen Sie bitte – welches Objekt genau meinten Sie?" Denn allein beim Wort *Spielcasino* hatte ich direkt einen sehr konkreten Kunden im Kopf.

Der Eigentümer erklärte mir, dass das Gebäude tatsächlich problematisch sei: Ein Casino im Erdgeschoss, ein Verein im Hinterhaus, viel Leerstand, erheblicher Sanierungsbedarf mit Schimmelbefall – und ein letzter verbliebener Mieter, der schwer kalkulierbar sei. Genau in dem Moment war mir klar: Dieses Objekt passt exakt zu einem meiner Investoren – dem größten Casinobetreiber in Mecklenburg-Vorpommern. Und Schwerin liegt mitten in seinem Kernmarkt. Ein Casino? Kein Hindernis. Ein Verein im Hinterhaus? Muss man prüfen, aber grundsätzlich machbar. Schwierige Mieter? Kennt er. Sanierungsstau? Alltag für ihn – er verfügt über ein eigenes Bauunternehmen und setzt solche Projekte regelmäßig um.

Ich habe mir die Rahmendaten geben lassen und sofort den Hörer in die Hand genommen. Seine Reaktion: „Klingt spannend – das will ich mir anschauen." Wir sind gemeinsam nach Schwerin gefahren. Ein beeindruckender Altbau – wer Schwerin kennt: direkt am Bahnhof, rechte Seite. Von außen sehr charmant, innen allerdings in einem desolaten Zustand. Fast alle Einheiten standen leer. Ein Mieter im Dachgeschoss war noch vor Ort, freundlich, hat uns reingelassen – aber insgesamt eine eher schwierige Konstellation.

Während der Besichtigung hat mein Kunde sofort Potenzial erkannt: „Hier kann man Wohnungen zusammenlegen, dort umbauen …" – er war sofort im Projektmodus. Der Mieter oben übertrieb dann noch die Bauschäden drastisch – sprach sogar von Einsturzgefahr. Für einen Moment dachte ich: Das könnte jetzt kippen. Aber mein Kunde blieb souverän: „Kein Problem, das kenne ich.“ Auch das Thema Verein war für ihn kein Ausschlusskriterium. Und das Casino? Entweder wird es langfristig aufgewertet – oder er bringt dort sein eigenes Konzept unter. So oder so: eine klare Win-win-Situation für ihn.

Zahlen und Details zu Christopher W. Brées erstem Immobilien-Deal

Jahr: Januar 2018

Stadt: Schwerin (Mecklenburg-Vorpommern)

Kaufpreis: 420.000 Euro

Kaufnebenkosten: 51.200 Euro

Makler: Ja, mit mir

Deal-Art: Buy & Hold

Quadratmeter: 1.227 m^2

Anfangsmiete: ca. 3.500 Euro pro Monat

Renovierungskosten: 500.000 Euro (119 % des Kaufpreises)

Ist-Miete: 10.000 Euro pro Monat

Ist-Rendite: 13,04 %

Das ganze Interview mit Christopher findest du hier als Folge des *Deals-and-Dreams*-Podcasts:

Christopher W. Brée:

4

Die richtige Strategie wählen

Bevor du in Immobilien investierst, solltest du dir über eines im Klaren sein: Was ist dein eigentliches Ziel? Nur wer seine persönlichen Ziele kennt, kann eine passende Strategie entwickeln und fundierte Entscheidungen treffen.

Die drei häufigsten Motivationen hinter Immobilieninvestments sind Vermögensaufbau, laufender Cashflow und Sicherheit – und jede dieser Zielsetzungen erfordert ein anderes Vorgehen.

Persönliche Ziele definieren: Vermögensaufbau, Cashflow oder Sicherheit

Vermögensaufbau: Langfristig denken

Beim Vermögensaufbau geht es darum, durch Immobilien über einen längeren Zeitraum Werte zu schaffen. Dabei steht weniger der monatliche Überschuss im Vordergrund, sondern die Wertsteigerung der Immobilie sowie die Unterstützung der Tilgung des Darlehens durch die Mieteinnahmen.

- **Typische Strategie:** Kauf von Objekten in aufstrebenden Lagen mit Entwicklungspotenzial. Anfangs kann der Cashflow gering oder neutral sein, aber langfristig steigt der Immobilienwert – und damit dein Vermögen.
- **Zielgruppe:** Junge Investoren oder Berufstätige mit stabilem Einkommen, die langfristig Vermögen aufbauen wollen und auch den anfänglich negativen Cashflow durch ihr Gehalt auffangen können.

Cashflow: Monatliche Einnahmen generieren

Wer finanzielle Freiheit anstrebt oder zusätzliche Einkommensquellen sucht, fokussiert sich meist auf Objekte mit positivem Cashflow. Hier ist das Ziel, dass die Mieteinnahmen nach Abzug aller Kosten (Kredit, Instandhaltung, Verwaltung usw.) regelmäßig Geld in die eigene Tasche spülen.

- **Typische Strategie:** Investitionen in Regionen mit hoher Mietrendite – oft außerhalb der Top-Städte. Entscheidend ist, dass die Zahlen von Anfang an stimmen.
- **Zielgruppe:** Menschen, die sich durch Immobilien ein passives Einkommen aufbauen oder schneller unabhängig vom Angestelltenverhältnis werden möchten.

Sicherheit: Vermögen schützen und erhalten

Immobilien gelten als „Betongold" – und genau das suchen sicherheitsorientierte Anleger: Schutz vor Inflation, Werterhalt und Substanz. Der Fokus liegt auf stabilen Lagen, solider Bausubstanz und langfristig sicheren Mietverhältnissen.

- Typische Strategie: Kauf von hochwertigen Immobilien in etablierten, wirtschaftlich starken Regionen – oft mit geringer, aber sicherer Rendite.
- Zielgruppe: Anleger, die ihr Vermögen bewahren und risikoarm investieren möchten – z. B. Selbstständige, Familien oder Menschen kurz vor dem Ruhestand. Hier wird üblicherweise mit einem sehr hohen Eigenkapitalanteil gekauft.

Kurz- vs. langfristige Strategien

Die Entscheidung zwischen kurz- und langfristigen Strategien oder Projektentwicklung ist zentral für Investoren, da beide unterschiedliche Chancen, Risiken und Anforderungen mit sich bringen.

Kurzfristige Strategien

Bei kurzfristigen Anlagestrategien liegt der Zeithorizont meist zwischen wenigen Monaten und ein bis zwei Jahren. Sie eignen sich für Anleger, die schnell auf Marktbewegungen reagieren und in kurzer Zeit Gewinne erzielen möchten. Typisch für diese Art der Geldanlage sind hohe Flexibilität und schnelle Verfügbarkeit des Kapitals. Gleichzeitig geht das mit einem erhöhten Risiko und vergleichsweise hohen Transaktionskosten einher, da häufige Käufe und Verkäufe üblich sind.

Ein Beispiel aus der Praxis ist Fix & Flip (Immobilienhandel) – also der zügige Kauf, die Renovierung und der Weiterverkauf von Objekten. Wer kurzfristig investiert, braucht Marktkenntnis, ein gutes Timing und die Bereitschaft, mit Schwankungen umzugehen – dafür winken im Erfolgsfall schnelle Gewinne. Aber Achtung: Dreht sich die Zinslandschaft schnell, wie im Jahr 2022, in dem sich die Zinsen innerhalb von wenigen Monaten in der Spitze sogar verfünffacht haben, kann bei langfristigen Projekten auch schnell ein Verlust zustande kommen, da die Käufer in monatlichen Belastungen und nicht in Kaufpreis rechnen.

Wie es mit System viel schneller geht, kannst du unter anderem bei Oliver Fischer lernen. Oliver hat schon zahlreiche Fix & Flipper ausgebildet und zu Millionären gemacht. Oliver ist auch Teil dieses Buches. In seinem Interview lernst du mehr über ihn und seinen ersten Deal. Er hat bereits mit Fix & Flip angefangen, da gab es den Begriff noch gar nicht.

Langfristige Strategien

Langfristige Anlagestrategien (Buy & Hold) unterscheiden sich in der Wertzuwachs-Strategie, bei der du besonders in den Top-7-Städten darauf spekulierst. Mit einem Zeithorizont von mindestens zehn Jahren ermöglichen sie, Marktschwankungen zu überstehen und von stabiler Entwicklung zu profitieren.

Auf privater Ebene können Immobilien Stand jetzt (Juni 2025) auch noch nach zehn Jahren steuerfrei verkauft werden.

Das andere ist die Cashflow-Strategie, bei der du Objekte in B-, C-, D-, E- und F-Lagen kaufst. Die Wertentwicklung ist hier nicht so gut wie in den Top-7-Städten, allerdings bekommst du bei guter Vermietung mehr Geld auf dein Konto, als du an deine Bank zahlst.

Welche Immobilientypen passen zu Einsteigern?

Nicht jede Immobilienart eignet sich gleich gut für Anfänger. Die wichtigsten Typen – Eigentumswohnungen, Mehrfamilienhäuser und Gewerbeimmobilien – unterscheiden sich in Aufwand, Risiko und Chancen.

Eigentumswohnungen

Eigentumswohnungen sind für Einsteiger oft ideal, da sie wenig Eigenkapital und Verwaltungsaufwand erfordern. Vorteile sind die niedrigen Einstiegshürden, einfache Verwaltung und gute Vermietbarkeit, besonders in Städten. Mit dem richtigen Standort und Mieter sind Eigentumswohnungen eine solide Möglichkeit für den Vermögensaufbau.

Gerade bei der ersten Immobilie musst du nicht die eierlegende Wollmilchsau finden, sondern einfach nur rankommen, reinkommen und starten. Alleine in diesem Buch findest du mehrere Investoren, bei denen du perfekt deine erste Immobilie kaufen kannst. Dies sind unter anderem Tobias Bräunig, Nils Eiffler, Stephan Gerlach, Lennart Lauenroth, Verena Reiter, Moritz Sanders und auch mich selbst.

Meine Lieblingsstrategie ist übrigens eine Kombination aus Cashflow-Immobilien in B-, C-, D- und E-Lagen-Städten, wo ich mir ohne Probleme selbst 50 Prozent Leerstand leisten könnte und die Bankrate immer noch problemlos bedienen kann. Das Portfolio balanciere ich aus durch gelegentliche Zukäufe in A-Städten und ebenso flippe ich mit Partnern Wohnungen oder teile Mehrfamilienhäuser und verkaufe die einzelnen Wohnungen je nach Objekt an Eigennutzer und Kapitalanleger.

Mehrfamilienhäuser

Mehrfamilienhäuser bieten einen geringeren Quadratmeterpreis und dadurch meist höhere Renditen durch höhere Mieteinnahmen. Und ein Leerstandsrisiko trifft dich bei einem Mehrfamilienhaus nicht so hart wie bei einer einzelnen Wohnung. Hast du eine Wohnung, und diese steht leer und du bekommst sie aus welchem Grund auch immer nicht so schnell vermietet, trifft dich das viel härter, als wenn dir ein Mehrfamilienhaus oder 20 eigene Wohnungen gehören. Dass alle Mieter gleichzeitig kündigen, ist sehr unwahrscheinlich. Diese Immobilien sind ideal für Investoren, die bereit sind, mehr Zeit und Geld zu investieren, um langfristig höhere Erträge zu erzielen.

Gewerbeimmobilien

Gewerbeimmobilien können sehr lukrativ sein: Dank längerfristiger Mietverträge, hoher Renditen und geringer Mieterfluktuation bieten sie attraktive Einkommensquellen – vor allem bei stabilen Gewerbemietern wie Büros, Praxen oder Einzelhandelsflächen. Deshalb eignen sich Gewerbeimmobilien vor allem für erfahrene Investoren, die den Markt gut kennen und über das nötige Fachwissen verfügen.

In diesem Buch findest du auch den ersten Deal von Marco Mattes, der gleich mit einer 8.000-Quadratmeter-Lagerhalle als ersten Deal begann.

Projektentwicklung

Die Projektentwicklung ist gleich die Königsdisziplin. In diesem Buch findest du auch den ersten Deal von Christian Kröncke, der mit „Build to Hold"(also bauen, um es zu behalten) sein erstes Vermietungsobjekt einfach selbst gebaut hat. Oder Jan Taschlizki, der seinen ersten Deal mit einem Partner gemacht hat und gleich mit einer Projektentwicklung für 6,3 Millionen Euro Ankaufspreis plus Renovierungs- und Baukosten angefangen hat. Wie du siehst, sind die Strategien vielseitig.

Kurzzeitvermietung

Ob über *Airbnb*, *Booking* oder als Monteursunterkunft: Kurzzeitvermietung bietet Immobilienbesitzern die Chance, deutlich höhere Einnahmen zu erzielen als bei klassischer Langzeitvermietung. Durch die tage- oder wochenweise Vermietung an Touristen, Geschäftsreisende oder Handwerker kann – je nach Lage – ein attraktiver monatlicher Überschuss erwirtschaftet werden. Vor allem in gut angebundenen oder touristischen Regionen ist das Modell sehr gefragt. Auch im Umland von Großstädten oder in der Nähe von Industriegebieten kann sich die Vermietung an Monteure lohnen – oft sogar mit weniger Fluktuation als bei klassischen Kurzzeitgästen.

Wichtig: Wer erfolgreich vermieten will, muss rechtlich auf der sicheren Seite stehen. In vielen Städten gelten strenge Vorgaben zur Zweckentfremdung oder Anzeigepflicht. Zudem erfordert das Modell mehr Organisation – von der Reinigung über die Schlüsselübergabe bis hin zum Gästeservice.

Möblierte Vermietung

Die möblierte Vermietung gewinnt immer mehr an Bedeutung – besonders bei Menschen, die beruflich pendeln, zeitlich begrenzt in einer Stadt leben oder einfach sofort einziehen wollen. Für Vermieter bietet dieses Modell eine spannende Kombination aus höherer Mietrendite und größerer Flexibilität.

Mit einer vollständigen Ausstattung – von Möbeln über die Küche bis hin zu Haushaltsbasics – wird aus einer einfachen Wohnung ein gefragtes Zuhause auf Zeit. Dadurch lässt sich oft eine deutlich höhere Miete erzielen als bei unmöblierten Objekten. Zudem erlaubt die Kurz- oder Zwischenvermietung ein flexibles Management der Immobilie – etwa bei geplanter Eigennutzung oder einem späteren Verkauf.

Wichtig: Die Qualität der Ausstattung und ein ansprechendes Gesamtbild entscheiden über Nachfrage und Mietpreis. Wer professionell möbliert, sichert sich zufriedene Mieter und minimiert Leerstand.

Leere Grundstücke

Ein freies Grundstück ist mehr als nur ein Stück Land – es ist die Chance, etwas völlig Neues zu schaffen. Ob für den privaten Hausbau, ein Mehrfamilienhaus oder ein Gewerbeprojekt: Leere Grundstücke bieten maximale Freiheit bei der Planung und Gestaltung.

Gerade in guten Lagen oder Wachstumsregionen kann ein unbebautes Grundstück eine wertvolle Investition sein. Mit der richtigen Vision und einem Blick auf Baurecht und Erschließung wird aus ungenutzter Fläche ein attraktives Projekt mit langfristigem Potenzial.

Wichtig: Jedes Grundstück ist anders. Wer frühzeitig die rechtlichen und technischen Rahmenbedingungen prüft, kann Risiken minimieren – und den Grundstein für einen erfolgreichen Neubau oder eine solide Kapitalanlage legen.

Interview mit André Bodczian

Gründer: *FinEstHub*

Tomek: Erzähl mal ganz kurz – wer bist du und was machst du?

André: Ich bin Immobilienbestandshalter, habe mit Immobilien gehandelt und bin aktuell Geschäftsführer und Gründer von *FinEstHub*.

Tomek: Wir sind ja hier, um heute etwas über deinen ersten Deal zu erfahren, und ich freue mich, dass du ihn mitgebracht hast. Ich würde mich sehr freuen, wenn du uns einfach mal ein bisschen durchführst: Wann ist der erste Deal zustande gekommen? Wo ist er? Was hat er gekostet? Was hat er eingebracht? Wie hat er sich entwickelt?

André: Ich würde sogar noch einen Schritt vorher ansetzen: Wie bin ich überhaupt auf die Idee gekommen, diesen ersten Deal zu kaufen? Das ist recht spannend. Damals hatte ich einen Mit-Azubi – dieser Mit-Azubi hatte Immobilien gekauft und rief mich dann an: „Ich habe jetzt ein Haus gekauft." Das konnte ich kaum glauben, denn ich hatte zu dem Zeitpunkt wirklich null Ahnung. Ich habe dann den Makler angerufen und mir ein Objekt vorstellen lassen. Wir haben Ende 2015/Anfang 2016 – also gerade so zum Jahreswechsel – angefangen, die Finanzierung nach und nach aufzusetzen und darzustellen. Ich wollte die Nebenkosten mitfinanzieren und ein bisschen Geld auf die Hand mitnehmen, damit ich Rücklagen hatte. Es war alles ziemlich knapp. Tatsächlich hat damals sogar noch die *Deutsche Bank* finanziert. Ende 2016, Anfang 2017 haben dann die Gespräche mit der Bank begonnen. Der Eigentumsübergang war am 01.05.2017.

Tomek: Also, du hast eigentlich gleich in der Profiliga angefangen. Du hast nicht nur gesagt: „Ich will irgendwie einen Teil meiner Immobilie finanzieren" – du wolltest alles finanzieren und sogar noch Cash aus dem Objekt mitnehmen. Was haben die 17 Einheiten damals gekostet?

André: Waren 470.000 Euro in Dortmund für 761 Quadratmeter.

Tomek: Mit welcher Anfangsmiete – weißt du das?

André: Knapp 36.000 Euro dürften es ungefähr gewesen sein.

Tomek: Und was musstest du in die Renovierung reinstecken?

André: Das Objekt wurde mittlerweile an vielen Stellen schon saniert. Wir durften in den letzten Jahren alle Leitungsstränge erneuern, da sie uns innerhalb von drei Jahren nach und nach abgeraucht sind. Wir hatten insgesamt 16 Wasserschäden im Objekt, die Versicherung war zwischendurch recht teuer. Deshalb haben wir alles neu gemacht, weil das Gebäude doch schon etwas älter war. Die Kosten lagen, glaube ich, bei etwa 100.000 bis 150.000 Euro. Du hast ja auch laufende Modernisierungen, die du durchführst.

Tomek: Also 17 Wohnungen, 16 Wasserschäden. Wow. Kennst du noch die Tilgung?

André: Die Tilgung war nicht mehr hundertprozentig, aber der Zinssatz lag bei 2,4 Prozent.

Zahlen und Details zu André Bodczians erstem Immobilien-Deal

Jahr: 2017

Stadt: Dortmund (Nordrhein-Westfalen)

Kaufpreis: 470.000 Euro

Kaufnebenkosten: 50.000 Euro

Makler: Ja

Deal-Art: Buy & Hold

Quadratmeter: 761 m^2

Anfangsmiete: ca. 36.000 Euro

Renovierungskosten: Bisher ca. 200.000 Euro

Zinsbindung: 10 Jahre

Zins: 2,51 %

Tilgung: 2 %

Annuität: 4,51 %

Anfangsrendite: 6,8 %

Finanzierungsanteil: 110 %

Cashflow vor Steuern: 1.083 Euro pro Monat

Vermietungsmodell: Klassisch

Aktueller Wert: Als ein Haus ca. 1.200.000 Euro; als 17 Wohnungen für Kapitalanleger ca. 1.600.000 bis 1.700.000 Euro; Beleihung: 830.000 Euro

Ist-Miete: 75.000 Euro (Soll: 84.000 Euro)

Ist-Rendite: 8 %

Cashflow vor Steuern (aktuell): ca. 2.000 Euro pro Monat

André Bodczian:

Das ganze Interview mit André findest du hier als Folge des *Deals-and-Dreams*-Podcasts:

Interview mit Tobias Christiansen

Gründer: *Immovisory*

Tomek: Magst du uns mal abholen? Wo war der und wann ist dein erster Deal überhaupt entstanden?

Tobias: Also, ich muss mich erst einmal zurückerinnern, weil es tatsächlich schon knapp 14 Jahre her ist – mit Vorbereitungszeit sogar 15 Jahre. Denn der erste Deal ist der schwerste, das heißt: ja. Ich habe mich damals, nach der Schule, stark mit dem Thema Aktien beschäftigt und in der Finanzkrise auch die ersten Gelder substanziell verloren. Was heißt substanziell – aber damals war es für mich viel Geld. Dann habe ich im ersten Angestelltenverhältnis gedacht: Ich sollte mich eher mit einer Assetklasse beschäftigen, bei der ich mehr Einflussmöglichkeiten habe – und so bin ich auf das Thema Immobilien gekommen. Ja, und wenn man neu in den Bereich startet – zu der Zeit gab es noch kein *YouTube*, keine Podcasts (so schöne wie diesen hier), vielleicht ein paar Bücher, aber die waren mir mit Anfang 20 nicht bekannt – da habe ich einfach viel selbst recherchiert.

Immoscout gab es schon, und natürlich auch andere Statistikplattformen und Ähnliches. Das heißt, man konnte schon in die Recherche einsteigen. Ich kam damals noch aus Hamburg, aber Hamburg war mir viel zu teuer. Also habe ich geschaut: Wo gibt es interessante Renditen? Das war 2010/2011 – und ich bin dann im Osten der Republik gelandet. Genauer gesagt: Ich bin in Magdeburg gelandet.

Tomek: Erzähl uns mal: Wann war das? In welchem Jahr war der Deal?

Tobias: 2010 ging es los mit den Besichtigungen und tatsächlich dann auch mit dem Eigentumsübergang – 2011, ja. Das war natürlich noch eine ganz andere Zeit: Die Zinsen lagen damals bei knapp fünf Prozent. Dementsprechend waren auch die Renditen anders. Man konnte in Berlin noch für zwischen 1.000 und 2.000 Euro pro Quadratmeter kaufen. Rückblickend hätte ich wohl Berlin machen sollen, denn auch dort habe ich damals viel besichtigt. Aber die Volumina waren einfach höher – selbst 2.000 Euro pro Quadratmeter in Berlin bedeuteten bei einer 80 Quadratmeter Wohnung rund 160.000 Euro. Mit meinem Einstiegsgehalt wäre das sportlich gewesen, vor allem bei knapp zehn Prozent Eigenkapitalanforderung.

Also habe ich mich in kleineren Städten umgeschaut, wo die Quadratmeterpreise zwischen 500 und 1.000 Euro lagen. Ich habe in Magdeburg, Chemnitz und Schwerin besichtigt – und bin schließlich in Magdeburg gelandet, wo ich damals für 500 Euro pro Quadratmeter kaufen konnte.

Tomek: Mit welcher Zinsbindung hast du damals gearbeitet?

Tobias: Damals zehn Jahre.

Zahlen und Details zu Tobias Christiansens erstem Immobilien-Deal

Jahr: 2011

Stadt: Magdeburg (Sachsen-Anhalt)

Kaufpreis: 47.000 Euro

Kaufnebenkosten: 6.000 Euro

Makler: Ja

Deal-Art: Buy & Hold

Quadratmeter: 75 m²

Anfangsmiete: 310 Euro kalt

Renovierungskosten: 500 Euro

Zinsbindung: 10 Jahre

Zins: 4,89 % damals – jetzt 1,4 %

Tilgung: 2 %

Annuität: 6,89 % bzw. 270 Euro pro Monat

Anfangsrendite: 7,7 %

Finanzierungsanteil: 100 %

Vermietungsmodell: Normalvermietung

Wie ist der Stand jetzt? 3er WG immer noch Marktmiete

Aktueller Wert: 110.000 Euro

Ist-Miete: 510 Euro kalt

Ist-Rendite: 13 %

Cashflow vor Steuern: 240 Euro pro Monat

Das ganze Interview mit Tobias findest du hier als Folge des *Deals-and-Dreams*-Podcasts:

Tobias Christiansen:

Interview mit Maren Hilken

Tomek: Für alle, die dich noch nicht kennen: Stell dich doch einfach mal vor – wer bist du und was machst du? Oder besser gesagt: Was macht ihr? Ihr seid ja nicht mehr nur zu zweit.

Maren: Ja, genau. Also, mein Name ist Maren Hilken. Ich komme aus Bremen. Und das ist unsere Besonderheit: Wir machen seit über 30 Jahren Immobilien – und seit acht Jahren gemeinsam mit der gesamten Familie. „Gesamte Familie" heißt: mein Ehemann und unsere drei Söhne.

Tomek: Auf jeden Fall super! Wie seid ihr eigentlich zu dem ganzen Immobilienthema gekommen? Du sagst, seit 30 Jahren – das ist ja schon sehr, sehr lange her. Da würde ich mal unterstellen: Die erste Immobilie könnte sogar schon abbezahlt sein. Und wie bist du überhaupt auf das Thema Immobilien gekommen?

Maren: Ja, gar nicht so freiwillig, Tomek. Das war wirklich Anfang der 90er-Jahre. Mein Mann war damals Landwirt, und ich war bei der *Sparkasse* angestellt – bereits in einer Führungsposition. Dann kam die *Sparkasse* auf ihn zu, weil sie den Bauernhof abkaufen wollten – sie wollten sich erweitern. Damals war es üblich, dass Kreditinstitute Immobilien kauften und nicht mieteten. So sind wir dazu gekommen. Wir haben gesagt: „Wir können uns vorstellen, dass ihr unsere Mieter werdet – aber wir können uns nicht vorstellen, zu verkaufen." Also haben wir angeboten, für sie zu bauen – und sie durften bei uns mieten.

Tomek: Okay, das bedeutet, du bist eigentlich sozusagen mit deinem eigenen Arbeitgeber gestartet. Du bist quasi zur Vermieterin deines eigenen Arbeitgebers geworden.

Maren: Dann wurde mein Arbeitgeber zum Bittsteller – und ich war die Vermieterin. Das war sehr spannend.

Tomek: Eigentlich hast du nebenbei schon das Familienbusiness mit aufgebaut. Hat euch die *Sparkasse* auch bei der Finanzierung unterstützt, oder hast du das anders organisiert?

Maren: Genau, Tomek – die erste Finanzierung war wirklich sehr, sehr groß. Das war Anfang der 90er Jahre. Damals haben wir unser Hofgrundstück abgerissen und neu aufgebaut. Ich musste gleich 4.000.000 D-Mark aufnehmen, um diesen Wohn-Geschäftskomplex zu realisieren.

Tomek: Wow, dein erstes Projekt war also nicht einfach eine eigene Wohnung, kein Garagenstellplatz oder irgendetwas in der Art – es war direkt ein Neubauprojekt mit 4.000.000 D-Mark! Wie alt wart ihr damals?

Maren: Als wir gestartet haben, waren wir noch unter 30. Als es fertiggestellt war, waren wir einen Tick über 30.

Tomek: Wie lange hat es denn gedauert von quasi Dealbeginn bis zum Einzug der *Sparkasse*? Das ist Wahnsinn.

Maren: Es hat über drei Jahre gedauert, weil die *Sparkasse* sehr hohe Anforderungen hatte. Wir mussten zuerst das Haus für meine Schwiegereltern bauen, dann den Abriss durchführen und anschließend den Neubau starten. Und ich sage, da gab es eine weitere Herausforderung: Zuerst wurden uns nur 300 Quadratmeter zur Verfügung gestellt, aber nach langen Besprechungen war das zu klein. Dann wollten sie auf 450 Quadratmeter erweitern.

Tomek: Kannst du dich noch erinnern, wie hoch die Tilgung damals war? In Prozent.

Maren: Ja, weil wir es sonst gar nicht hätten zahlen können. Also zwei Prozent wären nicht möglich gewesen. Ich habe ein Prozent gezahlt und ein nachrangiges Darlehen aufgenommen. Das war damals die Finanzierungsform, die sogar ohne Tilgung war. Außerdem hatte ich noch Lebensversicherungen abgeschlossen. Das macht man heute so nicht mehr, aber das waren damals die Finanzierungsmodelle.

Tomek: Wahnsinn. Und wo steht das Objekt heute? Also, wie hat es sich entwickelt?

Maren: Es hat sich so entwickelt, dass wir noch einmal einen Anbau gemacht haben. Als der Mieter nach 25 Jahren rausging, haben wir eben noch mal einen Anbau gemacht. Da hieß es wieder, es geht nicht – aber wir haben es während der Corona-Zeit umgesetzt, weil heute ein Biosupermarkt drin ist. Das Objekt hatte damals einen Wert von 4.000.000 D-Mark und ist heute ungefähr 6,3 Millionen Euro wert. Wir erzielen eine Miete von 350.000 Euro.

Zahlen und Details zu Maren Hilkens erstem Immobilien-Deal

Jahr: 1995

Stadt: Bremen/Borgfeld (Bremen)

Kaufpreis: 4.300.000 DM

Kaufnebenkosten: Keine, da Grundstück im Familienbesitz des Ehemanns, eher Nebenkosten

Makler: Eigenes Grundstück vom ehemaligen Bauernhof des Ehemanns mit mehr als 200 Jahren familiärer landwirtschaftlicher Tradition. (Funfact, man nennt meinen Mann heute noch „Silo Hilken".)

Deal-Art: Buy & Hold 4 Gewerbeeinheiten (Einzelhandel), eine Gastro-Einheit, eine Arztpraxis, eine große Bankfiliale der *Sparkasse* (damaliger Arbeitgeber), 13 Wohnungen

Quadratmeter: 1.800 m² anfänglich, 2022 auf 2.000 m² erweitert, da die Bankfiliale zu einem Supermarkt umgebaut wurde

Anfangsmiete: ca. 450.000 DM über beide MFHs

Renovierungskosten: Neubau

Zinsbindung: 10 Jahre

Zins: 8 % (Mitarbeiter-Kondition 1995 ohne Gebühren!!!)

Tilgung: 1 % (da Mitarbeiterin der *Sparkasse*)

Annuität: 11,53 % bzw. 496.000 DM pro Jahr

Anfangsrendite: 10,5 %

Finanzierungsanteil: Vorhandenes Grundstück, daher Baukosten zu 100 % finanziert (4,3 Mio. DM)

Cashflow vor Steuern: 54.000 DM pro Jahr

Vermietungsmodell: Vollvermietung mit Gewerbe und Wohnungen (keine WG, keine Möblierung, gab es damals noch nicht so)

Wie ist der Stand jetzt? Herzstück der *Hilken Immobilien Gruppe*, auf dem Grundstück wurden noch zwei weitere MFHs sowie ein öffentlicher Ladepark für E-Autos aus dem Ort gebaut

Aktueller Wert: 6,3 Mio. Euro

Ist-Miete: ca. 350.000 Euro für beide MFHs

Das ganze Interview mit Maren findest du hier als Folge des *Deals-and-Dreams*-Podcasts. Hier befindet sich auch der Link zu Marens Mentoring, das ich jedem ans Herz legen möchte!

Maren Hilken:

Interview mit Stephan Gerlach

Tomek: Für alle, die dich noch nicht kennen: Stell dich doch bitte einmal kurz vor – wer bist du und was machst du?

Stephan: Mein Name ist Stephan Gerlach. Ich komme aus Hamburg, bin 41 Jahre alt, Vater von zwei Kindern und verheiratet – das sind schon einmal die wichtigsten Eckdaten. Beruflich bin ich im Immobilienumfeld unterwegs. Früher war ich lange Zeit als Aufteiler für Eigennutzer tätig. Mittlerweile haben wir unser Geschäftsmodell stark weiterentwickelt: Wir teilen Immobilien auf und verkaufen einzelne Wohnungen an Kapitalanleger.

Da es zu einfach wäre, es nur dabei zu belassen, haben wir eine kleine Markenwelt rundherum aufgebaut, durch die wir unseren Kunden vielfältige Optionen bieten – zum Beispiel eine Mietgarantie. Das bedeutet, dass sich unsere Kunden weder um Leerstand noch um Renovierungskosten kümmern müssen.

Wir bieten ein Rundum-sorglos-Paket: Wir kümmern uns um die Finanzierung, wählen passende Immobilien aus und erstellen idealerweise gemeinsam mit unseren Kunden einen strukturierten Plan, wie sie langfristig Vermögen aufbauen, ein passives Einkommen generieren und ihre finanziellen Ziele erreichen können. Dabei hören wir uns ihre Wünsche genau an und entwickeln gemeinsam über Jahre hinweg eine passende Strategie.

Tomek: Du bist Immobilienunternehmer durch und durch – das hast du ja gerade selbst schon gesagt. 45 Mitarbeiter, das ist schon eine beeindruckende Struktur, die du da aufgebaut hast. Aber auch bei dir hat alles einmal mit dem ersten Deal begonnen. Und bei dir war das gar kein klassisches Investment, wie man es vielleicht erwarten würde – du hast einfach mit einem Eigenheim angefangen.

Stephan: Das war 2013/2014. Wir hatten damals schon ein etwas anderes Mindset – ich habe gut verdient, und wegen unseres Hundes und unserer Freizeitgestaltung wollten wir unbedingt einen Garten. Also raus aus der schönen Wohnung mit Terrasse und rein ins Haus. Wir haben uns im Osten Hamburgs umgeschaut und schließlich auch ein passendes Objekt gefunden.

Zur Auswahl stand auch eine kernsanierungsbedürftige Villa - richtig schön, aber mit jahrzehntelangem Nikotingeruch in den Wänden. Im Nachhinein bin ich froh, dass wir uns dagegen entschieden haben. Ich sage auch unseren Kunden oft: Ein Haus zu kaufen und nach Feierabend nach und nach selbst zu renovieren, führt selten zu Zufriedenheit.

Wir haben dann ein fertiges Haus für 430.000 Euro gekauft - picobello in Schuss, von anderen Immobilienunternehmern, die sich vergrößert hatten. Wir mussten nur die Nebenkosten tragen und ein paar Nägel in die Wand hauen. Fertig gestrichen war es auch - also wirklich rundum sorglos.

Tomek: Ein paar Jahre später hast du das Haus bereits wieder verkauft - und das nicht nur einfach so, sondern sogar mit Gewinn.

Stephan: 430.000 Euro war der Einstieg - am Ende haben wir für 700.000 Euro verkauft.

Tomek: Kannst du uns noch einmal mitnehmen und erzählen, wohin sich das Ganze entwickelt hat?

Stephan: Früher habe ich mir alles selbst beigebracht: Gelernt, umgesetzt, weitergegeben. Ich wollte von Anfang an, dass die Dinge unabhängig von mir funktionieren.

Ich habe extrem viel gearbeitet - so viel, dass ich meine Tochter in den ersten Jahren kaum gesehen habe. Irgendwann kam die Erkenntnis: Das Unternehmen muss auch ohne mich laufen. Denn selbst wenn es gut läuft, hängt alles an einer Person. Und was hätte meine Familie davon, wenn mir etwas passiert? Ich habe viel delegiert, Prozesse standardisiert und Backups für alle Bereiche aufgebaut. Den Einkauf früh abgegeben, den Vertrieb haben wir inzwischen mit elf Leuten ins eigene Haus geholt. So behalten wir die Kontrolle - und alles, was unter dem Namen *Gerlach Immobiliengruppe* rausgeht, soll für Qualität stehen. Früher war das Geschäft einfacher: Mehrfamilienhäuser gekauft, entwickelt, über externe Makler an Eigennutzer verkauft. Mein Mentor Olli

Fischer hat mir gezeigt, wie man Objekte aufwertet. So haben wir jährlich rund 120 Einheiten verkauft.

Mit der Zinswende hat sich alles geändert. Plötzlich standen 100 von 400 Einheiten leer, laufende Kosten blieben. Wir mussten neue Wege gehen: Kapitalanlagen, WG-Vermietung und andere Modelle. Schritt für Schritt haben wir gelernt, wie man Immobilieninvestments auch für Menschen möglich macht, die sonst keine Berührung damit hätten.

Immobilien sind ein solides Gut – sie steigen im Wert, auch durch Inflation. Jeder kann grob einschätzen, wie sich eine Lage entwickelt. Banken finanzieren gerne, weil sie wissen, dass Immobilien sicherer sind als andere Anlagen. Und ganz ehrlich – Tomek, hat dir schon mal jemand beim Bier gesagt, dass seine Miete gesenkt wurde? Mir nicht. Mieten steigen. Immer.

Zahlen und Details zu Stephan Gerlachs erstem Immobilien-Deal

Jahr: 2014

Stadt: Hamburg (Hamburg)

Kaufpreis: 430.000 Euro

Kaufnebenkosten: ca 50.000 Euro

Makler: Ja

Deal-Art: Eigennutz mit späterem Verkauf

Quadratmeter: 180 m²

Renovierungskosten: 0 Euro

Zinsbindung: 10 Jahre

Zins: 2,05 %

Tilgung: 1,5 %

Annuität: 3,55 % bzw. 1.272 Euro

Gesamtinvestitionskosten: 480.000 Euro abzüglich Finanzierungskosten

Gewinn: ca. 220.000 Euro

Wie ist der Stand jetzt? Wir haben 4 Jahre später für über 700.000 Euro verkauft

Stephan Gerlach:

Das ganze Interview mit Stephan findest du hier als Folge des *Deals-and-Dreams*-Podcasts:

5
Finanzierung und Eigenkapital

Grundlagen der Immobilienfinanzierung: Hypotheken und Kredite

Der Immobilienkauf ist oft die größte Investition im Leben. Da nur wenige den Kaufpreis vollständig selbst aufbringen können, ist eine durchdachte Finanzierung entscheidend. Dieses Kapitel erklärt die Grundlagen, insbesondere Hypotheken und Kredite.

Bedeutung der Immobilienfinanzierung

Immobilienfinanzierung meint alle Maßnahmen zur Kapitalbeschaffung für Kauf, Bau oder Sanierung. Meist stammt ein großer Teil des Kapitals aus Fremdfinanzierung, ergänzt durch Eigenkapital. Ziel ist ein ausgewogenes Verhältnis, das Sicherheit und finanzielle Tragbarkeit bietet.

Hypotheken: Definition und Arten

Eine Hypothek ist ein durch die Immobilie gesicherter Kredit. Hauptarten sind:

- **Festhypothek:** Mit einem festen Zinssatz über zehn bis 20 Jahre bleiben die Raten stabil und gut kalkulierbar. Kreditnehmer profitieren so von finanzieller Planungssicherheit und sind vor steigenden Zinsen geschützt. Das macht die langfristige Haushalts- oder Investitionsplanung deutlich einfacher.
- **Variable Hypothek:** Der Zinssatz richtet sich nach den Marktbedingungen und sorgt so für Flexibilität. Zudem erlaubt diese Variante eine flexible Rückzahlung, die sich an die persönli-

che finanzielle Situation anpasst. Diese Methode ist zwar auf den ersten Blick günstiger, birgt aber das Zinsänderungsrisiko. Besonders durch diese Finanzierungsform haben viele Immobilienfirmen und Projektentwickler in der Zeit der schnellen Zinswende im Jahr 2022 gelitten. Bei einer Buy-&-Hold-Immobilie lohnt sich diese Finanzierungsform daher in der Regel nicht.

Eine kleine Ausnahme bildet ein unterentwickeltes Objekt, das du günstig kaufst und dessen Wert du zum Beispiel durch Renovierung, Neuvermietung und Mietentwicklung innerhalb nur weniger Monate steigerst. Hier kannst du nach der abgeschlossenen Entwicklung die Immobilie langfristig finanzieren und somit sogar mehr Geld von der Bank bekommen, als dich die Immobilie und ihre Renovierung gekostet haben.

Beachte dabei bitte dennoch, dass dies ein Tool für erfahrene Investoren ist, die sich des Risikos der schnellen Zinsänderung bewusst sind und eine mögliche Projektschieflage aus anderen Quellen gut abfedern können. Wie wir beim Beginn des Ukraine-Kriegs 2022 festgestellt haben, reicht eine einzige kriegerische Handlung zwischen zwei Staaten aus, um die Zinslandschaft explodieren zu lassen. Dies kann jederzeit auch durch einen anderen Konflikt auf der Welt wieder passieren.

Kreditformen zur Immobilienfinanzierung

Neben Hypotheken gibt es verschiedene Kreditmodelle:

- **Annuitätendarlehen:** Die monatlichen Zahlungen bleiben gleich, während der Anteil der Zinsen mit der Zeit sinkt und die Tilgung (Rückzahlung des Kredits) steigt. Dies ist das Darlehen, das ich persönlich jedem empfehle. Meine Immobilien-Darlehen sind allesamt Annuitätendarlehen mit einer Laufzeit von zehn oder 15 Jahren. Du kannst bei einer Immobilie auch die Laufzeiten kombinieren – zum Beispiel die Hälfte des Kredits für zehn Jahre und die andere Hälfte für 15 Jahre finanzieren. Je länger die Laufzeit, desto höher sind auch die Zinsen. Damit erkaufst du dir Sicherheit durch eine gleichbleibende Rate.

Bonus-Tipp: Wenn du die Zinsen für 15 oder 20 Jahre festschreibst, hast du in Deutschland nach zehn Jahren immer ein Sonderkündigungsrecht. Sind die Zinsen zu diesem Zeitpunkt günstiger, kann es sinnvoll sein, von diesem Gebrauch zu machen. Dies gilt auch, wenn du als Firma kaufst.

- **Tilgungsdarlehen:** Die Tilgung bleibt bei der Rückzahlung stabil. Je mehr Raten geleistet werden, desto geringer werden die Zinsen. Dadurch ergeben sich stetig sinkende Gesamtraten an die Bank.
- **Endfälliges Darlehen:** Während der gesamten Laufzeit zahlt man lediglich die Zinsen; die Tilgung des Darlehens erfolgt erst zum Laufzeitende. Dies wird manchmal mit Bausparverträgen kombiniert, die man parallel bespart. Meine Empfehlung bleibt trotzdem das Annuitätendarlehen.

Einflussfaktoren auf die Finanzierung

Die Konditionen hängen von der Kreditwürdigkeit, Bonität des Darlehensnehmers, Laufzeit, Zinsentwicklung sowie dem Einkommen, Eigenkapitel und Beleihungswert der Immobilie ab.

Bonus-Tipp: Deine Bonität zu erhalten und im Idealfall zu verbessern, ist also eine wichtige Aufgabe für dich als Immobilieninvestor. Es lohnt sich daher, nicht nur regelmäßig eine *SCHUFA*-Auskunft einzuholen, sondern idealerweise mit einem *MeineSCHUFA plus*-Abo deinen tagesaktuellen *SCHUFA*-Score im Blick zu behalten und zu verstehen, welche Faktoren diesen beeinflussen. Das günstigste Abo gibt es bereits für 4,95 Euro im Monat – das sollte es dir wert sein.

Der Unterschied zwischen negativen und positiven Schulden

Schulden gelten oft als negativ, doch es gibt zwei Arten: positive Schulden, die langfristige finanzielle Vorteile bringen, und negative Schulden, die belasten. Dieses Kapitel erklärt die Unterschiede und deren Auswirkungen auf die finanzielle Situation.

Negative Schulden

Negative Schulden verursachen Kosten ohne langfristigen Nutzen. Beispiele:

- **Konsumkredite:** *Klarna*-Schulden etwa sind Gift für deine finanzielle Freiheit und deinen *SCHUFA*-Score.
- **Null-Prozent-Finanzierung:** Null-Prozent-Finanzierungen für Laptops, Fernseher oder sogar Küchen können eine echte Giftpille für deine Immobilienfinanzierung – und damit für deine finanzielle Freiheit – sein. Ich selbst kenne einen Fall, in dem ein Banker genug Liquidität hatte, um alles sofort bezahlen zu können. Er dachte nur, es sei eine clevere Idee, viele Null-Prozent-Finanzierungen abzuschließen, da das Geld ja kostenlos war und er sein Vermögen lieber am Aktienmarkt investieren wollte. Die Rechnung hat er allerdings ohne seinen eigenen Arbeitgeber gemacht, bei dem er eine Immobilienfinanzierung angefragt hatte. Dort wurde er – trotz eines sehr guten Gehalts bei derselben Bank – vom System zunächst abgelehnt. Denn welches Signal senden viele Null-Prozent-Finanzierungen an die *SCHUFA* und somit auch an die Banken? Dass du eigentlich pleite bist und nicht einmal deinen 1.000-Dollar-Laptop direkt bezahlen kannst. Ein klärendes Gespräch mit seinem Vorgesetzten und die schnelle Rückzahlung der Null-Prozent-Finanzierungen haben den Weg zum Immobilienkredit wieder frei gemacht. Darauf solltest du dich jedoch nicht verlassen.
- **Kreditkartenschulden:** Hohe Zinsen können durch unbedachte Ausgaben entstehen.
- **Autokredite:** Wertverlust ohne Vermögenszuwachs mindert die finanzielle Sicherheit. Wenn du eine Firma hast, ergibt es Sinn, das Auto über die Firma zu erwerben. Auf privater Ebene solltest du dir nur das Auto kaufen, das du auch direkt bezahlen kannst.

Auch hier kann ich nur aus eigener Erfahrung ergänzen: Mache nicht die Fehler, die ich selbst früher gemacht habe – und investiere nicht in *BMW*, *Gucci* & Co., sondern kaufe lieber die Aktien dieser Firmen und halte dich besonders in der Anfangszeit mit deinen Privatausgaben zurück.

Und nein, ich bin kein Befürworter des Frugalismus und des ständigen Beschneidens deiner Privatausgaben. Warum? Ganz einfach: Bei dem, was du sparen kannst, bist du stark begrenzt. Besonders absurd wird es, wenn du mehrere Stunden pro Woche mit Couponing und dem Herumfahren zu den günstigsten Supermarkt-Angeboten verbringst. Konzentriere dich in dieser Zeit lieber darauf, deine Einnahmen zu vergrößern – zum Beispiel, indem du als Tippgeber für andere Immobilieninvestoren arbeitest, für sie Deals akquirierst, dabei viel über Immobilien lernst und mit einer Tippgeber-Provision belohnt wirst, wenn du einen guten Deal gefunden hast. Für deine Zukunft!

Auch ich kaufe weiter Immobilien an. Wenn du also als Tippgeber starten möchtest, dann schreib mir einfach unter:

Kontakt – Tomek:

Positive Schulden

Positive Schulden entstehen, wenn dem ein positiver Vermögenswert entgegensteht. Zum Beispiel durch **Immobilieninvestitionen**, denn Erträge aus Mieten und steigenden Immobilienwerten sichern langfristige Gewinne.

Unterscheidung und Strategien

Ob eine Schuld positiv ist, zeigt sich an drei Fragen:

1. Führt sie zu Einkommen oder Vermögensaufbau?
2. Ist der Zinssatz tragbar?
3. Übersteigt der Wert den Kreditbetrag?

Um es mit den Worten von Robert Kiyosaki zu sagen: „Es spült dir entweder Geld in deine Tasche, oder es spült dir Geld aus deiner Tasche." Die beiden Bücher von Robert Kiyosaki, die ich dir empfehle, findest du weiter hinten im Buch im Kapitel *Empfehlungen*. Kiyosakis Theorie zufolge ist sogar eine eigengenutzte Immobilie kein gutes Investment, sondern Konsum. Zum großen Teil gebe ich ihm recht. Allerdings ergänze ich die Ausnahme: Wenn deine Bankrate nahe an der Kaltmiete für ein vergleichbares Haus liegt, in dem du leben möchtest – und sie nicht mehr als ein Drittel deiner Haushaltskosten ausmacht –, dann ist auch das Eigenheim in meinen Augen ein gutes Investment.

Strategien im Umgang mit Schulden

Setze auf sinnvolle Investitionen, tilge teure Kredite schnell, nutze Rückzahlungspläne, lege einen Notfallfonds an und verfolge deine finanziellen Ziele langfristig. Selbst wenn du Schulden hast, solltest du bereits mit dem Investieren beginnen – dein Investmentmuskel darf auch dann schon trainiert werden.

Hebelwirkung verstehen: Mit wenig Eigenkapital starten

Die Hebelwirkung (Leverage) erlaubt es Investoren, mit wenig Eigenkapital größere Investitionen durch Fremdkapital zu tätigen und so die Eigenkapitalrendite zu steigern. Sie bietet Chancen auf höhere Gewinne.

Definition: Beim Leverage wird geliehenes Kapital eingesetzt, um größere Investitionen zu ermöglichen. Ein hoher Hebel bedeutet, dass ein Großteil der Investition fremdfinanziert ist.

Vorteile:

- **Mehr Rendite:** Mit geringem Eigenkapital sind oft hohe Gewinne möglich.
- **Liquiditätsschonend:** Das Eigenkapital bleibt für weitere Investitionen verfügbar.

- **Steuervorteile:** Zinskosten können, außer bei der eigengenutzten Immobilie, steuerlich geltend gemacht werden.

Finanzplan und Finanzierungsexposé erstellen: Banken überzeugen

Ein klarer Finanzplan und ein fundiertes Finanzierungsexposé sind entscheidend, um Banken und Investoren von einem Projekt zu überzeugen. Sie zeigen die finanzielle Machbarkeit und reduzieren das Risiko für Kapitalgeber.

Ich selbst dachte am Anfang, es gehe nur um die Zahlen - bis mir Markus Wahle bei einem Einzelcoaching die Augen geöffnet hat. Ich war mir sicher, dass nur die Zahlen überzeugen müssten. In diesem Coaching habe ich verstanden, dass neben den Zahlen auch ich als Person den Banker begeistern muss.

Aber Achtung: Wenn deine Pläne - so wie meine - sehr, sehr groß sind, dann versuche nicht gleich, den Banker davon zu überzeugen, dass du mal eben 1.000 Mieteinheiten cashflow-positiv einkaufen möchtest. Beginne lieber mit dem ersten Schritt: dass du zehn Einheiten zur Altersvorsorge kaufen möchtest.

Wenn dieses Ziel erreicht ist und du deine Hausaufgaben im Bereich Immobilien gemacht hast, zündest du die nächste Stufe - und dann die nächste, und die nächste -, bis du deine 1.000 Einheiten voll hast. Und ja: 1.000 Einheiten in München sind eine komplett andere Nummer als 1.000 Einheiten in Chemnitz.

Interview mit Victoria und Salvatore Pizza

aka *Unsere kleine Ruine*

Tomek: Könnt ihr euch einmal ganz kurz vorstellen? Wer seid ihr, und was macht ihr überhaupt – für alle, die euch noch nicht kennen?

Victoria: Ja, mein Name ist Victoria. Ich habe ganz klassisch BWL studiert, komme aus einem großen Konzern, habe dort eine Konzernkarriere hinter mir und viele Jahre in der Automobilzulieferindustrie gearbeitet. Heute mache ich etwas ganz anderes: Ich bin Content Creatorin für Social Media. Das heißt, ich zeige Bauherren und Immobilieninteressenten DIYs auf unserem Kanal – Handwerkstipps und -tricks rund um die Immobilie.

Außerdem bin ich Mama. Wir haben einen kleinen Sohn, der sechs Jahre alt ist und somit haben wir also viel Action zu Hause.

Mein Mann und ich führen gemeinsam ein Ingenieurbüro für Energieberatung, in dem wir Bauherren begleiten – insbesondere zum Thema Energieberatung bei Bestandsgebäuden. Wir beraten sie, begleiten sie und stellen Förderanträge. Letztes Jahr habe ich mich außerdem als Kinderbuchautorin versucht und ein Kinderbuch veröffentlicht.

Salvatore: Ich bin Salvatore, und ich habe auch ganz bodenständig mit einer Ausbildung angefangen – als Leverkusener typisch in der chemischen Industrie, im Bereich der Elektrotechnik – und dort einen ganz klassischen Werdegang durchlaufen.

Ich hatte dann die Möglichkeit, auch zu studieren – ebenfalls Elektrotechnik – und bin inzwischen seit mehreren Jahrzehnten in diesem Bereich tätig. Dabei hatte ich immer wieder mit dem Thema Energie zu tun – in sämtlichen Formen und Facetten: in technischer Hinsicht, regulatorisch, kaufmännisch oder aus Kundensicht. Das komplette Drumherum in der chemischen Industrie – da durfte ich viel in Sachen Energie lernen.

Als wir dann unser Eigenheim gekauft haben, war sofort klar: Hier gibt es viel energetisches Potenzial. Und das wollte ich maximal ausschöpfen. Ich glaube, das ist uns auch sehr gut gelungen. So bin ich auch zur Energieberatung gekommen. Ich habe eigens für dieses Haus die Weiterbildung zum Energieberater gemacht, weil ich es bis ins Detail genau wissen wollte. Ich bin – wenn man so will – im Herzen und auch vom Titel her Ingenieur.

Tomek: Was mich tatsächlich interessiert, ist: Wie seid ihr überhaupt auf die Idee gekommen?

Victoria: Ja, also wir haben irgendwann geheiratet, natürlich, und hatten den Wunsch, auch Nestbau sozusagen zu machen. Also haben wir viele Jahre ein Haus gesucht, da sprechen wir von den Jahren 2014, 2015. Wir haben uns also sehr viele Immobilien angeschaut, und es ist nie so richtig der Funke übergesprungen. Also entweder war es die Lage, die nicht gepasst hat, oder ein Bad, das kein Fenster hatte. Wir haben schon einiges auf dem Markt gesucht, aber tatsächlich nichts gefunden. Und irgendwann haben wir dieses Objekt hier tatsächlich durch einen Zufall gefunden. Also in der Straße, in der wir wohnen, wurde dieses Objekt frei. Hier hatte eine alte Dame gewohnt. Ja, so sind wir eigentlich ganz zufällig auf dieses Haus gestoßen.

Tomek: Könnt ihr uns ein bisschen in die Zahlenwelt mitnehmen? Wo und wann habt ihr genau gekauft? Wie viel hat das Ganze gekostet? Was hat euch die Sanierung gekostet? Wie habt ihr finanziert? Oder habt ihr im Lotto gewonnen? Wie war es?

Salvatore: Also, wir haben 2018 das Haus gekauft – und das auch ohne Notar. Das heißt, da haben wir uns schon die Notarkosten gespart. Der Endpreis, auf den wir uns nachher geeinigt hatten, war 290.000 Euro für das Haus und das Grundstück, letztendlich mitten in Leverkusen, in der Nähe von einem Waldstück. Wir hatten auch nur so viel Eigenkapital, wie sich Mitte-30-Jährige, die von zu Hause nichts mitbekommen haben, mit so einer Laufbahn ansparen können. Und haben das mit einer variablen Finanzierung ohne Eigenkapital komplett gekauft, inklusive der Nebenkosten für Grunderwerbsteuer und Notar. So viel hat der Bankberater uns gegeben, also eine 110-Prozent-Finanzierung.

Dann haben wir angefangen, Tapeten abzureißen. Ich habe die Energieberater-Ausbildung gemacht, und dann begann die Reise. Nach ungefähr einem Jahr – so lange hat das auch gedauert, bis wir wirklich Eigentümer waren –, weil es gab noch ein Vormundgericht, und die Erbfolge war nicht klar. Es war eine Erbengemeinschaft. Das hat sich auch gezogen. So ungefähr nach einem Jahr waren wir dann fertig mit der Planung und sind noch zur Bank gegangen und haben gesagt: „So, wir brauchen jetzt nochmal 300.000 bis 350.000 Euro für die Sanierung." Das war dann auch schwierig, einen Berater zu finden, aber wir haben einen gefunden, der das gemacht hat – in der vollen Höhe. Auch diesmal haben wir die komplette Summe, also die Ablösung der Variablen plus die zusätzlichen Kosten, die wir für die Sanierung eingeplant haben, komplett finanziert bekommen.

Zahlen und Details zu Victoria und Salvatore Pizzas erstem Immobilien-Deal

Jahr: 1962 Baujahr und 2018 Kauf

Stadt: Leverkusen (Nordrhein-Westfalen)

Kaufpreis: 290.000 Euro

Kaufnebenkosten: Nur Notar

Makler: Nein

Deal-Art: Hold Familienhaus/Eigenheim

Quadratmeter: Vorher 92 m^2 – Umbau 180 m^2

Anfangsmiete: 0 Euro

Renovierungskosten: 300.000 Euro plus Eigenleistung

Zinsbindung: 10 Jahre

Zins: 0,95 %

Tilgung: 2,05 %

Annuität: 3 % bzw. 5.417,66 Euro pro Jahr

Bonus: Eigenkapitalerhöhung um 70.000 Euro durch Förderung

Finanzierungsanteil: 110 %

Wie ist der Stand jetzt? Aus 1962 Altbau wurde KFW55 Energieeffizienzhaus 180 m² mit Wärmepumpe, PV-Anlage, Lüftungsanlage, hochwertiger Ausstattung, Galerie

Aktueller Wert: ca. 1.000.000 Euro

Das ganze Interview mit Victoria und Salvatore findest du hier als Folge des *Deals-and-Dreams*-Podcasts. Hier befindet sich auch der Link zu Salvatores Ingenieursbüro, das ich jedem ans Herz legen möchte.

Victoria und Salvatore Pizza:

Interview mit Maja Theresa Balz

Tomek: Für alle, die dich noch nicht kennen: Magst du dich kurz vorstellen? Wer bist du und was machst du?

Maja Theresa: Ja, mein Name ist Maja, ich wohne aktuell in Köln. Ich bin Immobilieninvestorin und Immobilienentwicklerin – jetzt seit 2018 im Game. Ich habe damals mit 25 meine erste Immobilie gekauft. Damals habe ich in München studiert, und ja, das Studium war teuer. Da habe ich mir überlegt: Wie kann ich etwas machen, das mich bestmöglich in eine gewisse Selbstständigkeit und Unabhängigkeit bringt – anstelle des typischen Werkstudentenjobs, bei dem man die ganze Zeit im Büro sitzt und für jemand anderen arbeitet? Das ist natürlich nicht grundsätzlich schlecht, aber so bin ich auf Immobilien gekommen. Daraus ist eine riesige Leidenschaft entstanden, weil ich gemerkt habe, dass es mir total Spaß macht. Heute sind wir in Köln unterwegs und machen viele Projekte – zum Beispiel Wohnungen, die wir in Co-Livings umbauen, aber auch Objekte für Eigennutzer.

Tomek: Hol uns mal ganz kurz ab zu deinem ersten Immobilien-Deal – der war 2018, hast du gesagt. Wo genau war der denn?

Maja Theresa: Mein erster Immobilien-Deal war in Nürnberg. Ich habe damals in Bayern studiert, und Nürnberg lag nahe. Ich hatte ursprünglich eine andere Wohnung in dem Haus besichtigt – die war aber zu teuer. Dann meinte der Verkäufer, er hätte oben noch etwas. Aber das könne er mir eigentlich gar nicht zeigen, weil es so schlimm aussähe und wahrscheinlich nicht interessant für mich sei. Und ja – genau das war es, was ich gesucht habe.

Tomek: Also quasi eine Wohnung mit Sanierungsstau?

Maja Theresa: Ja, fast schon schlimmer. Es war eine Wohnung, die bestimmt über zehn Jahre leer stand. Da war noch ein Nachtspeicherofen drin – sie war wirklich nicht mehr bewohnbar. Die andere Hälfte der Wohnung war ein unausgebautes Dachgeschoss, also praktisch ein Dachstuhl, in dem die Bewohner früher ihre Wäsche aufgehängt hatten. Und dieser Bereich gehörte zur Wohnung dazu. Ja, das war mein erstes Projekt – total krass, rückblickend betrachtet. Ich würde heute niemandem empfehlen, so ein Projekt als erstes anzugehen. Da kann wirklich viel schiefgehen. Ich war im Nachhinein sehr dankbar, dass ich damals viel Puffer eingeplant hatte. Aber natürlich nimmt man aus so einem Projekt auch extrem viele Learnings mit.

Tomek: Und was hat es euch damals gekostet?

Maja Theresa: Ich glaube, es waren so 30.000 bis 40.000 Euro. Und ich muss sagen: Eigentlich war das gar nicht so teuer, denn ich habe komplett die Elektrik erneuern lassen, den Nachtspeicherofen auf eine Gasetagenheizung umrüsten lassen, die dann auch angeschlossen wurde, außerdem den Ausbau und die gesamte Renovierung. Was die Preise anging, hatte ich wahrscheinlich einfach Glück – auch dank des Puffers. Die eigentliche Schwierigkeit kam später beim Verkauf. Und auch dadurch, dass es Dinge in der Wohnung gab, die ich selbst nicht beeinflussen konnte. Zum Beispiel war da ein stillgelegter Kamin, der Feuchtigkeit zog – und ich hatte über Monate hinweg einen Wasserschaden, der nie wirklich geklärt werden konnte.

Tomek: Aber du hast es geschafft! Die Renovierungskosten lagen schätzungsweise zwischen 30.000 und 40.000 Euro – ist ja schon ein bisschen her, der Deal.

Maja Theresa: Genau. Es waren 89.000 Euro.

Tomek: 89.000 Euro, also quasi tatsächlich unter 100.000 Euro für eine Wohnung in einer der Top-Städte. Also schon von der Warte her ein super Deal, natürlich.

Maja Theresa: Absolut, und es war ja auch wirklich keine kleine Wohnung. Es war eine 70-Quadratmeter-Wohnung, und das in guter Lage in Nürnberg.

Tomek: Nicht schlecht! Für wie viel hast du denn zum Schluss deinen ersten Fix & Flip verkauft?

Maja Theresa: Tatsächlich für 190.000 Euro – ein mega Deal, gerade wenn man Mitte 20 ist. Das war echt unglaublich. Ich glaube, so viel Geld hatte ich damals noch nie wirklich in der

Hand gehabt und gesehen. Es hat mir aber auch ein bisschen zu denken gegeben, dass man immer vorsichtig sein muss, Puffer aufbaut und vor allem nicht zu sehr von schnell verdientem Geld beeindruckt sein darf, sondern wirklich investiert und an seine Zukunft denkt. Es ist natürlich verlockend, als Student sich coole Sachen zu kaufen, aber ich habe zum Glück nachgedacht und direkt weitergemacht.

Zahlen und Details zu Maja Theresa Balz' erstem Immobilien-Deal

Jahr: 2018
Stadt: Nürnberg (Bayern)
Kaufpreis: 89.000 Euro
Kaufnebenkosten: ca. 5 % bzw. ca. 4.450 Euro
Makler: Nein
Deal-Art: DG-Ausbau (mehr als Fix & Flip) und Verkauf
Quadratmeter: ca. 70 m^2
Anfangsmiete: Leerstand
Renovierungskosten: unter 30.000 Euro
Zins: ca 1,5 %
Finanzierungsanteil: Ohne EK, ganzes Projekt
Wie ist der Stand jetzt? Als WG vermietet
Verkaufspreis: 190.000 Euro
Gesamtinvestitionskosten: ca. 123.000 Euro mit Zinsen
Gewinn: 67.000 Euro

Das ganze Interview mit Maja Theresa findest du hier als Folge des *Deals-and-Dreams*-Podcasts:

Maja Theresa:

Interview mit Martin Groszewski

Tomek: Für alle, die dich noch nicht kennen: Magst du dich kurz vorstellen – wer bist du und was machst du, in deinen eigenen Worten?

Martin: Mein Name ist Martin Groszewski. Ich bin jetzt 35 Jahre alt, habe meine Basis in Berlin, bin aber eigentlich in Nordrhein-Westfalen aufgewachsen und dann 2009 fürs Studium nach Berlin gezogen. Ich habe Immobilienwirtschaft studiert und wollte schon immer Immobilieninvestor werden. In meiner Abizeitung hatte ich sogar geschrieben: „Wenn ihr mal Immobilien kaufen wollt, dann kommt zu mir."

Ich wusste damals aber nicht, wie ich das anstellen sollte, weil ich kein Geld hatte. Also habe ich das gemacht, was viele machen, wenn sie nicht wissen, was sie tun sollen, aber Geld verdienen möchten: Ich wurde Immobilienmakler – 2014 mit eigenem Büro. Da hatte ich 2016 bereits sechs Mitarbeiter.

Dann habe ich angefangen zu investieren. 2017 habe ich die erste Wohnung – oder besser gesagt die ersten beiden – gekauft und mich nach und nach hochinvestiert. Heute darf ich Vollzeitinvestor sein, vor allem mit verschiedenen Co-Investments, gemeinsam mit meinem Partner Bodo, der auch schon hier war, und mit Marco und Stefan von *Immocation* – den Gründern.

Gemeinsam betreiben wir vor allem Bestandsaufbau und Bestandsentwicklung. Mit Bodo zusammen mache ich außerdem Projektentwicklung, also Grundstücksentwicklung und Neubau – sowie diverse Sondervermietungsmodelle.

Ich habe das Glück, heute Vollzeitunternehmer und Investor sein zu dürfen – unter anderem auch mit dir in der *Magnolia-GRUPPE*, wo wir gemeinsam auch das mobile Maklergeschäft betreiben.

Tomek: Aber du hast ja heute den besonderen ersten Deal mitgebracht. Und zwar nicht dein allererster Deal, sondern einfach mal dein erstes Mehrfamilienhaus.

Martin: Genau, also das erste Mehrfamilienhaus habe ich mitgebracht, weil ich habe mir überlegt, der erste Deal, den ich selber gemacht habe, der war 2017. Das waren zwei Wohnungen im Paket, die ich gekauft habe von einer Erbengemeinschaft. Das war aber nicht besonders spektakulär. Deswegen habe ich einfach mal das erste Mehrfamilienhaus aufbereitet, was ich gekauft habe, weil ich da Learnings rausgeben kann und die Geschichte einfach spannender ist. Die ersten beiden Wohnungen, die ich gekauft habe, kurzfassend, lagen in Mönchengladbach, in Nordrhein-Westfalen, in so einem Ghetto. Ich habe dann angefangen, 2019, Farming zu betreiben, also mit Flyern durch Berlin zu laufen erst mal und Deals zu suchen. Ich habe eben auch erkannt, dass ganz viele, gerade Mehrfamilienhäuser, Off-Market gehandelt werden. Ich habe auch nach Einfamilienhäusern gesucht. Das Ganze aber, ich glaube, drei, vier Monate sehr intensiv betrieben, ohne nennenswerten Erfolg. Weil das in Berlin sehr, sehr schwierig ist, Off-Market zu farmen, also mit Flyern zu arbeiten, weil wirklich jeder, jeder, den Preis, den Marktpreis, hier kennt. Und so bin ich dann später zusammen mit Bodo nach Brandenburg gegangen, weil wir uns gedacht haben: „Hey, wir haben hier ein paar Standorte identifiziert." Und so sind wir dann auch an den ersten Deal gekommen.

Tomek: Kannst du uns mal ein bisschen in die Zahlen mitnehmen? Wie war das 2020, als ihr den Deal angekauft habt? Wie sahen die Zahlen des Deals aus?

Martin: Ja, gerne. Das ist ein Haus aus dem Jahr 1930. Zum Zeitpunkt des Ankaufs bestand es aus drei Wohnungen und einer Gewerbeeinheit mit insgesamt 254 Quadratmetern. Wir haben es für 280.000 Euro gekauft. Die Kaufnebenkosten lagen bei 43.000 Euro, da wir unter anderem auch einen Makler bezahlen mussten.

Die Anfangsmiete lag – sage und schreibe – bei 1.400 Euro netto kalt. Das entspricht bei 254 Quadratmetern etwa 5,50 Euro pro Quadratmeter. Das war natürlich deutlich unter Marktniveau, vor allem für die Lage, in der wir gekauft haben. Heute vermieten wir dort bereits zu rund 11 Euro pro Quadratmeter.

Zahlen und Details zu Martin Groszewskis erstem Immobilien-Deal

Jahr: 2020

Bundesland: Brandenburg

Kaufpreis: 280.000 Euro

Kaufnebenkosten: 43.000 Euro

Makler: Off-Market Akquise, Makler war schon drauf, daher am Ende mitbezahlt

Deal-Art: Buy & Hold

Quadratmeter: 254 m^2 (203 m^2 Wohnfläche sowie 41 m^2 Gewerbefläche)

Anfangsmiete: 1.400 Euro Nettokaltmiete

Renovierungskosten: 44.000 Euro (bis heute)

Zinsbindung: 20 Jahre

Zins: 1,13 %

Tilgung: 2 %

Annuität: 3,13 %

Anfangsrendite: 6 %

Finanzierungsanteil: 185.000 Euro = ca. 66 % auf den Kaufpreis

Vermietungsmodell: Keine Sondervermietung

Wie ist der Stand jetzt? Mieterhöhungen, diverse Sanierungen bzw. Renovierungen (Fassade, Briefkästen, Treppenhaus, Hofanlage, neuer Heizkessel, Renovierung Gewerbeeinheit); Maßnahmen ausstehend: Ausbau Remise, ggf. Kellerdeckendämmung, Dämmung oberste Geschossdecke

Aktueller Wert: 360.000 Euro

Ist-Miete: 1.700 Euro monatlich

Ist-Rendite: 20.400 Euro NKM p. a. bzw. (280k KP + 44k CapEx) = 6,3 %

Cashflow vor Steuern: 1.700 Euro NKM mtl., davon gehen ab: 200 Euro mtl. (Verwaltung) und 530 Euro mtl. (Zuführung Rücklage) und 482 Euro (Bankrate). Bleiben 488 Euro Cashflow.

Das ganze Interview mit Martin findest du hier als Folge des *Deals-and-Dreams*-Podcasts. Hier befindet sich auch der Link zu dem *Immocation*-Bootcamp mit Martin, das ich dir ans Herz legen möchte.

Martin Groszewski:

Interview mit Jan Taschlizki

Tomek: Erzähl doch mal ganz kurz: Wer bist du und was machst du – für all jene, die dich noch nicht kennen.

Jan: Ich habe mich vor zwei Tagen folgendermaßen vorgestellt: Vom Autopflege-Unternehmer über den Heimleiter bis hin zum Projektentwickler.

Ich bin in Berlin aufgewachsen, zur Schule gegangen und habe hier auch mein Studium abgeschlossen. Zwischen Schule und Uni habe ich mein erstes Business gestartet – eine Autopflege. Nach dem Studium war ich als Heimleiter tätig. Gemeinsam mit einem Partner haben wir Pflegeheime nicht nur betrieben, sondern waren auch deren Eigentümer. Über Umwege bin ich schließlich in die Projektentwicklung und Bestandshaltung eingestiegen. Heute bin ich als Projektentwickler und Bestandshalter in Berlin aktiv.

Tomek: Und alles hat im Grunde mit einem ersten Deal angefangen – und heute hast du einen ganz besonderen mitgebracht.

Jan: Genau, das war der zweite Deal, ehrlicherweise, der erste nennenswerte, sage ich mal, in einer so untypischen Größenordnung, dass man es am Anfang sagt. Also meine Mitmenschen meinten, ob ich verrückt bin, Ich meinte: „Ja, *all in*." Ich hatte damals keine Kinder, keine Frau, das ist ja immer so, da ist die Schwelle nochmal anders. Aber ich hatte etwas, was viele nicht hatten. Ich hatte einen sehr seniorigen Partner, der mich da an die Hand genommen hat, der das Setup so aufgebaut hat, dass ich die Möglichkeit hatte, mit *Sweat Money* dort reinzugehen, mich dort wirklich auch als Partner zu beteiligen. Ich war der operative Partner und es war am Kurfürstendamm. Es war ein sehr besonderes Haus. Es war ein ehemaliges Hotel, was noch vermietet war. Das heißt, wir hatten genügend Zeit für eine Baugenehmigung und wir sollten das alles oder haben das alles umgebaut in Wohnungen. Also es war ein klassischer Aufteiler-Deal.

Tomek: Ist es das Projekt, wo dieser besondere Aufzug drin war?

Jan: Genau, das war der drittälteste Aufzug in Berlin.

Tomek: Ja, Wahnsinn. 2012 war das Projekt. Erzähl uns mal ganz kurz, wie war der Kaufpreis und die Kaufnebenkosten und wie hast du es damals gestemmt?

Jan: Also der Kaufpreis war, soweit ich mich erinnere, um die 6 Millionen, 6,2, 6,3 Millionen, die üblichen Nebenkosten. Ich hatte den Deal nicht selber gefunden, sondern wie gesagt, ich hatte schon vorher einen Partner. Ich hatte die Möglichkeit, über Family und Friends das EK einzusammeln und mich dann auch wirklich an dem Deal zu beteiligen. Mein Partner ist dann zu mir gekommen und meinte: „Jan, guck mal, hier gibt es ein Haus, das müssen wir machen. Ehemaliges Hotel." Ich meinte: „Ich hab sowas noch nie gemacht, wie soll ich das machen?" „Nee, nee, schaffen wir schon. Ich sehe, dass du dir den A … aufreißt und das ist das A und O und ich stelle dir das Team so zusammen." Natürlich war ich nicht bankable, ich hatte gar nichts. Also das heißt, die Finanzierung war komplett abgestellt auf ihn. Er war Senior, er hat damals schon zwei Zyklen erlebt, wie es hoch- und runterging. Er meinte: „Jan, glaube mir, Bauchgefühl, Bombendeal, müssen wir machen." Das heißt, die gesamte Bonität war auf ihn abgestellt, er hat alles gemacht. Wir haben das Setup gehabt, dass wir einen Architekten und einen Bauleiter vor Ort hatten. Das heißt, er hatte sein Büro für die Zeit der Baustelle vor Ort. Und das war Win-win für mich, weil ich hatte die Möglichkeit, so von der Pike auf alles zu lernen. Ich hatte sozusagen zwei Büros. Das erste war auf der Baustelle von 6 bis 14 Uhr. Und dann bin ich nochmal in meinen eigenen Gang von 14 bis, keine Ahnung, 21 Uhr, um alles nachzuarbeiten. Aber so hatte ich die Möglichkeit, dort alles mitzubekommen, von Finanzierungsgesprächen, von Baugesprächen, von Vergabe, von Kundengesprächen. Um jetzt das Ende kurz vorweg zu greifen, das war das Besondere bei dem Deal, was mir auch die Möglichkeit gegeben hat, für viele, viele, viele weitere Deals. Wir waren sechs Monate vor geplanter Fertigstellung fertig. Wir waren unter dem Budget und wir haben 100 % des Kaufpreises ausgezahlt bekommen. Und wieso erwähne ich das so? Weil ich damals dachte, das ist normal. Heute verstehe ich, das ist absolut nicht normal.

Zahlen und Details zu Jan Taschlizkis erstem Immobilien-Deal

Jahr: 2012

Stadt: Berlin (Berlin)

Kaufpreis: 6,3 Mio. Euro

Kaufnebenkosten: 600.000 Euro

Makler: Ja

Deal-Art: Projektentwicklung (Fix & Flip)

Quadratmeter: 4.000 m^2

Anfangsmiete: 0 Euro

Renovierungs- und Projektkosten: 7,5 Mio. Euro

Zinsbindung: 3 Jahre

Zins: 3,8 %

Tilgung: 2 %

Annuität: 5,8 %

Finanzierungsanteil: 80 %

Wie ist der Stand jetzt? Alles Eigentumswohnungen

Aktueller Wert: Im Verhältnis zum Verkaufswert um ca. 150 % gestiegen

Verkaufspreis: 20 Mio. Euro

Gesamtinvestitionskosten: 13.800.000 Euro;

Gewinn: 6.200.000 Euro

Das ganze Interview mit Jan findest du hier als Folge des *Deals-and-Dreams*-Podcasts:

Jan Taschlizki:

6

Immobilien finden und bewerten

Der Einstieg in den Immobilienkauf beginnt mit der gezielten Suche nach passenden Objekten. Für eine erfolgreiche Investition ist es entscheidend, verschiedene Informationsquellen heranzuziehen und die Angebote gründlich zu prüfen.

Quellen für Immobilienangebote

Digitale Plattformen

Dazu zählen große Immobilienportale wie *Immobilienscout24*, *Immonet* oder *Kleinanzeigen*, spezialisierte Webseiten für Anlageimmobilien und die Webseiten der Makler. Die vollständige Liste findest du unter diesem QR-Code:

Plattformen:

Wie gehst du am besten vor? Ich bin ein riesiger Freund von schneller Umsetzung. Deshalb empfehle ich dir, dass du als ersten Aufschlag – noch bevor du heute ins Bett gehst – einen Suchauftrag bei *ImmoScout* in deiner ersten Gegend, die dir einfällt, erstellst. Dein Ziel ist es, die ersten 100 Wohnungen, die in deinem Suchbereich angezeigt werden, mit einer vereinfachten Immobilienkalkulation zu analysieren. Ich garantiere dir, dass du spätestens nach 100 Immobilien bereits ein Spezialist für diese Gegend bist, da du Muster erkennen wirst.

Der Quadratmeterpreis sowie die Soll- und Ist-Rendite sind dabei deine wichtigsten Kennzahlen. Ausführlich lernst du das später noch in diesem Kapitel. Ebenso ist es dein Ziel, so viele Immobilienbesichtigungen wie möglich zu machen – zum einen, um eine professionelle Routine zu entwickeln, zum anderen, um über Immobilien sowie die einzelnen Besonderheiten und Unterschiede in den Häusern zu lernen.

Der wichtigste Aspekt ist allerdings, dass du ein Maklernetzwerk aufbaust – und diese lernst du natürlich bei Besichtigungen kennen. Worauf du bei einer Besichtigung achten sollst, lernst du ebenfalls noch in diesem Kapitel.

Auf deiner weiteren Immobilienreise kannst du immer nur Lead-Quellen aktivieren. Eine absolut unterschätzte Quelle ist allerdings dein soziales Umfeld. Deshalb meine klare Empfehlung: Egal, ob du nur ein oder zwei Wohnungen als Altersvorsorge kaufen möchtest oder es den Hauptinvestoren in diesem Buch nachmachen willst – beginne bereits morgen damit, wirklich jedem zu erzählen (Friseur, Bäcker, Supermarkt-Kassiererin, Cousins, Cousinen), dass du jetzt auf der Suche nach Immobilien bist.

Wenn du aus Österreich bist, verweise ich auf das Buch von Tom Urbanek: *Der Schrei nach Wohlstand*. Seinen ersten Deal findest du auch in diesem Buch. Den Link zu seinem Buch findest du bei meinen *Empfehlungen*.

Immobilienmakler

Sie bieten Zugang zu exklusiven Objekten und punkten mit fachkundiger Beratung sowie umfassender Marktkenntnis. Um es ganz klar zu sagen: Jeder Immobilienmakler ist dein Freund. Viele Anfänger wollen sich die Kosten für einen Immobilienmakler sparen und verstehen gar nicht, dass es viel teurer wäre, alle Deals ohne Makler zu suchen – und man vor allem viel, viel weniger Deals machen könnte als mit Makler.

Was auch immer dein Tagesjob ist – der Tages-, Nacht- und Wochenendjob des Maklers ist es, Immobiliendeals für dich zu finden. Und das Beste daran: Deine Armee von Maklern arbeitet für dich völlig kostenlos, und du musst den Makler erst bezahlen, wenn du beim Notar warst – sofern der Deal auch wirklich gepasst hat.

Der Makler ist für dich ganz häufig auch der Möglichmacher, der deine Vorstellungen und die des Verkäufers zusammenbringt, für dich mit dem Verkäufer verhandelt und – vor allem – dich in diesem Prozess als Mensch kennenlernt. Wenn du es auf diesem Weg schaffst, dass er dich nicht nur kennenlernt, sondern auch zu schätzen weiß, dann bist du einer der wenigen, an die dieser Makler als Erstes denkt, wenn ein Deal einigermaßen in dein Ankaufsprofil passt. **Und das ist wirklich Gold wert.**

Mein Ziel ist es, mit jedem Makler schnell auf die *WhatsApp*-Ebene zu kommen und in die Beziehungen zu investieren. Auch ein Makler lebt von Empfehlungen – und es kostet dich nur wenige Minuten und ein Lächeln, einen Makler bei *Google* zu bewerten, selbst wenn du noch keinen Deal mit ihm gemacht hast. Lass einen freundlichen Kommentar da, zum Beispiel: schnelle Reaktion, aufbereitetes Exposé und superfreundlicher Kundenservice.

Bonus-Tipp: Wenn du der Liebling der Makler sein willst und alle guten Deals als Erster bekommen möchtest, dann zahl die volle Maklerprovision auf den Angebotspreis, selbst wenn du diesen runterverhandelst. So verhandelst du nicht gegen zwei Personen (Makler und Verkäufer), sondern gemeinsam mit dem Makler für das perfekte Ergebnis mit dem Verkäufer.

Off-Market-Immobilien

Über persönliche Kontakte zu Eigentümern und aktives Networking innerhalb der Branche lassen sich Objekte finden, die nicht auf gängigen Portalen gelistet sind. Auch der Großteil meiner Off-Market-Deals stammt von persönlichen Kontakten und Maklern.

Unter dem QR-Code findest du außerdem den Zugang zu zwei Off-Market-Gruppen, in denen du sowohl Angebote als auch Gesuche posten kannst – und in denen regelmäßig viele Angebote veröffentlicht werden.

Off-Market:

Eine Off-Market-Gruppe hat der liebe Samet, aka *Immodaddy*, ins Leben gerufen – seinen ersten Deal findest du ebenfalls als Interview in diesem Buch. Eine andere, die lediglich auf Deutschland beschränkt ist, habe ich selbst gegründet. Off-Market-Deals führen zu Off-Market-Deals. Also sei ein fleißiger Besichtiger!

Deine erste Immobilienkalkulation

Bevor du dich für den Kauf einer Immobilie entscheidest, solltest du eine umfassende wirtschaftliche Kalkulation durchführen. Sie bildet die Grundlage für die Beurteilung der Rentabilität und hilft dabei, potenzielle Risiken frühzeitig auszuschließen. Mein Gamechanger war zu verstehen, dass die Kombination aus Quadratmeterpreis, Nettokaltmiete und Nettokalt-Sollmiete eigentlich ausreicht, um sehr, sehr schnell zu entscheiden, ob ich bei dieser Immobilie in eine echte Tiefenprüfung einsteige.

Hohe Schlagzahl ist dein Freund. Wenn du viele Immobilien-Deals im Monat prüfen möchtest, kannst du deine Zeit nicht damit verschwenden, bei jeder Immobilie eine große Kalkulation zu machen. Je weiter du im Prozess bist, desto schneller wirst du merken, dass du für die allererste Prüfung – wenn überhaupt – nur einen Taschenrechner brauchst. Im Idealfall kannst du sogar im Kopf rechnen.

Fazit: Bei der ersten Schnellprüfung blendest du alle anderen Zahlen aus und konzentrierst dich nur auf diese drei Werte, um wirklich schnell zu deinem ersten Deal zu kommen.

Beispiele für eine einfache Berechnung

Ist-Rendite

Bruttomietrendite (BMR) in %:

$$\frac{\text{JNKM}}{\text{Kaufpreis}} \times 100$$

Cashflowneutralität wird bei etwa 5 % BMR erreicht.

Faktor:

$$\frac{\text{Kaufpreis}}{\text{JNKM}}$$

- Der Faktor 20 entspricht hierbei einer BMR von 5 % (100/20 = 5)
- Jahresnettokaltmiete (JNKM) = monatliche Kaltmiete x 12

Soll-Rendite

Bruttomietrendite (BMR) in %:

$$\frac{\text{JNKM (Soll)}}{\text{Kaufpreis + Sanierungskosten}} \times 100$$

Cashflowneutralität wird bei etwa 5 % BMR erreicht.

Faktor:

$$\frac{\text{Kaufpreis + Sanierungskosten}}{\text{JNKM (Soll)}}$$

- Der Faktor entspricht hierbei einer BMR von 5 % (also: 100/20 = 5)
- Jahresnettokaltmiete (JNKM) = monatliche Kaltmiete x 12

Kaufpreis und Erwerbsnebenkosten

Kaufpreis

Der Kaufpreis stellt den größten Einzelposten deiner Investition dar. Er sollte stets im Vergleich zu ähnlichen Objekten am Markt bewertet werden, um eine realistische Einschätzung zu ermöglichen. Mein persönliches Ziel ist es immer, dass der Deal so gut ist, dass die Bank mir gerne den vollen Kaufpreis finanziert und ich lediglich die Nebenkosten aus eigenen Mitteln bezahle.

Die Königsdisziplin besteht später darin, dass die Deals so gut werden, dass ich – nachdem ich den Kaufpreis verhandelt habe – dem Verkäufer anbiete, die Erwerbsnebenkosten oder einen Teil davon selbst zu übernehmen. Diese Summe schlage ich dann auf den Kaufpreis auf und lasse sie somit mitfinanzieren.

Erwerbsnebenkosten

Neben dem eigentlichen Kaufpreis fallen weitere Kosten an, die du in deiner Kalkulation berücksichtigen musst. Dazu zählen:

- Grunderwerbsteuer
- Notar- und Grundbuchkosten
- Maklerprovision

Vor allem in den einzelnen Bundesländern fällt die Grunderwerbsteuer unterschiedlich hoch aus.

Finanzierungskosten

Solltest du den Immobilienkauf über ein Darlehen finanzieren, ist es wichtig, folgende Dinge zu berücksichtigen: Zur Finanzierung des Objekts wurde ein bestimmter Betrag als Eigenkapital eingebracht, dessen Höhe in Relation zur Gesamtsumme zur Bonität und zur Gestaltung der Finanzierungsbedingungen beiträgt. Die restliche Summe wurde über ein Bankdarlehen abgedeckt. Für dieses Darlehen wurden ein fester Zinssatz sowie ein Tilgungsanteil vereinbart, aus denen sich die monatliche Kreditrate ergibt. Diese monatliche Belastung wird den erwarteten Mieteinnahmen gegenübergestellt. Dabei fließen auch die laufenden Betriebskosten in die Kalkulation ein, um den tatsächlichen monatlichen Cashflow sowie die Rentabilität der Investition realistisch bewerten zu können. So ergibt sich ein vollständiges Bild über die wirtschaftliche Tragfähigkeit des Immobilieninvestments.

Einnahmen und laufende Kosten

Mieteinnahmen

Die potenziellen Mieterträge sind ein zentraler Bestandteil der Rentabilitätsrechnung. Die regelmäßige Einnahmebasis der Immobilie bildet die monatliche Kaltmiete, welche durch den Mietvertrag festgelegt ist. Es ist unerlässlich, aus den Mieteinnahmen eigene Rücklagen zu bilden. Selbst wenn man kein Mehrfamilienhaus gekauft hat, sondern eine einzelne Wohnung in einer Wohnungseigentümergemeinschaft (WEG), sollte man nicht nur Rücklagen für sich selbst, sondern auch Rücklagen für die Eigentümergemeinschaft bilden.

Wichtig dabei ist, dass du bei der Miethöhe nicht nur deine Ist-Miete im Blick hast, sondern auch deine Soll-Miete. Das ist die Miete, die du für eine gut renovierte Wohnung am Markt bei einer Neuvermietung bekommst. Achte aber auch darauf, ob Marktmiete und Mietspiegel, falls es in deiner Stadt einen gibt, übereinstimmen oder ob der Mietspiegel, wie in Berlin, rein gar nichts mit der Marktrealität zu tun hat, weil er meiner Meinung nach politisch gewollt statistisch manipuliert ist.

Betriebskosten

Zu den laufenden Bewirtschaftungskosten der Immobilie zählen unter anderem die Ausgaben für die Verwaltung sowie die regelmäßige Instandhaltung des Objekts. Diese Posten stellen wichtige Bestandteile der laufenden Kostenstruktur dar und müssen bei der wirtschaftlichen Planung entsprechend einkalkuliert werden.

Rendite und Cashflow

Bruttorendite und Nettorendite

Beide Kennzahlen helfen dir, die Wirtschaftlichkeit der Immobilie zu beurteilen – vor und nach Abzug der laufenden Kosten.

Cashflow

Ein positiver Cashflow bedeutet, dass die Immobilie nicht nur die laufenden Kosten deckt, sondern darüber hinaus monatliche Überschüsse erwirtschaftet. Das ist ein Zeichen für eine solide und rentable Investition. Dies ist in den Top-Städten selten und meistens schon gar nicht direkt am Anfang möglich. In den Speckgürtel-Städten und ländlichen Regionen ist es allerdings ein absolutes Muss, da du auch ein Leerstandsrisiko hast und es je nach Lage auch mal mehrere Monate dauern kann, bis deine Immobilie wieder neu vermietet wird.

Due Diligence: Wie man eine Immobilie analysiert

Der Erwerb einer Immobilie ist eine weitreichende finanzielle Entscheidung, die eine sorgfältige Analyse erfordert. Ein zentraler Bestandteil dieses Prozesses ist die sogenannte Due Diligence – eine umfassende Prüfung, mit der potenzielle Risiken erkannt und die Investitionsentscheidung auf ein solides Fundament gestellt wird. In diesem Kapitel erhältst du einen Überblick über die wichtigsten Bereiche, die bei der Due Diligence im Rahmen eines Immobilienkaufs zu beachten sind.

Der Begriff „Due Diligence“ beschreibt die systematische Prüfung einer Immobilie in rechtlicher, technischer und wirtschaftlicher Hinsicht. Ziel ist es, mögliche Risiken frühzeitig zu identifizieren – von rechtlichen Einschränkungen über bauliche Mängel bis hin zu wirtschaftlichen Unstimmigkeiten – und sicherzustellen, dass die Immobilie den eigenen Erwartungen entspricht.

Rechtliche Prüfung

Ein zentraler Aspekt der Due Diligence ist die Überprüfung aller rechtlichen Rahmenbedingungen. Bereits vor dem Erwerb einer Immobilie ist diese sorgfältige Prüfung aller relevanten Unterlagen unerlässlich. Der Grundbuchauszug liefert grundlegende Informationen über die Eigentumsverhältnisse sowie über etwaige eingetragene Grundschulden oder bestehende Hypotheken. Außerdem gibt er Aufschluss über öffentlich-rechtliche Verpflichtungen, wie Wegerechte oder bauliche Einschränkungen, die die Nutzung des Grundstücks beeinflussen können.

Bei vermieteten Objekten sind die bestehenden Mietverträge sorgfältig zu analysieren – insbesondere im Hinblick auf Laufzeiten, Kündigungsfristen und das Potenzial für Mieterhöhungen. Die wichtigsten Punkte, auf die du bei Mietverträgen achten solltest, sind Befristungen (Achtung: nicht jede Befristung ist wirklich rechtswirksam), ob die aktuelle Mietzahlung mit der Zahl im Mietvertrag übereinstimmt – sollte dies nicht der Fall sein, brauchst du hier noch die vereinbarte Mieterhöhung –, ob es ein Indexmietvertrag oder ein Staffelmietvertrag ist.

Je nach Immobilientyp (Einfamilienhaus, Mehrfamilienhaus usw.) unterscheiden sich diese Listen. Unter diesem QR-Code findest du alle Listen detailliert als PDF-Download:

Checklisten:

Technische Prüfung

Du kannst bei deiner ersten Wohnung auch viel Geld für einen Bausachverständigen ausgeben, was ich dir allerdings nicht empfehle. Es sei denn, du kaufst eine offensichtliche Ruine. Wenn du deine erste Eigentumswohnung kaufst, reicht es häufig, wenn du mit klarem Blick und logischem Menschenverstand durch das Objekt gehst. Bedenke dabei, dass es für jede Herausforderung eine

Lösung gibt, und besonders innerhalb einer WEG häufig die WEG für die Behebung großer Herausforderungen verantwortlich ist. Somit lohnt sich auch ein Blick auf die Instandhaltungsrücklage, sodass du weißt, wie viel Geld das gesamte Haus zur Verfügung hat, wenn es einmal größere Arbeiten am Dach, der Heizungsanlage oder bei Wasserschäden gibt. Bedenke auch, dass viele mögliche Schäden am Gebäude über die Gebäudehaftpflichtversicherung abgesichert sind.

Achte bei deinem Rundgang besonders auf feuchte Stellen und frage auch den Mieter, falls er bei der Besichtigung anwesend ist, ob es irgendwelche Schwierigkeiten gibt. Aber Achtung: Probleme sollten dich nicht vom Kauf der Wohnung abhalten, sondern es sind lediglich Herausforderungen, die ein Preisschild brauchen, welches du in die Verhandlung einschließen kannst. Und selbst wenn du einen Gutachter dabei hast, kann auch dieser nicht in die Wände oder Zwischendecken hineinschauen. Meiner Meinung nach lohnt sich ein Gutachter bei einem Ankaufsprozess von einem Mehrfamilienhaus.

Wirtschaftliche Analyse

Auch die finanzielle Seite der Immobilie muss im Rahmen der Due Diligence ausführlich beurteilt werden:

Für eine fundierte Investitionsentscheidung ist eine umfassende wirtschaftliche Bewertung der Immobilie unerlässlich. Dazu gehört zunächst die Kaufpreisbewertung, bei der der Angebotspreis mit aktuellen Marktwerten vergleichbarer Objekte abgeglichen wird, um die Angemessenheit und ein mögliches Verhandlungspotenzial zu beurteilen.

Bei vermieteten Immobilien erfolgt zusätzlich eine Analyse der bestehenden Mieterträge, wobei sowohl die aktuellen Einnahmen als auch das langfristige Renditepotenzial betrachtet werden. Parallel dazu werden die Betriebskosten anhand der Nebenkostenabrechnungen sowie die Höhe und Entwicklung der Instandhaltungsrücklage überprüft, um die laufende Belastung realistisch einschätzen zu können.

Ein weiterer wesentlicher Aspekt ist die Finanzierungsstruktur. Hierbei werden die aktuell verfügbaren Konditionen hinsichtlich Zinssatz, Tilgung und Eigenkapitalanforderungen bewertet, um die Tragfähigkeit der Investition sowie deren Einfluss auf Liquidität und Rendite zu beurteilen. Hierbei macht die Bank nochmal ihre eigene Berechnung. Frag auch hier gerne an, wie die Bank rechnet. Übrigens heißt es noch lange nicht, dass der Deal schlecht ist, nur weil eine Bank absagt. Es kann sein, dass die Bank gerade ihre Ziele schon sehr gut erreicht hat und dir eher ein Abwehrangebot oder eine Absage gibt. Es kann aber auch genauso sein, dass diese Bank ungern in dieser Region finanziert, das Volumen zu groß oder zu klein ist – somit liegt es an dir, die richtige Bank zu dem richtigen Deal zu finden.

Standort- und Umweltanalyse

Die Lage ist ein maßgeblicher Faktor für den Wert und die Entwicklungsperspektive einer Immobilie, denn sie lässt sich nicht mehr ändern. Die Standortanalyse einer Immobilie gliedert sich in die Bewertung der Makro- und Mikrolage sowie relevanter Umweltfaktoren.

Auf Ebene der **Makrolage** wird die wirtschaftliche, infrastrukturelle und demografische Entwicklung der Region betrachtet. Eine wachsende Bevölkerung, stabile Arbeitsmarktdaten sowie Investitionen in die Infrastruktur wirken sich in der Regel positiv auf den Immobilienwert aus und erhöhen die langfristige Standortattraktivität.

Die **Mikrolage** konzentriert sich auf das direkte Immobilienumfeld. Hierzu zählen z. B. die Anbindung an den öffentlichen Nahverkehr, die Nähe zu Schulen, Kindergärten, Einkaufsmöglichkeiten und Freizeiteinrichtungen. Diese Faktoren beeinflussen maßgeblich die Vermietbarkeit und Lebensqualität vor Ort.

Ergänzend werden **Umweltfaktoren** berücksichtigt, etwa die mögliche Belastung durch Altlasten, eine potenzielle Hochwassergefährdung oder bestehende Lärm- und Geruchsquellen. Auch diese Aspekte haben direkten Einfluss auf die Werthaltigkeit und

Nutzbarkeit der Immobilie und sollten sorgfältig geprüft werden. Gerade beim Thema *Standort* arbeite ich, wie in bereits beschrieben, mit dem *Immocation*-Standort-Tool und *PriceHubble*.

Makler: Dein Freund und Helfer

Der Kauf oder Verkauf einer Immobilie ist ein vielschichtiger Prozess, bei dem zahlreiche rechtliche, wirtschaftliche und organisatorische Aspekte zu beachten sind. In dieser Situation kann ein Immobilienmakler eine wertvolle Hilfe darstellen. Dieses Kapitel beleuchtet die Aufgaben eines Maklers und zeigt auf, wie er sowohl Käufern als auch Verkäufern effektiv zur Seite stehen kann. Allein in diesem Buch hast du neben mir selbst auch noch zahlreiche Investoren, die auch als Makler tätig sind. Besonders empfehlen kann ich dir hier die Interviews von Laura Schick, Johanna Bauer, meinem Geschäftspartner Moritz Sanders, Christopher W. Brée, Paul Zödi und Verena Reiter.

Was macht ein Immobilienmakler?

Ein Immobilienmakler fungiert als Vermittler zwischen Käufer und Verkäufer. Sein Ziel ist es, Immobilien professionell zu vermarkten, passende Interessenten zu finden und den gesamten Verkaufsprozess kompetent zu begleiten. Auf der Käuferseite unterstützt er bei der Immobiliensuche und steht beratend zur Seite – sei es bei der Einschätzung des Marktwerts, der Lage oder der rechtlichen Rahmenbedingungen.

Typische Aufgaben eines Maklers

Ein qualifizierter Makler übernimmt zahlreiche Tätigkeiten, die den Verkaufsprozess effizient und professionell gestalten: Der erfolgreiche Verkauf einer Immobilie erfordert eine strukturierte und zielgerichtete Vorgehensweise. Zu Beginn steht die Marktanalyse, bei der das Objekt anhand aktueller Vergleichsdaten bewertet wird, um einen realistischen und marktfähigen Verkaufspreis festzulegen.

Darauf aufbauend erfolgt die Erstellung eines aussagekräftigen Exposés, das mit hochwertigen Fotografien und präzisen, rechtlich korrekten Informationen die Stärken der Immobilie wirkungsvoll präsentiert. Im Anschluss wird die Immobilie im Rahmen einer zielgerichteten Marketingstrategie beworben – sowohl über gängige Online-Portale und soziale Medien als auch über klassische Kanäle wie Printanzeigen.

Ein weiterer wichtiger Schritt ist die Organisation und Durchführung von Besichtigungsterminen, bei denen potenzielle Käufer persönlich begleitet und individuell betreut werden. Im Verlauf der Vertragsverhandlungen wird aktiv bei der Preisfindung unterstützt und zwischen den Interessen von Käufer und Verkäufer vermittelt. Schließlich umfasst der Verkaufsprozess auch die Begleitung bis zum Abschluss des Kaufvertrags. Dazu gehört die enge Zusammenarbeit mit dem beurkundenden Notar, die Prüfung der Vertragsinhalte sowie die Klärung offener rechtlicher oder organisatorischer Fragen – für einen reibungslosen und rechtssicheren Abschluss, wobei anzumerken ist: Ein Makler ist in der Regel kein Anwalt. Allerdings ist der beurkundende Notar auch immer zur Neutralität verpflichtet und muss sowohl den Käufer als auch den Verkäufer neutral beraten.

Vorteile der Zusammenarbeit mit einem Makler

Sowohl Käufer als auch Verkäufer profitieren in vielfacher Hinsicht von der Unterstützung eines erfahrenen Maklers: Die Beauftragung eines Maklers bringt für Verkäufer wie Käufer eine Vielzahl von Vorteilen mit sich. Ein zentraler Aspekt ist die Zeitersparnis: Der Makler übernimmt die vollständige Kommunikation mit Interessenten, organisiert Besichtigungstermine und kümmert sich um viele organisatorische und administrative Aufgaben, die im Verkaufsprozess anfallen.

Darüber hinaus profitiert man vom Fachwissen des Maklers. Seine umfassenden Kenntnisse zu Marktmechanismen, rechtlichen Rahmenbedingungen und Finanzierungsmöglichkeiten tragen dazu bei, den Verkaufsprozess effizient und rechtssicher zu gestalten.

Zudem verfügt ein professioneller Makler über ein weitreichendes Netzwerk, das den Zugang zu qualifizierten Kaufinteressenten, Verkäufern, Finanzierungsinstituten und Notaren erleichtert. Dank gezieltem Marketing, professioneller Präsentation und strategischem Vorgehen ist in der Regel eine höhere Erfolgsquote zu erwarten – insbesondere im Hinblick auf einen zügigen und marktgerechten Verkauf. Nicht zuletzt agiert der Makler als neutraler Vermittler und sorgt durch seine objektive Sichtweise für eine faire, sachliche und konfliktfreie Abwicklung.

Der Makler ist dein wichtigster Deal-Bringer und arbeitet für dich völlig kostenlos. Er wird lediglich bezahlt, wenn der Deal zustande kommt. Viele denken, dass ein Makler überflüssig und überbezahlt ist. Dem ist nicht so. Der Großteil der Immobilien-Deals wird über Makler abgewickelt. Wenn du dir ein gutes Maklernetzwerk aufbaust, sind dir gute Deals sicher. Und was nützt dir ein Deal, bei dem du dir vielleicht die Vermittlerprovision sparst, der aber völlig überteuert ist?

Ein Makler ist also dein Freund und Helfer! Du solltest alles dafür tun, dass er dein Ankaufsprofil im Kopf hat und sobald er eine Immobilie reinbekommt, die für dich passt, sollte er nicht nur an dich denken, sondern dich sofort anrufen. Ich selbst habe Makler in einem Netzwerk, die mir schon die Daten der Objekte per *WhatsApp* schicken, lange bevor die Immobilie fertig eingewertet wird und ein tolles Hochglanz-Exposé entsteht.

Worauf man bei der Wahl eines Maklers achten sollte

Lerne zu unterscheiden, ob du es mit einem Ankaufs-Makler oder einem Verkaufs-Makler zu tun hast. Denn Makler ist nicht gleich Makler. Es gibt Makler, die sind super im Verkauf, haben die Unterlagen perfekt aufbereitet und sind sehr stark im Vertrieb. Das ist der richtige Makler, wenn du eine wunderschön renovierte Immobilie perfekt am Markt platzieren möchtest und es dein Ziel ist, sie zum besten Preis zu verkaufen.

Gerade wenn du auf der Suche nach deinem ersten Deal bist, ist der Ankaufs-Makler dein Lieblingsmakler. Ein Ankaufs-Makler ist in meinen Augen jemand, der nicht so viel Wert auf die perfekte Außendarstellung legt. Statt eines professionellen Fotografen hat er die Fotos der Immobilie schnell mit seinem Handy gemacht. Die Unterlagen sind unter Umständen lückenhaft, und die Erreichbarkeit ist nicht immer ideal. Bingo – du hast deinen perfekten Ankaufs-Makler gefunden.

Viele deiner Mietbewerber regen sich vielleicht über die weniger ansprechende Präsentation, fehlende Unterlagen oder zahlreiche erfolglose Anrufversuche auf. Vielleicht waren das sogar deine ersten Gedanken zu so einem Angebot.

Warum sollte der Makler so viel Geld bekommen, wenn andere doch viel bessere Arbeit leisten? Genau hier tappst du – wie viele Mitbewerber – in die Mindset-Falle. Denn je weniger Wettbewerb du hast, desto besser kannst du den Preis verhandeln. Diese wirklich guten Makler sind deine besten Quellen für erfolgreiche Deals. Behandle sie also gut, zeige Verständnis für ihre Schwächen und sei dir vor allem eines bewusst: Du bezahlst einen Makler nur dafür, dass er dir einen guten Deal bringt.

Und ja, für einen guten Deal nimmst du dem Makler gerne auch mal die Arbeit ab – zum Beispiel indem du mit einer Vollmacht selbst alle notwendigen Unterlagen besorgst.

Besichtigung und erste Bewertung

Der erste Eindruck einer Immobilie kann entscheidend sein – doch eine fundierte Einschätzung erfordert mehr als nur einen kurzen Rundgang. Eine strukturierte Besichtigung und sorgfältige Bewertung helfen, Chancen und Risiken frühzeitig zu erkennen. In diesem Kapitel erfährst du, worauf du achten solltest, um eine fundierte Kaufentscheidung treffen zu können.

Vorbereitung auf die Besichtigung

Eine gründliche Vorbereitung ermöglicht es, gezielte Fragen zu stellen und potenzielle Schwachstellen und Chancen frühzeitig zu identifizieren. Die wichtigsten Schritte im Vorfeld: Vor einer Besichtigung ist eine gründliche Recherche zur Lage und Infrastruktur unerlässlich. Informiere dich dabei über die Umgebung, die Verkehrsanbindung, die Nahversorgung, Schulen sowie mögliche Entwicklungspotenziale.

Zur besseren Übersicht empfiehlt es sich, eine Checkliste zu erstellen, auf der alle wichtigen Aspekte festgehalten werden, die während der Besichtigung überprüft werden sollen – etwa der bauliche Zustand, die Ausstattung und die Instandhaltungsrücklage.

Wichtige Punkte bei der Besichtigung

Während der Besichtigung sollte die Immobilie systematisch und kritisch begutachtet werden. Achte besonders auf Folgendes:

Verschiedene Aspekte der **Bausubstanz** sollten sorgfältig geprüft werden. Achte zunächst auf sichtbare Mängel wie Risse, Feuchtigkeit oder Schimmel. Der Zustand von Dach und Außenfassade ist ebenso wichtig; mögliche Schäden oder ein Sanierungsbedarf sollten frühzeitig erkannt werden.

Auch **Fenster und Türen** sollten kontrolliert werden – sie müssen dicht schließen, funktionstüchtig sein und eine moderne Isolierung aufweisen. Die **Installationen**, insbesondere Elektrik und Sanitäranlagen, gilt es auf ihren Zustand zu überprüfen, um festzustellen, ob sie modern oder sanierungsbedürftig sind.

Zudem ist ein **aktueller Energieausweis** wichtig, um den Energieverbrauch und die zu erwartenden Heizkosten einschätzen zu können. Nicht zuletzt spielt die **Umgebung** eine Rolle: Störende Lärmbelastungen durch Straßenverkehr oder nahegelegene Gewerbebetriebe sollten ebenfalls berücksichtigt werden.

Ein kurzer Reminder: Jedes Problem ist nicht wirklich ein Problem, sondern nur eine Chance, die du mit einem Preisschild versehen und mit der du in die Preisverhandlung gehen kannst.

Erste Einschätzung des Immobilienwerts

Nach der Besichtigung sollte eine erste Bewertung erfolgen, um den Investitionsbedarf realistisch einzuschätzen:

Eine fundierte Marktwertanalyse ist entscheidend und sollte einen Vergleich mit ähnlichen Immobilien hinsichtlich Lage, Größe und Ausstattung beinhalten. Zudem ist es wichtig, mögliche Sanierungs- oder Renovierungskosten realistisch abzuschätzen, um finanzielle Auswirkungen besser planen zu können. Ebenso sollten die Nutzungsmöglichkeiten der Immobilie geprüft werden:

Passt sie zu deinen individuellen Plänen – sei es als Kapitalanlage, Eigenheim oder zur Projektentwicklung? Schließlich gehört auch die Kostenstruktur zur umfassenden Bewertung, wobei besonders die laufenden Betriebskosten wie Nebenkosten und Rücklagen bei Eigentumswohnungen sorgfältig geprüft werden sollten.

Dokumentation und Nachbereitung

Damit keine Details verloren gehen, ist eine sorgfältige Nachbereitung essenziell:

Während der Besichtigung sollten alle wichtigen Beobachtungen sowohl schriftlich als auch fotografisch festgehalten werden. Offene Fragen sollten direkt vor Ort mit dem Verkäufer oder Makler geklärt werden, um Unklarheiten frühzeitig auszuräumen. Bei Unsicherheiten empfiehlt es sich, fachliche Unterstützung durch einen Handwerker, Bausachverständigen oder Architekten einzuholen, um eine fundierte Zweitmeinung zu erhalten.

Aber auch hier gilt: Übertreibe es nicht und wähle die Berater sorgfältig aus – und nur dann, wenn tatsächlich Bedarf besteht. Bei einer normalen und unauffälligen Wohnung ohne sichtbare Herausforderungen oder Schäden können auch Berater nicht in die Wand hineinschauen.

Interview mit Dario Markoc

aka *Immo Memes*

Tomek: Für alle, die dich noch nicht kennen: Stell dich doch einmal kurz vor. Wer bist du? Was machst du?

Dario: Dario, mein Name, ich bin 26 Jahre alt. Der Weg in die Immobilienwirtschaft wurde mir von meiner Familie quasi in die Wiege gelegt. Ich habe Immobilienwirtschaft im Bachelor studiert, danach Finance im Master. Währenddessen habe ich eine *Instagram*-Seite mit dem Namen *Immo Memes* aufgebaut, auf der wir uns mit einem Augenzwinkern über Klischees aus unserer Branche lustig machen – also über uns selbst.

Aus dieser, ich nenne sie mal „unseriösen" *Instagram*-Seite, ist dann ein Netzwerk entstanden: *Feature of Real Estate*. Bis letzten Sommer habe ich noch in verschiedenen Firmen gearbeitet – zunächst bei einem Investmentmanager, dann bei einer Privatbank. Seit Oktober bin ich nun komplett selbstständig mit eigener Firma.

Tomek: *Immo Memes* muss man vielleicht – gerade für diejenigen, die es noch nicht kennen – noch einmal etwas näher erklären, denn *Immo Memes* ist ja regelrecht durch die Decke gegangen. Wie viele Abonnenten habt ihr mittlerweile?

Dario: 55.000 – aber man muss ehrlich und fair sagen: Am Anfang ging es sehr, sehr steil bergauf, weil wir wirklich die Ersten in der Immobilienbranche waren, die Memes gemacht haben. Inzwischen wäre es, glaube ich, gar nicht mehr möglich, nur mit Memes so eine Reichweite aufzubauen – mittlerweile gibt es einfach viele Seiten, die das ebenfalls machen. Wir wachsen trotzdem weiter: Inzwischen haben wir 4.000 Mitglieder und veranstalten 80 Events im Jahr.

Tomek: Und ich glaube, man kann nicht besser lernen als von den ersten Deals anderer. Hol uns doch mal ganz kurz ab: Wo war dein erster Deal? Wann war er? Und nimm uns ein bisschen mit in die Zahlen.

Dario: Das Objekt liegt in Haldensleben, Börde, etwa 20 Minuten von Magdeburg entfernt. Ich habe es für ein Volumen von 100.000 Euro gekauft – ein Sechsfamilienhaus mit einem sehr großen Grundstück und 275 Quadratmetern vermietbarer Fläche. Das Baujahr des Hauses ist irgendwann Anfang 1900 – so genau wusste man das nicht. Die Lage ist sehr nah am Bahnhof, also keine schlechte Mikrolage, würde ich sagen. Aber am Objekt war definitiv noch viel zu tun.

Die Durchschnittsmiete lag bei etwa 2,50 Euro pro Quadratmeter. Ganz oben im Dachgeschoss links wohnte jemand, der inzwischen im Gefängnis sitzt – wegen ihm kam die Polizei regelmäßig vorbei. Ich habe die Wohnung dann zusammen mit meinem Vater ausgeräumt: überall Nazi-Symbole, rechtsradikale Sprüche an den Wänden – eine komplette Messi-Wohnung. Die Wohnung musste vollständig kernsaniert werden. Es bestand auch echte Gefahr, dass dort ein Brand ausbricht oder Schlimmeres passiert. Ein starker Problemmieter.

Ich war sehr froh, als er dann endlich raus war – also aus der Wohnung, nicht nur im Gefängnis. Ob er immer noch dort einsitzt, weiß ich nicht – ist mir auch ehrlich gesagt egal. Inzwischen haben wir gute Mieter gefunden. Es wohnt jetzt eine komplette Familie im Haus: die Großeltern, die andere Oma, die Kinder, die Enkel – die gehen inzwischen schon zur Schule und haben ihre eigene Wohnung.

In vier Jahren läuft die Zehnjahresfrist ab, und der Plan ist, das Objekt dann steuerfrei zu verkaufen. Wir haben viel investiert: Alle Wohnungen – bis auf eine – wurden kernsaniert, und es wurden neue Heizungen eingebaut.

Zahlen und Details zu Dario Markocs erstem Immobilien-Deal

Jahr: 2020

Stadt: Haldensleben (Sachsen-Anhalt)

Kaufpreis: 90.000 Euro

Kaufnebenkosten: 10 %

Makler: Ja

Deal-Art: Buy & Hold

Quadratmeter: 275 m^2

Anfangsmiete: 9.000 Euro p. a.

Renovierungskosten: 100.000 Euro

Anfangsrendite: 8 %

Wie ist der Stand jetzt? Neue Heizung, Wohnungen saniert usw.

Aktueller Wert: 270.000 Euro

Ist-Miete: 19.000 Euro p. a.

Ist-Rendite: 9,5 %

Das ganze Interview mit Dario findest du hier als Folge des *Deals-and-Dreams*-Podcasts:

Dario Markoc:

Interview mit Johannes Schwärzler

aka *Flipper Immo*

Tomek: Johannes, für alle, die dich noch nicht kennen: Magst du dich einmal kurz vorstellen? Wer bist du und was machst du?

Johannes: Ja, ich bin Johannes, 33 Jahre alt und komme aus dem schönen Allgäu. Nach einer kleinen Weltreise bin ich dem Thema Immobilien verfallen. Mittlerweile habe ich mehrere Gesellschaften rund um dieses Thema gegründet – unter anderem auch eine Softwarefirma – und bin außerdem ein wenig auf Social Media aktiv. Bei mir dreht sich alles um das Thema Fix & Flip, also: einkaufen, renovieren, verkaufen – und das Ganze ein bisschen schöner für den Eigennutzer aufbereiten. Das ist mein Alltag.

Tomek: Und du hast deinen ersten Deal heute tatsächlich sogar auch mitgebracht. Und ja, lässt uns alle daran teilhaben. Magst du uns nochmal erzählen: Wann war dein erster Deal? Wo war der überhaupt? Was hat er gekostet?

Johannes: Der erste Deal wurde am 14. Dezember 2020 angekauft – also kurz vor Weihnachten. Wir hatten so ziemlich den letzten Notartermin noch bekommen. Verkauft wurde dann wieder im April. Ich denke, das genaue Datum kann ich gar nicht sagen, aber es waren so knapp vier, fünf Monate später – und dann mit einem Gewinn von knapp 80.000 Euro. Das war verrückt. Selbst der Banker war anfangs sehr, sehr skeptisch. Also, man muss fairerweise auch dazu sagen: Der Markt in diesem Zeitfenster 2021 war natürlich verrückt. Wir haben variabel finanziert – das waren 1,6 Prozent Zinsen. Das ist ein absolutes Träumchen, da geht jedem das Herz auf, der das heute hört. Das war natürlich ein Wunsch-Szenario. Und während dieser Phase des Haltens, also des Besitzes, hat man meistens schon irgendwie zehn Prozent Gewinn mitgenommen, weil sich der Markt einfach so schnell nach oben entwickelt hat. Deswegen sagt man auch gerne: In diesen Phasen war es nicht ganz so schwer wie heutzutage zu flippen – da hat der Markt im Prinzip schon die Hälfte der Arbeit abgenommen.

Tomek: Kannst du uns mal abholen? Wie bist du überhaupt auf die Idee gekommen? Man steht ja nicht einfach morgens auf und sagt: „Ich flippe jetzt mal eine Immobilie und verdiene mal schnell 80.000 Euro."

Johannes: Ja, also rückblickend – das Leben ist ja immer ein bisschen verrückt – ergibt alles Sinn. Vorwärts ist es manchmal einfach ein kleines Durcheinander. Und ich war im Prinzip der Immobilie schon immer verschrieben, wusste es nur in dem Maße noch nicht. Ich habe mit zwei Jahren in meine Poesiealben reingeschrieben, dass ich irgendwie – oder halt mit vier oder so – Architekt werden will. Dann bin ich Bauzeichner geworden. Danach habe ich mein Fachabitur in Deutsch, Mathe und Physik nachgeholt. Ich bin dann ins Ausland gegangen – nach Dubai – und war dort als Immobilienmakler tätig. Also wieder in der Immobilienbranche, natürlich im Vertrieb. Aber die Grundsubstanz war eigentlich immer: Haus, Wohnung, Immobilien, Bau – was auch immer. Ich komme vom Bauernhof, lebe auch heute wieder dort. Wir haben einen kleinen *Demeter*-Bauernhof in den Bergen. Das heißt, ich bin als klassischer Ältester von vier Kindern aufgewachsen – als Bauernsohn – und habe im Prinzip mein Leben lang, solange ich denken kann, irgendwie gearbeitet, geschraubt, gebohrt, gesägt. Einen Stadel – oder wie sagt man auf Hochdeutsch: eine Scheune – gebaut, oder was weiß ich. Es wurde immer irgendwo gewerkelt und gebaut.

Und ich habe mir das dann auch dementsprechend zugetraut. Nach vier Jahren in Dubai war ich noch drei Jahre auf Mallorca. Und dort kam mir dann die Idee – inspiriert durch das Fix-&-Flip-Prinzip aus den USA. Man kennt das ja: Die renovieren meistens Häuser mit ihren Trockenbauwänden und der Holzständerbauweise – und machen dabei ähnliche Margen. Das war meine Inspiration. Ich habe mir das immer mal wieder angeschaut – und da ging mir persönlich das Herz auf. Dieses Vorher-nachher-Erlebnis, ohne zu wissen, dass das einmal meine Leidenschaft werden würde. Viele Zeichen deuteten in diese Richtung. Während man mitten im Leben steckt, merkt man das oft gar nicht – aber im Nachhinein ergibt es Sinn.

2019, mit Mitte 20, habe ich mich dann in die Online-Welt begeben. Es gibt *Immocation*, den lieben Oliver, zig verschiedene Podcasts – auch damals schon zu diesem Thema. Auch ein Max Reidel bei *Immocation*, wie er da seine sieben Folgen abgedreht hat – das war eine Rieseninspiration. Zu sehen, wie man mit dem Handel von Immobilien tatsächlich Geld verdienen kann.

Zahlen und Details zu Johannes Schwärzlers erstem Immobilien-Deal

Jahr: 2020 Notartermin (Baujahr 1983)

Stadt: Kempten (Bayern)

Kaufpreis: 228.000 Euro

Kaufnebenkosten: 32.200 Euro

Makler: Nein

Deal-Art: Fix & Flip

Quadratmeter: 75 m^2

Renovierungskosten: 17.000 Euro

Zinsbindung: 1 Jahr variable

Zins: 1,6 %

Finanzierungsanteil: 100 % KP

Aktueller Wert: Verkauft für 340.000 Euro

Gesamtinvestitionskosten: 277.000 Euro ohne Finanzierungskosten

Gewinn: 62.800 Euro

Das ganze Interview mit Johannes findest du hier als Folge des *Deals-and-Dreams*-Podcasts. Hier befindet sich auch der Link zu Johannes' Coaching, das ich jedem ans Herz legen möchte.

Johannes Schwärzler:

Interview mit Paul Ždi

Tomek: Was super wäre: Stell dich doch einmal kurz vor – für alle, die dich noch nicht kennen. Grundsätzlich bist du ja sehr bekannt in der Immobilienbranche, und man kommt quasi gar nicht an dir vorbei – weder in Deutschland noch in Österreich. Das ist zumindest meine Wahrnehmung. Deshalb sag uns doch noch einmal: Wer bist du? Was machst du? Und wofür bist du bekannt?

Paul: Vor 14 Jahren bin ich irgendwann darauf gekommen, dass ich nicht mehr Angestellter sein möchte. Habe es dann aber nicht gleich geschafft. Vor 14 Jahren habe ich meine erste Wohnung gekauft – darüber werden wir ja auch heute sprechen.

Dann ist der Werdegang weitergegangen. Einige Jahre später habe ich tatsächlich meinen Job gekündigt und bin direkt in die Immobilienbranche abgedriftet. Stand heute habe ich über 70 Einheiten in Österreich und Deutschland. Einheiten zu vergleichen ist immer so eine Sache, denn ich kenne Leute, die 200 Einheiten haben, die am Ende des Tages aber weniger wert sind als meine 70. Ich bin ein passionierter – das zeichnet mich vielleicht aus – Anlagen-Investor. Den Großteil meines Bestandes habe ich in Wien, aber auch in anderen Landeshauptstädten wie Linz, Innsbruck oder Graz. In Deutschland bin ich im „wilden Osten" unterwegs, in Thüringen, in Erfurt. Zudem habe ich auch ein Maklerunternehmen. Aufgrund meiner Konzession als Immobilientreuhänder darf ich Finanzierungen und Hypothekardarlehen vermitteln, was eine große Passion von mir ist. Vor acht Jahren habe ich den Immobilien-Stammtisch gegründet und mache das mit großer Leidenschaft.

Gerade gab es den 70. Immobilien-Stammtisch mit über 100 Teilnehmern in Minsk. Mittlerweile gibt es auch einmal im Monat einen Online-Stammtisch für ganz Österreich. Über diese ganzen Stammtisch-Dinge bin ich auch bei *Immocation* hineingerutscht.

Ich habe gerade mein fünfjähriges Jubiläum gefeiert und bin seit sechs Jahren dabei. Ein irrsinnig tolles Netzwerk, ich habe großartige Menschen kennengelernt. Wir haben uns ja auch über *Immocation* kennenlernen dürfen. Was mache ich noch alles?

Ich habe einen Podcast, den ich im März 2020 gegründet habe. Woraus ist der entstanden? Nämlich durch die Corona-Pandemie. Wir waren eingesperrt, und ich habe mir gedacht: Ich will meine Thesen über Immobilien, Altersvorsorge usw. in die große, weite Welt hinausposaunen. Der Podcast hat sich super entwickelt – mittlerweile gibt es über 130 Folgen und 5.000 bis 8.000 Hörer wöchentlich in Österreich. Wenn man das differenziert betrachtet – Österreich ist zehnmal so klein wie Deutschland und ein sehr spezifischer Markt – sind das ganz okaye Zahlen, würde ich sagen.

Was ich mittlerweile auch mache, weil es eine Leidenschaft von mir ist: Ehrenamtlich trete ich in Gymnasien auf und erzähle im Rahmen von Zukunftstagen jungen Menschen und Abiturienten etwas über finanzielle Bildung.

Tomek: Und nimm uns doch mal mit: Was war dein erster Deal? Wo hast du denn gekauft? Führ uns mal durch ein paar Zahlen. Und wie hat sich das für dich entwickelt? Und hat sich der Deal vielleicht auch für jemanden sonst gelohnt, der ihn heute noch hält?

Paul: Ich habe natürlich gesagt: Ja, Kosten sparen, oberste Maxime – Kosten sparen. Ich mache alles selbst, und ich habe damals Fußball gespielt. Ich hatte einen Maler, einen Elektriker und dies und das. Und dann habe ich sie alle zusammengezogen. Und dann war der eine krank, und es hat nicht funktioniert. Du musst dir vorstellen: Damals – ich habe bei der Finanzmarktaufsicht gearbeitet, als Magister sozusagen – war ich vor der Arbeit auf der Baustelle, bin dann ins Büro gefahren und nach dem Büro noch einmal schnell auf die Baustelle, um zu koordinieren. Dann ging es zum Fußballtraining, und nach dem Training wieder zurück auf die Baustelle. Das ging drei Monate so, ich war total kaputt.

Tomek: Ansage.

Paul: Ja, und: Long story short – mein erstes Kind wurde im Februar geboren, erstes Objekt, erster Fix & Flip. Eigentlich wollte ich selbst darin wohnen, aber es wurde dann ein Fix & Flip. Ich habe das Objekt dann zufällig an einen sehr, sehr guten Freund verkauft, der ins Ausland gezogen ist. Der erste Deal ist nämlich immer der wichtigste.

Zahlen und Details zu Paul Zödis erstem Immobilien-Deal

Jahr: 2011

Stadt (Land): Wien, 19. Bezirk/Döbling (Österreich)

Kaufpreis: ca. 130.000 Euro

Kaufnebenkosten: 13.000 Euro

Makler: Nein

Renovierungskosten: 27.000 Euro

Deal-Art: Ursprünglich Selbstnutzung geplant, dann Fix & Flip (Verkauf)

Quadratmeter: 56 m^2

Wie ist der Stand jetzt? Verkauft mit sehr gutem Gewinn

Gesamtinvestitionskosten: 170.000 Euro

Das ganze Interview mit Paul findest du hier als Folge des *Deals-and-Dreams*-Podcasts:

Paul Zödi:

Interview mit Zeeshan Pasha

Tomek: Man darf dich auch Pasha nennen, habe ich gerade gelernt – stimmt das?

Zeeshan: Genau so ist es.

Tomek: Was ganz viele interessiert: Was hast du mit Immobilien zu tun?

Zeeshan: Wir sind als Flüchtlinge nach Deutschland gekommen und haben mit der ganzen Familie in einem Zimmer gelebt. Als wir anerkannt wurden, durften wir eine Wohnung suchen – aber es war fast unmöglich. Mein Vater verdiente wenig, und die Familie war für viele Vermieter zu groß. Ich musste oft den Vermietern absagen und meinen Eltern erklären, warum es wieder nicht geklappt hat.

Damals habe ich ihnen versprochen: Eines Tages schenke ich euch eine eigene Wohnung. Das hat mich tief geprägt. Ich habe früh Verantwortung übernommen, Zeitungen nach Wohnungsanzeigen durchforstet, in der Telefonzelle Termine organisiert und andere Familien unterstützt. So begann meine Verbindung zur Immobilienwelt – aus einem persönlichen Schmerz heraus wurde eine große Motivation.

Tomek: Eigentlich warst du schon als Kind Makler.

Zeeshan: Ja, das kann man sagen.

Tomek: Wann war denn dein allererster Immobiliendeal?

Zeeshan: Ich bin zur Bank gegangen und habe gesagt: „Ich möchte mein Versprechen an meine Eltern einlösen und eine Wohnung kaufen." Die Bank meinte: „Sie können sich ruhig schon mal umschauen, wir prüfen gern eine Finanzierung." Damals habe ich noch Automatisierungstechnik studiert und nebenbei Promotion für die *Telekom* gemacht – also auf selbstständiger Basis. Ich habe rund 25 D-Mark (später Euro) pro Stunde verdient. Dann kam die Absage: „Tut uns leid, Sie sind selbstständig und haben kein festes Einkommen. So können wir leider keinen Kredit vergeben." Mir war klar: Bevor ich überhaupt eine Immobilie besichtige, muss die Finanzierung stehen. Aber ohne festes Gehalt – keine Chance.

Damals beim Arbeitsamt gab es keine richtigen Drucker. Wenn man am PC ein Stellenangebot fand, konnte man auf einen Knopf drücken, und aus einem kleinen Gerät kam ein Ausdruck mit dem Arbeitgebernamen, der Funktion, einer Telefonnummer und eventuell einer Faxnummer – E-Mail war damals noch selten. Nebenan stand ein Telefon, mit dem man direkt beim Arbeitgeber anrufen durfte. Ich griff also zum Hörer und stellte mich vor: „Guten Tag, mein Name ist Pasha, ich wollte fragen, ob man bei Ihnen 3.000 D-Mark brutto verdienen kann." Die Antwort war klar: „Wir wissen gar nicht, wer Sie sind – kein Lebenslauf, kein Anschreiben – was erwarten Sie?"

Das war ein Schlüsselmoment: Ich habe verstanden, wie wichtig gute Vorbereitung ist – beim Job, bei der Finanzierung, beim ersten Deal. Deshalb gründe ich jetzt die *Pasha Charisma Akademie*, in der wir genau solche Basics schulen – wie man sich bei einem Arbeitgeber, Banker oder Investor richtig präsentiert. Kurz danach fand ich mein erstes kleines Grundstück. Mit 23.000 D-Mark ging es los – und so begann meine Reise.

Tomek: Wie hat sich dein Immobilienportfolio inzwischen entwickelt? Wo stehst du heute damit?

Zeeshan: Mein Ziel sind 65 Wohnungen, jetzt habe ich 61.

Zahlen und Details zu Zeeshan Pashas erstem Immobilien-Deal

Jahr: 2001

Stadt: Weiterstadt (Hessen)

Kaufpreis: 30.000 Euro

Kaufnebenkosten: Nur 6 % Grundsteuer, Haus wurde gebaut

Makler: Nein

Deal-Art: Buy & Hold

Quadratmeter: 2.000 m^2

Renovierungskosten: Komplettes Haus gebaut

Zinsbindung: 10 Jahre

Zins: 6,66 %

Tilgung: 1 %

Annuität: 1.800 Euro x 12 Monate

Finanzierungsanteil: 100 %

Wie ist der Stand jetzt? Eigenheim

Aktueller Wert: 750.000 Euro

Das ganze Interview mit Zeeshan findest du hier als Folge des *Deals-and-Dreams*-Podcasts:

Zeeshan Pasha:

7
Der Kaufprozess

Der richtige Kaufpreis

Der Kaufpreis ist einer der wichtigsten Faktoren beim Immobilienerwerb. Ein überhöhter Preis kann langfristig die Rentabilität gefährden, während ein ungewöhnlich niedriger Preis auf potenzielle Mängel hindeuten kann. In diesem Kapitel erfährst du, wie sich ein angemessener Kaufpreis ermitteln lässt und welche Einflussgrößen dabei zu beachten sind.

Warum die Kaufpreisbewertung so wichtig ist

Der Kaufpreis hat direkten Einfluss auf die Finanzierung und Wirtschaftlichkeit deiner Investition. Eine realistische Bewertung schützt vor finanziellen Fehlentscheidungen und sorgt dafür, dass du den wahren Wert der Immobilie kennst und nicht zu viel zahlst.

Einflussfaktoren bei der Preisermittlung

Verschiedene Parameter bestimmen den tatsächlichen Wert einer Immobilie. Dazu zählen unter anderem: **Lage:** Die Attraktivität der Umgebung, Infrastruktur, Verkehrsanbindung und das Wohnumfeld beeinflussen den Preis maßgeblich.

Größe & Zustand: Wohnfläche, Grundriss, Zustand der Bausubstanz sowie die Qualität technischer Anlagen sind zentrale Bewertungskriterien.

Vergleichsobjekte: Ein Abgleich mit ähnlichen Immobilien in der Region liefert Orientierung über den aktuellen Marktpreis.

Markttrends: Entwicklungstendenzen – wie steigende oder sinkende Preise – sollten bei der Preisfindung berücksichtigt werden.

Zusatzkosten: Nebenkosten wie Notarhonorar, Grunderwerbsteuer und etwaiger Renovierungsbedarf fließen in die Bewertung.

Bewertungsmethoden zur Preisfindung

Zur fundierten Einschätzung des Immobilienwerts kommen unterschiedliche Verfahren zum Einsatz:

Vergleichswertverfahren: Basierend auf Verkaufspreisen ähnlicher Objekte in vergleichbarer Lage.

Ertragswertverfahren: Besonders bei vermieteten Objekten relevant – es berücksichtigt die langfristigen Mieteinnahmen.

Sachwertverfahren: Ermittelt den Wert aus Grundstückspreis und den Wiederherstellungskosten der Immobilie, abzüglich möglicher Wertminderungen.

Verhandlungsspielraum nutzen

Sobald du den realistischen Marktwert kennst, kannst du selbstbewusst in Preisverhandlungen gehen:

Faktenbasierte Argumentation: Nutze Gutachten, Marktvergleiche oder festgestellte Mängel, um den Preis zu begründen.

Verhandlungsrahmen definieren: In vielen Fällen sind Preisnachlässe möglich – abhängig von Angebot, Nachfrage und Verkaufsdruck. Und bitte tappe nicht in die Falle, zu denken, dass maximal nur 5 bis 10 Prozent möglich sind. Nein, es geht auch deutlich mehr. Ich selbst habe bereits Immobilien mit leichten Herausforderungen 50 Prozent unter Marktpreis gekauft. Am Ende bestimmt nur der Käufer den Preis.

Alternativen offenhalten: Wenn keine direkte Einigung erzielt wird, kann es sinnvoll sein, nach vergleichbaren Objekten Ausschau zu halten und dem Verkäufer mitzuteilen, dass du vorerst nur eine Immobilie kaufen wirst und auf Einigung hoffst.

Erfahrung schlägt Statistik

Beim Kauf oder Verkauf einer Immobilie spielen zahlreiche Faktoren eine Rolle. Während statistische Daten wie Quadratmeterpreise, Mietspiegel oder Markttrends hilfreiche Orientierung bieten, sind es oft persönliche Erfahrungen und Fachkenntnis, die den entscheidenden Vorteil bringen. In diesem Kapitel erfährst du, warum Zahlen allein nicht ausreichen – und wie du Daten und Expertenwissen ideal kombinierst.

Was Statistik leisten kann – und wo ihre Grenzen liegen

Statistische Auswertungen bilden eine gute Basis für erste Einschätzungen. Sie zeigen Marktbewegungen, Preisentwicklungen und helfen beim Vergleich verschiedener Lagen. Dennoch stoßen sie schnell an ihre Grenzen:

Verzögerungseffekt: Viele Statistiken sind rückblickend – aktuelle Marktentwicklungen oder kurzfristige Veränderungen werden oft erst verspätet sichtbar.

Fehlende Individualität: Zahlen sagen nichts über Zustand, Ausstattung oder Besonderheiten einer Immobilie aus.

Dynamische Märkte: Veränderungen in der Umgebung – etwa neue Infrastrukturprojekte – können den Wert rasch beeinflussen, lange bevor sie statistisch erfasst werden.

Die Stärke der Erfahrung

Erfahrene Investoren, Makler oder Gutachter bringen Wissen mit, das keine Zahlentabelle ersetzen kann:

Marktnähe: Wer täglich mit Immobilien arbeitet, erkennt reale Preisentwicklungen, Käuferverhalten und Spielräume bei Verhandlungen.

Objektbewertung: Ein geübtes Auge erkennt schnell, ob eine Immobilie versteckte Mängel hat oder durch kleine Maßnahmen deutlich aufgewertet werden kann.

Standortpotenziale: Praxisnahe Experten entdecken frühzeitig aufstrebende Lagen – lange bevor sie in offiziellen Statistiken auftauchen.

Daten + Erfahrung = Erfolgsformel

Die beste Strategie liegt in der Kombination aus Zahlenwissen und Praxiserfahrung:

Statistiken als Ausgangsbasis: Sie liefern eine objektive Grundlage für erste Einschätzungen und Preisvergleiche.

Vor-Ort-Termine: Besichtigungen und persönliche Gespräche helfen, den tatsächlichen Zustand einzuschätzen und Informationen zu gewinnen, die kein Datenblatt verrät.

Netzwerk nutzen: Kontakte zu erfahrenen Maklern, Handwerkern und Investoren bieten Zugang zu wertvollen Einblicken und Off-Market-Gelegenheiten.

Langfristig beobachten: Wer sich regelmäßig mit Marktbewegungen beschäftigt, entwickelt ein Gespür für Trends und erkennt Chancen, bevor sie allgemein sichtbar sind.

Von der Verhandlung bis zum Notar: So läuft der Kauf ab

Der Kauf einer Immobilie ist ein komplexer Prozess von der Verhandlung bis zur notariellen Beurkundung. Um unvorhergesehene Probleme zu vermeiden und den Ablauf reibungslos zu gestalten, ist es wichtig, den Prozess genau zu kennen. In diesem Kapitel erklären wir, wie der Kauf einer Immobilie Schritt für Schritt abläuft, vom ersten Preisgespräch bis zum finalen Notartermin.

Die Verhandlung: Den optimalen Preis erzielen

Sobald eine geeignete Immobilie gefunden ist, beginnt die Phase der Preisverhandlung. Dabei spielen folgende Faktoren eine wichtige Rolle:

Marktanalyse: Vergleiche mit ähnlichen Immobilien in der Umgebung helfen, den realistischen Marktpreis zu ermitteln.

Argumente sammeln: Mängel, notwendige Renovierungsarbeiten oder eine lange Verkaufsdauer können als Verhandlungsbasis dienen.

Finanzierungsnachweis: Eine Finanzierungszusage der Bank stärkt die eigene Verhandlungsposition.

Verhandlungstaktik: Ob direkter Preisnachlass oder alternative Vergünstigungen wie die Übernahme von Möbeln oder Reparaturen – hier sind kreative Lösungen gefragt.

Die Kaufzusage: Vom Angebot zur Einigung

Nachdem ein Preis gefunden wurde, kommt es zur Kaufzusage. Hierbei sollten folgende Punkte beachtet werden:

Reservierungsvereinbarung (optional): Manche Verkäufer verlangen eine Reservierungsgebühr, um die Immobilie für eine bestimmte Zeit exklusiv zu sichern.

Bonitätsprüfung: Der Verkäufer kann eine Finanzierungsbestätigung oder einen Eigenkapitalnachweis verlangen, um deine Zahlungsfähigkeit zu überprüfen.

Kaufvertragsvorbereitung: Der Notar oder Makler leitet die Erstellung des Kaufvertrags ein, basierend auf den vereinbarten Konditionen.

Häufige Fallstricke und wie man sie vermeidet

Der Erwerb einer Immobilie stellt eine wichtige Investition dar, die sorgfältige Planung und eine genaue Prüfung erfordert. Dennoch begehen viele Käufer typische Fehler, die zu finanziellen oder rechtlichen Problemen führen können. In diesem Abschnitt werden die häufigsten Stolpersteine aufgezeigt und Strategien vorgestellt, wie man sie umgehen kann.

Mangelnde Vorbereitung

Viele Käufer unterschätzen die Komplexität eines Immobilienkaufs und gehen ohne ausreichende Vorbereitung in den Prozess.

Lösung: Erstelle eine detaillierte Finanzplanung, lasse eine Bonitätsprüfung durchführen und informiere dich über mögliche Förderprogramme und Finanzierungshilfen.

Fehlende Marktanalyse

Ohne eine gründliche Marktanalyse besteht die Gefahr, eine Immobilie zu einem überhöhten Preis zu erwerben oder eine ungünstige Lage zu wählen.

Lösung: Vergleiche Immobilienpreise in der Region, recherchiere zukünftige Entwicklungsprojekte und hole dir die Meinung von Experten oder Maklern ein. Am besten legst du gleich einen Suchauftrag bei *ImmoScout* an und lässt dir regelmäßig alle Immobilienangebote zukommen. Nach einer Weile erkennst du die Zusammenhänge und wirst günstige von teuren Quadratmeterpreisen unterscheiden können.

Unterschätzte Nebenkosten

Kaufnebenkosten wie Notar- und Grunderwerbsteuer sowie mögliche Renovierungskosten werden oft nicht ausreichend in die Kalkulation einbezogen.

Lösung: Erstelle eine umfassende Liste aller zu erwartenden Kosten und plane Rücklagen für unerwartete Ausgaben ein.

Übersehen von Mängeln

Viele Käufer lassen sich von der Optik einer Immobilie täuschen und übersehen potenzielle strukturelle oder technische Mängel.

Lösung: Ziehe einen Experten oder Sachverständigen zurate, um versteckte Mängel zu identifizieren und die Immobilie gründlich zu prüfen.

Unklare Vertragsbedingungen

Unklare oder ungünstige Klauseln im Kaufvertrag können später zu rechtlichen Problemen und Streitigkeiten führen.

Lösung: Lass den Kaufvertrag vor der Unterschrift sorgfältig von einem Anwalt überprüfen, um sicherzustellen, dass alle Bedingungen klar und fair sind. Allerdings ist der beurkundene Notar zur Neutralität verpflichtet und er muss beide Seiten genauso aufklären. Nutze diese Möglichkeit und frage den Notar. Dies geht sogar noch während der Beurkundung.

Fehlende Sicherheiten bei der Finanzierung

Eine schlecht durchdachte Finanzierung kann zu Liquiditätsproblemen und möglicherweise zu finanziellen Engpässen führen.

Lösung: Vergleiche verschiedene Finanzierungsmöglichkeiten und stelle sicher, dass du über ausreichend Eigenkapital verfügst. Berücksichtige eine langfristige Zinsplanung. Nutze auch gerne Finanzierungsvermittler, die mehrere Banken für dich anfragen.

Emotionale Entscheidungen

Oft lässt man sich zu schnell von einer Immobilie begeistern und übersieht dabei wichtige praktische und finanzielle Aspekte.

Lösung: Bleibe objektiv, vergleiche mehrere Objekte und lass dich nicht von Gefühlen oder Zeitdruck zu einer vorschnellen Entscheidung drängen.

Probleme bei der Übergabe

Fehlende Übergabeprotokolle oder nicht geklärte Vereinbarungen können bei der Schlüsselübergabe zu Problemen führen.

Lösung: Erstelle ein detailliertes Übergabeprotokoll, dokumentiere bestehende Mängel und stelle sicher, dass alle vertraglichen Vereinbarungen eingehalten werden.

Der Notarvertrag: Worauf es ankommt

Der Notarvertrag ist das zentrale rechtliche Dokument beim Erwerb einer Immobilie. Er sorgt dafür, dass Käufer und Verkäufer klare, verbindliche und rechtlich sichere Vereinbarungen treffen. Ein unbedachter Vertrag kann jedoch zu unerwarteten Problemen führen. In diesem Teil erläutere ich dir, auf welche Aspekte beim Notarvertrag besonders geachtet werden sollte.

Die Rolle des Notars

Der Notar agiert als unabhängige Instanz, die beide Parteien über ihre Rechte und Pflichten informiert. Er stellt sicher, dass der Vertrag den rechtlichen Anforderungen entspricht und alle gesetzlichen Vorgaben eingehalten werden.

Beratung und Vertragserstellung: Der Notar erstellt den Kaufvertrag gemäß den Vereinbarungen von Käufer und Verkäufer.

Vorlesung und Erklärung: Beim Notartermin wird der Vertrag im Detail vorgelesen und erklärt, um Missverständnisse zu vermeiden.

Beurkundung: Durch die Unterschrift wird der Vertrag rechtsverbindlich.

Wichtige Bestandteile des Notarvertrags

Ein Notarvertrag enthält mehrere zentrale Punkte, die sorgfältig geprüft werden müssen:

Kaufpreis und Zahlungsmodalitäten: Wie und wann wird der Kaufpreis gezahlt? Gibt es eine Anzahlung oder sind Finanzierungsregelungen enthalten?

Grundbuchangaben: Welche Belastungen oder Grundschulden bestehen auf der Immobilie?

Übergabetermin: Wann erfolgt die Übergabe der Immobilie, und unter welchen Bedingungen?

Haftung und Gewährleistung: Wird eine Haftung für Mängel übernommen, oder wird die Immobilie „wie gesehen" verkauft?

Rücktrittsrecht: Unter welchen Umständen ist ein Rücktritt vom Vertrag möglich?

Prüfung des Notarvertrags vor der Unterzeichnung

Bevor der Vertrag unterzeichnet wird, sollten Käufer und Verkäufer diesen sorgfältig prüfen:

Bedenkzeit einplanen: Der Vertragsentwurf sollte rechtzeitig durchgesehen und auf alle Details geachtet werden.

Experten hinzuziehen: Ein Anwalt oder ein Immobilienberater kann dabei helfen, unklare oder problematische Klauseln zu identifizieren. Ein guter Makler übrigens auch.

Finanzierung sichern: Du als Käufer solltest sicherstellen, dass die Finanzierung gesichert ist, bevor du den Vertrag unterzeichnest.

Nach dem Notartermin: Weitere Schritte

Nach der Vertragsunterzeichnung folgen wichtige formale Schritte:

Eintragung der Auflassungsvormerkung: Diese Vormerkung im Grundbuch schützt den Käufer davor, dass die Immobilie doppelt verkauft wird.

Zahlung des Kaufpreises: Die Zahlung erfolgt erst nach Erfüllung aller vertraglichen Bedingungen.

Eigentumsübergang und Grundbucheintrag: Sobald der Kaufpreis vollständig gezahlt ist, wird der Käufer als neuer Eigentümer im Grundbuch eingetragen.

Interview mit Fabian Werth

Tomek: Ich glaube, was das Spannende an den Deals, die du heute mitgebracht hast, ist, dass man nicht nur ganz klassisch in eine vermietete Wohnung als Kapitalanlage investieren kann, sondern dass man tatsächlich auch in Eigentum investieren kann – und dass das trotzdem ein super lohnenswertes Investment ist, obwohl ganz, ganz viele behaupten, Eigentum als Investment sei das Letzte, was du machen solltest.

Fabian: Das war wirklich mein erster Deal. Im Jahr 2008 habe ich auf der Suche nach einer neuen Wohnung eine ehemalige Arztpraxis gefunden, die in einen Gewerberaum und eine Wohnung aufgeteilt ist.

Tomek: Weißt du noch, was es damals gekostet hat?

Fabian: Es hat damals 180.000 Euro gekostet – als unsanierte Einheit. Ein bisschen habe ich natürlich noch reingesteckt, zum Beispiel in die Küche oder ein neues Badezimmer. Aber ja, das war furchtbar viel Geld für mich früher.

Tomek: Also, es war wirklich dein erstes Investment. Wie viele Quadratmeter sind es denn?

Fabian: 112 Quadratmeter – so ebenerdig, wie man nur sein kann, also man kann direkt in den Garten nach hinten rauslaufen.

Tomek: Ein Traum – und es ist in Berlin. Weißt du, wo der Wert der Immobilie heute steht?

Fabian: Kann ich nicht genau beziffern, aber ich denke mal, so beim Vierfachen.

Tomek: Wow. Du hast einfach durch den richtigen Kauf zur richtigen Zeit eine Vervierfachung des Kaufpreises erzielt – und das bedeutet natürlich auch einen Vermögenszuwachs von über 600.000 Euro, einfach nur dadurch, dass du dich entschieden hast, irgendwo zu wohnen. Ja, kannst du dir erklären, warum so viele sagen: „Mensch, die eigengenutzte Immobilie ist das schlechteste Investment überhaupt?“

Fabian: Ich würde es jedem empfehlen, das so zu tun. Mir persönlich macht Miete zahlen auch keinen Spaß. Insofern kann man sich damit vielleicht ein tolles Vermögen aufbauen.

Zahlen und Details zu Fabian Werths erstem Immobilien-Deal

Jahr: 2008

Stadt: Berlin/Grunewald (Berlin)

Kaufpreis: 180.000 Euro

Makler: Ja

Deal-Art: Buy & Hold (eigengenutzt, langfristig gehalten)

Quadratmeter: 112 m^2

Renovierungskosten: 37.000 Euro

Annuität: 4,55 % bzw. 888,33 Euro

Finanzierungsanteil: Teilweise finanziert (damals finanziert, heute größtenteils abbezahlt)

Vermietungsmodell: Keine Vermietung (Eigennutzung)

Wie ist der Stand jetzt? Heute ungefähr das Vierfache des damaligen Kaufpreises wert, somit starke Wertsteigerung

Aktueller Wert: 720.000 Euro

Das ganze Interview mit Fabian findest du hier als Folge des *Deals-and-Dreams*-Podcasts:

Fabian Werth:

Interview mit Alberta Lehmann

Tomek: Alberta, erzähl vielleicht einmal ganz kurz: Wer bist du und was machst du überhaupt?

Alberta: Ich bin Alberta, bin 30 und komme aus Düsseldorf. Ich habe ganz klassisch BWL studiert, war dann in der Unternehmensberatung und habe irgendwann das Immobilienthema für mich entdeckt und lieben gelernt. Relativ früh habe ich angefangen, in Immobilien zu investieren, und mittlerweile verwalte ich meinen eigenen Bestand und helfe Frauen dabei, tatsächlich ihre erste Immobilie als Kapitalanlage zu kaufen.

Tomek: Das finde ich für sich genommen schon ein super Thema, weil ich persönlich der Meinung bin, dass viel zu wenig Frauen im Immobilien-Game mitmachen. Deshalb habe ich mich so gefreut, dass du wirklich gleich zugesagt hast. Du hast ja deine ersten sechs Deals super schnell angekauft.

Alberta: Erste Wohnung gekauft, die war direkt cashflow-neutral, also ein ganz leichter positiver Cashflow von neun Euro. Und das Gute war, ich konnte die damals auch ohne Eigenkapital kaufen. Ich hatte eine Wohnung, auf die ich nicht draufzahlen musste, sprich, die Kosten haben sich komplett durch meine Mieteinnahmen getragen. Und dann saß ich da und dachte mir so: Na ja, eigentlich könntest du das jetzt nochmal machen. Und dann habe ich innerhalb von sechs Monaten vier Immobilien gekauft. Das ging auf einmal ratzfatz. Und dann kam natürlich irgendwann dieses Thema *Eigenkapital*. Das ist ja egal, wie groß man als Investor unterwegs ist, irgendwann ist immer das Eigenkapital das Problem. Dann hab ich ein paar Monate Pause gemacht, Eigenkapital angespart und dann nochmal zwei Immobilien gekauft. Also innerhalb von anderthalb Jahren waren es doch mal schnell sechs Immobilien.

Tomek: Magst du uns einmal kurz abholen und uns ein bisschen durch die Zahlen führen?

Alberta: Der Deal war ein guter Deal, also Kaufpreis waren 89.000 Euro für, ich meine, 58 Quadratmeter. Also es waren ungefähr so knapp 1.500 Euro pro Quadratmeter, was schon ganz gut war. Und der Deal war so kalkuliert, dass die Verkäufer nochmal die Miete angehoben hatten, sodass sich alles gerade ganz knapp selbst getragen hat. Also eigentlich ein Top-Deal, und es war alles irgendwie zu schön, um wahr zu sein.

Ich bin zu dieser Besichtigung hingegangen, habe mich mit dem Verkäufer getroffen und dann sagte ich: „Ja, ich würde das Objekt tatsächlich gerne kaufen." Und dann sagte er: „Ja, okay, dann können Sie es kaufen." Also ich war mir so unsicher, weil es davor nie funktioniert hat, und dachte mir: Nee, da muss doch ein Haken sein. Alles durchkalkuliert, hat alles super gepasst, und das war mein erster Deal. Ein Top-Deal, der sich sofort getragen hat.

The cherry on the icing war noch, dass meine Bankerin, die mit mir die Finanzierung gemacht hätte, zu der Zeit im Urlaub war. Ich bin dann zu ihrer Vertretung gegangen, und der war selbst auch Immobilieninvestor. Er sagte: „Cool, na ja, das Objekt trägt sich ja auch bei einer 110-Prozent-Finanzierung, also, auch wenn wir die Kaufnebenkosten mitfinanzieren." Und hat mir dann sogar diese 110-Prozent-Finanzierung angeboten, sprich kein Eigenkapitaleinsatz, und es hat sich alles komplett selbst getragen. Also wirklich ein Top-Deal. Das bedeutet, der Kaufpreis lag bei 89.000 Euro. Ich habe knapp 97.000 Euro zu 1,44 Prozent auf zehn Jahre finanziert - ohne Makler. Da habe ich aktuell einen Cashflow von ungefähr neun Euro vor Steuern tatsächlich sogar noch. Und ab diesem Jahr könnte ich jetzt auch wieder die Mieten anheben, sprich da wäre dann nochmal ein bisschen mehr Cashflow.

Zahlen und Details zu Alberta Lehmanns erstem Immobilien-Deal

Jahr: 2021

Stadt: Duisburg (Nordrhein-Westfalen)

Kaufpreis: 89.000 Euro

Kaufnebenkosten: Knapp 8.000 Euro (mitfinanziert)

Makler: Nein

Deal-Art: Buy & Hold

Quadratmeter: 58 m^2

Anfangsmiete: 380 Euro

Renovierungskosten: 0 Euro

Zinsbindung: 10 Jahre

Zins: 1,44 %

Tilgung: 2 %

Annuität: 3,44 % bzw. ca. 280 Euro pro Monat

Anfangsrendite: 5,1 %

Finanzierungsanteil: 110 %

Vermietungsmodell: Klassische Vermietung

Aktueller Wert: Min. 106.000 Euro (Spanne bis 128.000 Euro) laut *Pricehubble*

Ist-Miete: 380 Euro, plane in 2025 die Miete zu erhöhen

Ist-Rendite: 5,1 %

Cashflow vor Steuern: 9 Euro

Das ganze Interview mit Alberta findest du hier als Folge des *Deals-and-Dreams*-Podcasts:

Alberta Lehmann:

Interview mit Andres Martinez

Tomek: Stell dich vielleicht doch mal allen vor, die dich von *Instagram* noch nicht kennen. Wer bist du und was machst du?

Andres: Andres Martinez, 39 Jahre, und ich bin 2018 gestartet – mit dem Ziel, vom Angestellten zum Immobilieninvestor zu werden. Mit dem klaren Ziel: Rente mit 40. Das wäre Ende 2025 der Fall. Und durch – ja, vielleicht Fügung, könnte man sagen oder auch ein bisschen Glück oder vielleicht auch, weil ich jahrelang darauf hingearbeitet habe – war ich im Dezember 2024 das letzte Mal im Büro und darf mich seitdem nur noch um Immobilienthemen kümmern, meiner Leidenschaft nachgehen und, ja, ich kann sagen, ein erfüllteres und freieres Leben führen.

Tomek: Wird das klappen? Noch ein bisschen Zeit haben wir ja, aber klappt das für dich?

Andres: Also, das Ziel der Altersvorsorge habe ich bereits vor ein paar Jahren für mich abgeschlossen, und das nächste Ziel war dann, mein Gehalt aus Immobilien beziehungsweise Mieteinnahmen nachzubilden. Da bin ich noch nicht ganz da gelandet, wo ich gerne sein würde. Aber wie du schon sagtest: Das Jahr hat ja noch ein bisschen Zeit. Es kam noch eine spezielle Situation bei mir hinzu. Ja, es gibt sehr, sehr viele Befürworter für das, was ich hier so mache, aber ich sag mal: Meinem Abteilungsleiter hat das nicht so gefallen, dass ich mir nebenbei noch eine finanzielle Unabhängigkeit aufbauen wollte – oder auch schon getan habe.

Und na ja, wir haben uns dann im Guten getrennt, kann man sagen. Also, es wurde eine schwarze Zahl auf ein weißes Blatt Papier geschrieben, und wir sind freundschaftlich auseinandergegangen. Das ist jetzt die kurze Version.

Tomek: Erzähl mal ganz kurz: Wann hast du mit deiner ersten Immobilie angefangen? Und hol uns ein bisschen ab – wie sind die Zahlen? Was hast du genau gemacht? Wie hast du den Deal überhaupt bekommen – mit Makler? Ohne Makler?

Andres: Also, erst mal muss ich dazu vielleicht noch ein bisschen ausholen, was mich überhaupt dazu gebracht hat. Und zwar: Ich hatte einen kleinen, ich sag mal, Schicksalsschlag. Mich hat das Thema Freiheit und Unabhängigkeit schon immer getrieben. Deshalb habe ich neben der Arbeit einen Onlineshop gegründet und Motocross-Zubehör verkauft. Ich habe wirklich jede Sekunde meiner Freizeit reingesteckt – nur um am Ende festzustellen, dass die Steuerberaterin über drei Jahre hinweg die Umsatzsteuer einfach falsch verrechnet hat.

Ich durfte dann innerhalb kürzester Zeit über 50.000 Euro nachzahlen. Das hat mich natürlich zum Umdenken gebracht – und dazu, mal zu hinterfragen, ob das wirklich das richtige Geschäftsmodell ist. In diesem Zusammenhang bin ich zum ersten Mal auf das Prinzip „Zeit gegen Geld tauschen" aufmerksam geworden – und so dann, über Umwege, schließlich bei Immobilien gelandet.

Nur ein paar Hausnummern weiter hat mir dann auf einmal jemand gesagt: „Ja, mein Vater hat was zu verkaufen." Und so habe ich direkt ein Mehrfamilienhaus angeboten bekommen. Diese typische Frage – starte ich mit einer Wohnung oder mit einem Mehrfamilienhaus? – die habe ich mir gar nicht gestellt. Ich wusste gar nicht, dass man sich darüber überhaupt Gedanken machen muss. Ich habe das gesehen, es hat sich gerechnet – also habe ich es gemacht.

Ich wusste ungefähr, was ich an Miete bekomme. In dem Fall waren es 255.000 Euro für das Haus mit 300 Quadratmeter Wohnfläche. Da kann man sich ja ungefähr ausrechnen: Ich bin damals mit fünf Euro pro Quadratmeter kalkuliert – also wusste ich, okay, das müssten etwa 1.500 Euro monatliche Miete sein. (Habe ich das jetzt richtig gerechnet? Kopfrechnen ist nicht so meine Stärke …) Aber ich wusste auf jeden Fall auf den ersten Blick: Das ist eine todsichere Sache. Wenn ich das jetzt kaufe, bekomme ich das gut vermietet.

Die Anfangsmiete lag, glaube ich, schon bei fast 1.000 Euro, genauer gesagt 924,80 Euro im Monat. Eine Wohnung stand noch leer, die anderen beiden waren schlecht vermietet. Und da kam noch eine Besonderheit hinzu: Es gab einen Warmmietvertrag. Für die,

die nicht wissen, was das bedeutet – das heißt, die Nebenkosten sind bereits in der Miete enthalten. Wenn die Mieter also viel heizen, muss man als Vermieter die Nebenkosten entsprechend anpassen.

Aber wie immer: Wer Probleme in die Hand nimmt und sie lösen möchte, hat unheimliche Chancen auf hohe Renditen. Und so kam es dann auch – wie es der Zufall wollte: Zwei oder drei Monate später kam die Kündigung von der besagten Partei rein. Und ich war darüber natürlich nicht gerade traurig – ganz im Gegenteil. Und so hat sich dieses Problem letztlich von allein gelöst.

Zahlen und Details zu Andres Martinez' erstem Immobilien-Deal

Jahr: 2018 Beurkundung, Übergang 2019

Stadt: Castrop-Rauxel (Nordrhein-Westfalen)

Kaufpreis: 255.000 Euro

Kaufnebenkosten: 22.895,44 Euro

Makler: Nein

Deal-Art: Buy & Hold

Quadratmeter: 300 m^2

Anfangsmiete: 924,80 Euro

Renovierungskosten: 3.037,16 Euro inkl. gebrauchter Küche

Zinsbindung: 10 Jahre plus Bausparer

Zins: 2,33 % bzw. 544,01 Euro

Tilgung: 2,36 % bzw. 549,84 Euro

Annuität: 4,69 % bzw. 1.093,85 Euro pro Monat

Anfangsrendite: 3,96 %

Finanzierungsanteil: 110 %

Cashflow vor Steuern: -169,05 Euro

Vermietungsmodell: Langfristig vermietet

Wie ist der Stand jetzt? Leerstand wurde renoviert und neu vermietet, Mietsteigerung bei Mieterwechsel

Aktueller Wert: 350.000 Euro

Ist-Miete: 1.800,50 Euro Monat bzw. 21.606 Euro Jahr

Ist-Rendite: 7,72 %

Cashflow vor Steuern (aktuell): 706,65 Euro

Andres Martinez:

Das ganze Interview mit Andres findest du hier als Folge des *Deals-and-Dreams*-Podcasts:

Interview mit Sarah Lindner

Tomek: Für alle, die dich noch nicht kennen: Stell dich doch bitte einmal kurz vor – wer bist du und was machst du?

Sarah: Ja, kurz ist gut. Ich komme aus einer Kleinstadt bei Halle an der Saale – hatte aber immer das Bedürfnis, die große weite Welt zu entdecken. Ich bin eine sehr neugierige Frau und habe beim NDR Fernsehen gearbeitet. Über den Journalismus, das Fernsehen und das Geschichtenerzählen habe ich mich irgendwann gefragt: Was ist eigentlich meine eigene Geschichte? Warum bin ich hier?

Diese Fragen haben mich auf meinen Weg gebracht – vom Angestelltsein über die Selbstständigkeit bis hin zur Investorin. Ich habe früh angefangen, in Immobilien zu investieren – darüber sprechen wir ja gleich noch ausführlicher.

In einer persönlichen Krise habe ich erkannt, wie wichtig finanzielle Unabhängigkeit ist – besonders für Frauen. Heute helfe ich anderen, vor allem Frauen (aber nicht nur), sich frühzeitig mit den Themen Vermögensaufbau und finanzielle Vorsorge auseinanderzusetzen.

Einige sagen, ich habe schon mehrere Leben gelebt – und das trifft es wohl ganz gut. Heute lebe ich mit meinem sechsjährigen Sohn auf der Sonneninsel Mallorca.

Tomek: Es ist schon ein sehr ungewöhnlicher Weg – von der Journalistin zur Investorin. Ich glaube, du bist tatsächlich die einzige Person, die ich bisher kennengelernt habe, die diesen Weg gegangen ist.

Sarah: Tatsächlich ist das ungewöhnlich.

Tomek: Ich glaube, du hattest eigentlich zwei erste Deals, oder? Aber kannst du uns mal ganz kurz zu deinem ersten Investment-Deal abholen? Wann war das, wo hat er stattgefunden und um was für ein Objekt handelte es sich?

Sarah: Mein erster Deal war 2009 – eine Eigentumswohnung. Zum Hauptstudium kam ich nach Hamburg und habe dort schnell gemerkt, wie schwer es ist, als Studentin eine Wohnung zu finden. Damals wurde mir klar: Man sollte sich mit dem Thema Wohnen und Immobilien hier wirklich mal intensiver beschäftigen. Ich habe übrigens Journalistik, Geografie und Spanisch studiert – Geografie mit dem Schwerpunkt Stadtentwicklung, was mir in Hamburg besonders gefallen hat. Ich habe die Stadt auch ein wenig analysiert und dabei festgestellt: Hamburg ist eine wachsende Stadt mit konstantem Zuzug. Das war also schon ein starkes Argument für Immobilieninvestments.

Zur gleichen Zeit fiel mir dann das Buch von Robert Kiyosaki in die Hände. Mein Vater war auch ein wichtiger Einfluss, was das Thema Immobilien betraf. So kam vieles zusammen, und schließlich habe ich mich getraut, meine erste Wohnung zu kaufen – in Hamburg. Und zwar nicht zu 100 % finanziert, sondern mit relativ viel Eigenkapital. Aus heutiger Sicht war das eigentlich zu viel, denn wie ich heute weiß, sollte man bei Immobilieninvestments möglichst mit Fremdkapital arbeiten, um die Hebelwirkung zu nutzen. Aber damals wusste ich das eben noch nicht besser.

Die Wohnung hat 131.000 Euro gekostet. Dazu gibt es noch eine kleine Geschichte: Der Verkäufer hatte andere Interessenten, die sogar mehr geboten haben. Aber seine Tochter fand mich sehr sympathisch und wollte an mich verkaufen. Mein Vorteil war, dass meine Eltern gerade zu Besuch waren – wir haben uns dann mit dem Verkäufer getroffen, 1.000 Euro Baranzahlung auf den Tisch gelegt, um unsere Ernsthaftigkeit zu zeigen. So haben wir letztlich den Zuschlag bekommen.

Eigentlich war der Plan, die Wohnung zu renovieren und sie dann mit Gewinn weiterzuverkaufen. Aber ich habe mich in die Wohnung verliebt – sie lag nur zehn Minuten mit dem Fahrrad vom NDR entfernt, was in Hamburg schon eine besondere Lage ist. Also blieb sie erst mal bei mir.

Schnell musste dann eine zweite Wohnung her – diesmal wirklich als Investment mit Mieter. Und von da an ging es Schritt für Schritt weiter: mehrere kleine Wohnungen in Hamburg und Berlin, später mein erstes Mehrfamilienhaus im Co-Investment mit jemandem zusammen – das läuft bis heute super. Inzwischen besitze ich rund 40 Wohneinheiten. Aber ohne diesen ersten Deal wäre das alles nicht passiert. Und genau deshalb ist der erste Schritt so wertvoll.

Tomek: An diesem Punkt kann ich nur noch einmal sagen, wie wichtig es auch für Frauen ist, finanziell unabhängig zu sein. Deswegen freue ich mich darüber, dass ich auch ein paar weibliche Investorinnen in diesem Buch vorstellen kann.

Ich war über mehrere Monate der Bonus-Papa von der lieben Francesca. Und obwohl ich ursprünglich wegen meines Sohnes aus erster Ehe mit dem Thema Immobilien angefangen habe – weil ich als Vater etwas für mein Kind hinterlassen wollte –, ist mir bei ihr besonders bewusst geworden, wie wertvoll Immobilienvermögen im Erwachsenenleben sein kann. Ganz egal, ob man mal in einer unglücklichen Beziehung feststeckt oder in einem Job, in dem man sich schlecht behandelt fühlt – wenn man, nennen wir es einfach mal, Fuck-You-Money hat, kann man souverän sagen: „Weißt du was, lieber Chef? Ich bin raus. So lasse ich mich nicht behandeln. Danke – und auf Wiedersehen." Und selbst wenn man dann ein paar Monate arbeitslos ist: Mit ein paar Immobilien im Rücken lässt sich das deutlich entspannter überstehen.

Zahlen und Details zu Sarah Lindners erstem Immobilien-Deal

Jahr: 2009

Stadt: Hamburg (Hamburg)

Kaufpreis: 131.000 Euro

Kaufnebenkosten: 7.860 Euro

Makler: Nein

Deal-Art: Fix & Flip geplant und dann Eigennutzung und Verkauf

Quadratmeter: 65 m^2

Renovierungskosten: Viel selbst gemacht, ggf. 10.000 Euro Materialkosten

Vermietungsmodell: Eigennutz

Wie ist der Stand jetzt? Diese Immobilie ist verkauft

Verkaufspreis: ca. 262.000 Euro

Gesamtinvestitionskosten: 148.860 Euro ohne Nebenkosten

Gewinn: 113.140 Euro

Das ganze Interview mit Sarah findest du hier als Folge des *Deals-and-Dreams*-Podcasts:

Sarah Lindner:

8

Vermietung und Mieter

Mit deiner ersten Neuvermietung hast du die Chance, den Mietpreis an das aktuelle Marktumfeld anzupassen. Dabei solltest du jedoch beachten, dass auch andere Vermieter vergleichbare Angebote machen. Daher ist eine realistische Einschätzung entscheidend. Wie du ideal vorgehst, erfährst du hier.

Besichtigung

Die Besichtigung einer Mietwohnung spielt eine zentrale Rolle – sowohl für Vermieter als auch für potenzielle Mieter. Vermieter nutzen sie, um einen ersten Eindruck von den Interessenten zu gewinnen, während Mieter die Gelegenheit haben, sich umfassend zu informieren und zu entscheiden, ob die Wohnung ihren Anforderungen entspricht. In diesem Kapitel erfährst du, wie du eine Besichtigung professionell vorbereitest, worauf du achten solltest und wie du mögliche Stolpersteine vermeidest.

Vorbereitung der Besichtigung

Eine gründliche Vorbereitung sorgt für einen professionellen Auftritt und einen reibungslosen Ablauf.

Die Wohnung ansprechend präsentieren: Der erste Eindruck zählt, auch bei Wohnungen. Sorge dafür, dass die Räume ordentlich, gut beleuchtet und aufgeräumt sind. Achte auf angenehme Frischluft durch geöffnete Fenster und schaffe mit kleinen Details wie einem frischen Blumenstrauß oder einer dezenten Beleuchtung eine einladende Atmosphäre.

Unterlagen bereithalten: Interessenten schätzen es, wenn sie bereits bei der Besichtigung auf wichtige Informationen zugreifen können. Bereite folgende Unterlagen vor: Den Energieausweis, den Grundriss der Immobilie, eine Übersicht der Nebenkosten sowie den Mietvertrag (entweder in Form eines Musters oder der finalen Version). Falls vorhanden, füge bitte auch die Hausordnung bei.

Zeit gut einplanen: Stelle sicher, dass du für jede Besichtigung ausreichend Zeit einplanst. Einzeltermine wirken seriöser als Gruppenbesichtigungen – insbesondere bei hochwertigen Immobilien. Ideal sind Besichtigungstermine von etwa 20 bis 30 Minuten.

Hinweis an der Haustür: Bringe auch an der Haustür einen Besichtigungshinweis an – inklusive der Information, wo die Interessenten klingeln sollen und wo sich die Wohnung befindet. Und ja, teste die Klingel vorher!

Durchführung der Besichtigung

Strukturiere das Gespräch sinnvoll. Ein klarer Ablauf hilft dir, den Überblick zu behalten und gleichzeitig eine angenehme Gesprächsatmosphäre zu schaffen. Eine empfehlenswerte Struktur für das Gespräch mit Mietinteressenten gliedert sich in mehrere Schritte:

Zunächst erfolgen die **Begrüßung** und der **Einstieg**. Hier solltest du den Interessenten freundlich willkommen heißen, euch gegenseitig kurz vorstellen und das Ziel sowie den Ablauf des Gesprächs kurz erläutern. Anschließend folgt die **Besichtigung der Wohnung**. Dabei solltest du alle Räume zeigen, inklusive Keller, Balkon oder Stellplatz, und besondere Merkmale wie eine neue Heizung, die ruhige Lage oder den Energieverbrauch hervorheben. Ich persönlich würde immer in der Wohnung das Gespräch auch beenden und mich nicht im Keller verabschieden. Fang gerne auch im Keller oder bei den Allgemeinflächen an. Wichtig ist, dem Interessenten ausreichend Zeit für Fragen zu geben.

Im nächsten Teil des Gesprächs geht es um den **Mietinteressenten** selbst. Mit Fingerspitzengefühl stellst du die passenden Fragen, zum Beispiel, was ihn zu einem Wohnungswechsel bewegt, wie lange er zu bleiben plant, was er beruflich macht, wer mit einziehen wird, ob Haustiere vorhanden sind und ob bereits Mieterfahrung besteht.

Danach solltest du deine **Erwartungen klar kommunizieren**. Erläutere die Hausordnung, das Verhalten im Haus wie Rücksichtnahme und Ruhezeiten sowie Regelungen zur Reinigung und Mülltrennung. Außerdem klärst du die **Zahlungsmodalitäten**, etwa zur Kaution und zur Fälligkeit der Miete.

Abschließend besprecht ihr die **weiteren Schritte**: Wann eine Entscheidung getroffen wird, welche Unterlagen noch fehlen könnten und ab wann eine Vertragsunterzeichnung möglich ist. So schafft ihr von Anfang an Klarheit und eine solide Grundlage für das Mietverhältnis.

Worauf Vermieter achten sollten

Die Besichtigung dient nicht nur der Präsentation der Wohnung, sondern auch der Einschätzung der potenziellen Mieter.

Erster Eindruck der Interessenten: Beachte das Auftreten der Interessenten, ihre Pünktlichkeit und Höflichkeit. Auch der Zustand der mitgebrachten Unterlagen (z. B. Selbstauskunft, Gehaltsnachweise) kann Aufschluss über ihre Zuverlässigkeit geben.

Fragen stellen: Du kannst im Rahmen der Mietinteressentenprüfung Fragen zu folgenden Themen stellen: Einkommen und Beschäftigungsverhältnis, Anzahl der einziehenden Personen und geplante Haustierhaltung. Lerne die potenziellen Mieter kennen.

Nachbereitung der Besichtigung

Rückmeldung erteilen: Gib den Interessenten schnell eine Rückmeldung über deine Entscheidung – ob du dich für sie entscheidest oder nicht. Das zeigt Professionalität und Respekt.

Unterlagen prüfen: Wenn du dich für einen potenziellen Mieter entschieden hast, prüfe die eingereichten Unterlagen sorgfältig.

Dazu gehören in der Regel die *SCHUFA*-Auskunft, aktuelle Gehaltsnachweise, eine Mietschuldenfreiheitsbescheinigung sowie – falls erforderlich – eine Bürgschaft. Diese Dokumente geben dir einen verlässlichen Überblick über die finanzielle Situation und Zuverlässigkeit des Mietinteressenten und bilden eine wichtige Grundlage für die finale Entscheidung. Bitte achte darauf, dass du einen Logik-Check bei den Unterlagen machst. In Zeiten von *Photoshop* ist auch jede Gehaltsabrechnung schnell gefälscht.

Mietvertrag vorbereiten: Stelle sicher, dass der Mietvertrag transparent und klar formuliert ist. Kläre vor der Unterzeichnung offene Fragen und vereinbare einen Termin zur Unterzeichnung. Mietverträge müssen immer im Original unterschrieben werden.

Mieterauswahl: So findest du die richtigen Mieter

Ein zuverlässiger Mieter ist ein echter Gewinn. Er zahlt regelmäßig und pünktlich die Miete und geht achtsam mit der Immobilie um. Umso entscheidender ist es, bei der Auswahl des Mieters sorgfältig und gut durchdacht vorzugehen. Wer auf den ersten Blick sympathisch wirkt, muss nicht zwangsläufig der beste Mieter sein – und umgekehrt. In diesem Kapitel erhältst du wertvolle Tipps, wie du strukturiert, rechtssicher und mit einem guten Bauchgefühl den richtigen Mieter findest.

Schritt 1: Zielgruppen klar definieren

Bevor du ein Inserat aufgibst oder Besichtigungstermine vereinbarst, solltest du dir im Klaren darüber sein: Welche Mieter passen zu deiner Wohnung? Die Lage, Größe, Ausstattung und der Mietpreis beeinflussen maßgeblich, wer sich für dein Angebot interessiert. Hier einige mögliche Zielgruppen:

- **Single / Paare:** 1- bis 2-Zimmer-Wohnungen in zentraler Lage
- **Familien:** 3- bis 5-Zimmer-Wohnungen in ruhigen, familienfreundlichen Gegenden, Nähe zu Schulen und Kitas

- **Berufspendler:** Möblierte Apartments mit guter Anbindung an den öffentlichen Nahverkehr
- **Senioren:** Barrierefreie Wohnungen, Aufzug und eine ruhige Umgebung
- **Studenten:** WG-geeignete Wohnungen, angemessene Zimmer, Mieten und Nähe zur Universität

Je präziser du deine Zielgruppe definierst, desto besser kannst du deine Anzeige gestalten und gezielt die passenden Interessenten ansprechen.

Schritt 2: Das Inserat ansprechend formulieren

Ein gutes Inserat ist ehrlich, informativ und ansprechend. Es zieht potenzielle Mieter an und schreckt weniger geeignete Bewerber von vornherein ab. Ein überzeugendes Wohnungsinserat sollte alle relevanten Informationen klar und übersichtlich enthalten. Dazu zählen insbesondere:

- die Wohnfläche, die Anzahl der Zimmer sowie die Lage der Immobilie,
- die Kaltmiete sowie die anfallenden Nebenkosten, Angaben zur Ausstattung, beispielsweise Balkon, Einbauküche oder ein Stellplatz,
- das mögliche Bezugsdatum,
- Hinweise zur Zielgruppe, etwa „ideal für Berufspendler", „nicht WG-geeignet" oder „Haustiere nach Absprache",
- sowie eine Übersicht der erwünschten Unterlagen, die Interessenten einreichen sollen – wie Selbstauskunft, *SCHUFA*-Auskunft und Einkommensnachweise.

Ein vollständiges Inserat sorgt für Transparenz und spart sowohl Vermietern als auch Interessenten Zeit bei der Wohnungsbewerbung.

Tipp: Hochwertige Fotos und ein klarer Grundriss erhöhen die Qualität der Bewerbungen erheblich.

Schritt 3: Vorauswahl treffen – Wer kommt in die engere Wahl?

Nachdem du dein Inserat veröffentlicht hast, wirst du hoffentlich zahlreiche Anfragen erhalten. Um nicht unnötig viel Zeit mit ungeeigneten Bewerbern zu verbringen, hilft eine erste Sortierung nach klaren Kriterien:

Bevorzuge aussagekräftige Anfragen: Interessenten, die in ihrer ersten Nachricht bereits grundlegende Infos (z. B. Beruf, Personenanzahl, gewünschtes Einzugsdatum) mitteilen, zeigen echtes Interesse.

Im Rahmen der Vorauswahl von Mietinteressenten ist es sinnvoll, einige grundlegende Fragen zu stellen, um einen ersten Eindruck zu gewinnen und die Passung zur Immobilie besser einschätzen zu können. Typische Fragen sind beispielsweise:

- Wer wird einziehen? (Anzahl und Alter der Personen)
- Welches Arbeitsverhältnis besteht? (z. B. unbefristet, befristet, selbstständig)
- Wie hoch ist das monatliche Einkommen?
- Sind Haustiere vorhanden oder geplant?
- Ziehen Raucher ein?
- Was ist der Grund für den geplanten Umzug?

Diese Fragen helfen dabei, frühzeitig Klarheit zu schaffen und potenziell passende Mieter gezielt zu einem Besichtigungstermin einzuladen. Dabei sollte stets auf einen respektvollen und datenschutzkonformen Umgang mit den Angaben geachtet werden.

Schritt 4: Die Besichtigung als „Softcheck"

Die Wohnungsbesichtigung ist eine wertvolle Gelegenheit, den potenziellen Mieter persönlich kennenzulernen. Achte dabei auf folgende Aspekte:

- **Verhalten und Auftreten von Mietinteressenten:** Ein positiver Gesamteindruck ergibt sich oft schon beim ersten persönlichen Kontakt. Achte dabei auf Pünktlichkeit, Höflichkeit und ein gepflegtes Erscheinungsbild. Ein echtes Interesse an der Wohnung und der Umgebung sowie eine offene und ehrliche Kommunikation sind weitere Hinweise darauf, dass es sich um seriöse und zuverlässige Mietinteressenten handelt.

- **Mögliche Warnsignale:** Es gibt jedoch auch Verhaltensweisen, die stutzig machen sollten. Dazu gehören:
  - unklare oder ausweichende Antworten auf einfache Fragen,
  - geringes Interesse an den Mietkonditionen,
  - übertriebene oder gezielte Kritik an der Wohnung, was auf eine potenzielle Verhandlungstaktik hindeuten könnte,
  - und ein unseriöser Umgang mit Dokumenten oder das wiederholte, unbegründete Verzögern bei der Nachreichung wichtiger Unterlagen.

Letztlich gilt: Vertraue deinem Bauchgefühl – oft spürt man schnell, ob jemand wirklich zur Wohnung und zur eigenen Situation als Vermieter passt. Eine gesunde Mischung aus Faktenprüfung und persönlichem Eindruck ist dabei der beste Kompass.

Schritt 5: Die Unterlagen prüfen

Bevor du eine endgültige Entscheidung triffst, solltest du folgende Unterlagen anfordern und gründlich prüfen:

- **Selbstauskunft:** Sie enthält wichtige Angaben zur Person, zum Beruf, Einkommen und zur Haushaltsgröße. Meine Vorlage für die Mieterselbstauskunft kannst du dir im Bereich *Vorlagen* am Endes des Buches herunterladen.
- **Aktuelle *SCHUFA*-Auskunft:** Diese zeigt, ob der Bewerber negative Einträge hat. Ein „sauberes" *SCHUFA*-Zertifikat ist ein gutes Zeichen. Leichte Bonitätsmerkmale bedeuten nicht automatisch ein Risiko, bei Unsicherheiten solltest du nachfragen.
- **Gehaltsnachweise der letzten drei Monate:** Diese helfen dir, die Mietbelastung zu prüfen. Faustregel: Deine Mieter sollten nach dem Bezahlen der Miete noch gut von ihrem Gehalt le-

ben können. Die frühere Regel, dass die Miete nicht mehr als 30 bis 40 Prozent des Nettoeinkommens betragen soll, ist in Großstädten meistens nicht mehr zu halten. Da sind es schnell 50 Prozent.

- **Mietschuldenfreiheitsbescheinigung:** Vom aktuellen Vermieter ausgestellt – zeigt, dass der Bewerber zuverlässig gezahlt hat.
- **Bürgschaft (falls erforderlich):** Bei Studenten oder Geringverdienern üblich, wenn eine dritte Person für die Mietzahlung im Ernstfall eintritt.

Schritt 6: Entscheidung treffen – aber rechtlich einwandfrei

Hast du dich für einen Mieter entschieden, informiere die anderen Bewerber schnell und höflich. Beachte dabei den Datenschutz: Absageschreiben müssen professionell und sachlich formuliert werden, und die Unterlagen der abgelehnten Bewerber sind nach der Entscheidung zu vernichten.

Wichtig: Du darfst niemanden aufgrund von Herkunft, Religion, Geschlecht oder familiärer Situation ablehnen – das wäre eine Diskriminierung gemäß dem Allgemeinen Gleichbehandlungsgesetz (AGG). Formuliere Absagen daher neutral und sachlich. Eine übliche Formulierung lautet: „Vielen Dank für Ihr Interesse. Leider haben wir uns für einen anderen Bewerber entschieden."

Schritt 7: Mietvertrag abschließen

Nachdem alle Unterlagen geprüft und die Entscheidung für einen Mieter getroffen wurde, steht dem Abschluss des Mietvertrags grundsätzlich nichts mehr im Weg. Vor der Unterzeichnung sollten jedoch alle offenen Fragen geklärt und der Vertrag gemeinsam Punkt für Punkt durchgegangen werden, um Missverständnisse zu vermeiden und eine vertrauensvolle Grundlage zu schaffen. Besondere Aufmerksamkeit sollten dabei folgende Punkte erhalten:

- die Miethöhe sowie die Nebenkosten und deren Zusammensetzung,
- die Höhe und Zahlungsmodalitäten der Kaution,
- die geltenden Kündigungsfristen,
- sowie Regelungen zur Tierhaltung, zu Renovierungspflichten und zur Nutzung von Gemeinschaftsflächen (z. B. Garten, Waschküche oder Fahrradkeller).

Ein transparenter und sorgfältiger Vertragsabschluss sorgt nicht nur für Klarheit, sondern legt auch den Grundstein für ein gutes Mietverhältnis. Mein Team und ich nutzen hier übrigens die Vertragsvorlagen von *Immocation*. Einen Link dazu findest du im Bereich *Vorlagen* dieses Buches.

Welche Mietverträge gibt es?

Der Mietvertrag bildet die Basis jedes Mietverhältnisses. Er regelt die Rechte und Pflichten beider Parteien und sorgt für rechtliche Klarheit – sowohl im Alltag als auch im Falle eines Streits. Doch nicht jeder Mietvertrag ist gleich. Je nach Art der Wohnung, Dauer der Mietzeit und individuellen Vereinbarungen gibt es verschiedene Varianten, die je nach Bedarf sinnvoll oder notwendig sein können. In diesem Kapitel stelle ich dir die gängigsten Mietvertragsarten vor, erkläre ihre Merkmale und helfe dir, die passende Wahl für dein Mietobjekt zu treffen.

Der unbefristete Mietvertrag

Ein unbefristeter Mietvertrag ist die in Deutschland am häufigsten genutzte Form des Mietverhältnisses. Er zeichnet sich dadurch aus, dass keine feste Laufzeit vereinbart wird – das Mietverhältnis läuft auf unbestimmte Zeit. Sowohl Mieter als auch Vermieter können den Vertrag unter Einhaltung der gesetzlichen Kündigungsfristen beenden. Dabei beträgt die Kündigungsfrist für Mieter einheitlich drei Monate, unabhängig davon, wie lange sie bereits in der Wohnung leben. Für Vermieter gelten hingegen gestaffelte

Fristen: drei Monate bei einer Mietdauer von bis zu fünf Jahren, sechs Monate bei einer Dauer zwischen fünf und acht Jahren und neun Monate bei Mietverhältnissen, die länger als acht Jahre bestehen.

Ein großer Vorteil dieser Vertragsform liegt in ihrer rechtlichen Sicherheit und der uneingeschränkten Gültigkeit des Mieterschutzes. Sie ist besonders gut für langfristige Mietverhältnisse geeignet, da sie Verlässlichkeit bietet und gleichzeitig flexibel kündbar bleibt – vor allem für Mieter. Für Vermieter bringt der unbefristete Mietvertrag allerdings gewisse Einschränkungen mit sich, da eine Kündigung nur aus triftigen gesetzlichen Gründen möglich ist, etwa bei Eigenbedarf oder bei schwerwiegenden Pflichtverletzungen durch den Mieter.

Insgesamt bietet der unbefristete Mietvertrag eine ausgewogene Grundlage für stabile und faire Mietverhältnisse – mit klaren Rechten und Pflichten auf beiden Seiten.

Wann sinnvoll? Für die meisten Wohnraummietverhältnisse ist der unbefristete Mietvertrag die beste Wahl – besonders, wenn eine langfristige Vermietung angestrebt wird.

Der befristete Mietvertrag (Zeitmietvertrag)

Der sogenannte „qualifizierte Zeitmietvertrag“ zeichnet sich durch einen festgelegten Mietzeitraum aus, zum Beispiel von zwei Jahren. Während dieser Zeit ist eine ordentliche Kündigung seitens des Mieters oder Vermieters ausgeschlossen; nur in besonderen Fällen, etwa bei erheblichen Mängeln, ist eine außerordentliche Kündigung möglich. Die Befristung des Mietverhältnisses muss zudem gut begründet werden.

Nach § 575 BGB sind zulässige Gründe für eine Befristung unter anderem Eigenbedarf nach Ablauf der Mietzeit, eine geplante Sanierung oder ein Abriss des Gebäudes sowie die Nutzung der Wohnung durch ein Familienmitglied des Eigentümers.

Die Vorteile eines qualifizierten Zeitmietvertrags liegen vor allem in der Planungssicherheit für beide Parteien: Der Vermieter kann sicher sein, die Wohnung zum vereinbarten Zeitpunkt zurückzuerhalten. Allerdings bringt der Vertrag auch Nachteile mit sich, da der Mieter für die gesamte Dauer gebunden ist und die Befristung klar und schriftlich begründet werden muss.

Wann sinnvoll? Ein befristeter Mietvertrag eignet sich, wenn du die Immobilie nur temporär vermieten möchtest – etwa bei geplanter Eigennutzung, einem Auslandsaufenthalt, einem geplanten Verkauf oder Renovierungen.

Der Untermietvertrag

Untervermietung liegt vor, wenn der Hauptmieter Teile oder die gesamte Wohnung an einen Untermieter weitergibt. In diesem Fall ist der Hauptmieter Vertragspartner des Untermieters, während der Vermieter der Untervermietung zustimmen muss. Trotz der Untervermietung haftet der Hauptmieter weiterhin gegenüber dem Vermieter für die Wohnung.

Es gibt verschiedene Formen der Untervermietung: Zum einen die teilweise Untervermietung, beispielsweise die Vermietung eines einzelnen WG-Zimmers, und zum anderen die vollständige Untervermietung, die nur mit einem triftigen Grund und der Zustimmung des Vermieters erlaubt ist.

Die Untervermietung bietet dem Hauptmieter vor allem Flexibilität, etwa bei einem Auslandsaufenthalt, und ermöglicht die Teilung der Mietkosten, was insbesondere in Wohngemeinschaften von Vorteil ist. Allerdings birgt sie auch Risiken: Verweigert der Vermieter seine Zustimmung und der Hauptmieter vermietet dennoch ohne Erlaubnis unter, kann dies zu einer Kündigung führen. Zudem trägt der Hauptmieter weiterhin die volle Verantwortung für das Mietverhältnis.

Wann sinnvoll? Der Untermietvertrag eignet sich für Wohngemeinschaften, Zwischenmieten oder bei befristeten Abwesenheiten des Hauptmieters.

Der Staffelmietvertrag

Bei einer Staffelmiete wird die Miete in festgelegten Intervallen automatisch erhöht. Die Höhe und der Zeitpunkt der Mieterhöhung sind vertraglich festgelegt, beispielsweise eine jährliche Steigerung um zwei Prozent. Während der Laufzeit der Staffel sind keine weiteren Mieterhöhungen nach § 558 BGB zulässig. Voraussetzung ist eine schriftliche Vereinbarung zwischen Mieter und Vermieter.

Diese Regelung bietet beiden Parteien Planungssicherheit und verhindert Streitigkeiten über zukünftige Mieterhöhungen. Allerdings hat die Staffelmiete auch Nachteile: Sie lässt keine Anpassungen an veränderte Marktbedingungen zu und kann insbesondere bei starker Inflation für den Mieter nachteilig sein.

Der Indexmietvertrag (mein Lieblingsvertrag)

Bei der Indexmiete richtet sich die Miete nach der Inflation und wird anhand des Verbraucherpreisindex angepasst. Die Mieterhöhungen basieren dabei auf den Daten des *Statistischen Bundesamts* und können frühestens nach Ablauf eines Jahres erfolgen. Voraussetzung für diese Form der Miete ist eine schriftliche Vereinbarung zwischen Mieter und Vermieter.

Der Vorteil der Indexmiete liegt darin, dass sich die Miete transparent und nachvollziehbar an der tatsächlichen Inflation orientiert. Allerdings können die Mieterhöhungen bei hoher Inflation deutlich ausfallen. Zudem sind während der Laufzeit der Indexmiete keine weiteren Mieterhöhungen nach § 558 BGB zulässig.

Wann sinnvoll? Der Indexmietvertrag eignet sich für langfristige Mietverhältnisse, wenn der Vermieter eine inflationsbedingte Anpassung der Miete wünscht. Allerdings ist darauf zu achten, dass die neue Miete jährlich an den Mieter kommuniziert wird, es sei denn, du möchtest nächstes Mal bewusst aussetzen.

Sonderformen

Möblierte Mietverträge werden häufig bei möblierten Apartments abgeschlossen. Sie sind oft befristet und zeichnen sich durch kürzere Kündigungsfristen aus, was besonders bei der Vermietung von Teilflächen in einer selbst bewohnten Wohnung praktisch ist. In solchen Fällen ist eine Inventarliste empfehlenswert, um den Zustand und die Ausstattung klar zu dokumentieren.

Gewerbemietverträge unterliegen nicht dem Wohnraummietrecht und bieten daher eine größere Vertragsfreiheit. Dabei können Mietdauer, Kündigungsfristen und Mieterhöhungen flexibel zwischen den Vertragsparteien ausgehandelt werden, was den individuellen Bedürfnissen von Gewerbemietern und Vermietern entgegenkommt.

Der Pachtvertrag ähnelt dem Mietvertrag, geht jedoch darüber hinaus, da er auch das Nutzungsrecht umfasst. Dies ist beispielsweise in der Gastronomie oder Landwirtschaft üblich, wo neben der Nutzung der Räumlichkeiten auch die Erträge, etwa aus einem Restaurantbetrieb, mit verpachtet werden.

Mietverträge richtig gestalten

Ein Mietvertrag ist mehr als nur ein Dokument – er stellt die rechtliche Grundlage für das Mietverhältnis dar und schützt sowohl Vermieter als auch Mieter vor Missverständnissen, Streitigkeiten oder finanziellen Risiken. Doch wie sorgt man dafür, dass der Mietvertrag korrekt, rechtssicher und fair formuliert ist? Du erfährst nun Schritt für Schritt, wie du einen Mietvertrag richtig aufsetzt, welche Klauseln sinnvoll sind (und welche du besser vermeidest) und worauf du besonders achten solltest.

Warum ein schriftlicher Mietvertrag unverzichtbar ist

Auch wenn ein mündlicher Mietvertrag grundsätzlich rechtlich gültig ist, ist er in der Praxis schwer nachzuweisen und birgt einige Risiken. Deshalb gilt: **Schriftlich ist sicherer.** Ein schriftlicher Vertrag dokumentiert alle getroffenen Vereinbarungen und schützt vor Missverständnissen. Besonders bei langfristigen oder komplexeren Mietverhältnissen ist dies unerlässlich.

Die wichtigsten Bestandteile eines Mietvertrags

Ein Mietvertrag sollte klar und vollständig formuliert sein, um spätere Missverständnisse zu vermeiden. Ein Standard-Mietvertrag sollte daher bestimmte Punkte unbedingt enthalten:

- **Vertragsparteien:** Die Vertragsparteien, also die vollständigen Namen und Adressen von Vermieter und Mieter, sind ein wichtiger Bestandteil. Sind mehrere Mieter beteiligt, sollten diese als Gesamtschuldner benannt werden.
- **Beschreibung der Immobilie:** Das Mietobjekt muss genau beschrieben werden – inklusive Adresse, Anzahl der Zimmer, Wohnfläche und Etage sowie mit vermieteter Räume wie Keller, Stellplatz oder Balkon.
- **Mietdauer:** Auch Mietbeginn und Mietdauer müssen klar festgelegt sein. Dabei ist zu klären, ob der Vertrag unbefristet oder befristet ist, und gegebenenfalls können Kündigungsverzichte für beide Parteien – etwa für 24 Monate – vereinbart werden.
- **Miethöhe und Nebenkosten:** Die Miethöhe und Nebenkosten sollten transparent aufgeführt werden, inklusive der Kaltmiete, der Vorauszahlungen für Betriebskosten wie Heizung, Wasser oder Müll sowie der Art der Abrechnung, sei es jährlich, pauschal oder mit Nachzahlung.
- **Kaution:** Ein weiterer wichtiger Punkt ist die Kaution, die maximal drei Nettokaltmieten betragen darf (§ 551 BGB). Die Zahlung kann in bis zu drei Raten erfolgen, und die Kaution muss auf einem insolvenzgeschützten Mietkautionskonto verwahrt werden.
- **Zweck der Nutzung:** Der Zweck der Nutzung sollte ebenfalls festgehalten werden, meist „zu Wohnzwecken“. Andere Nutzungen, wie etwa eine gewerbliche Nutzung, müssen ausdrücklich erlaubt sein.

- **Haustierhaltung:** Auch die Haustierhaltung wird idealerweise differenziert geregelt: Während Kleintiere meist erlaubt sind, bedarf die Haltung größerer Tiere der Zustimmung des Vermieters. Ein generelles Haustierverbot ist rechtlich unwirksam.
- **Hausordnung:** Die Hausordnung gehört ebenfalls zum Vertrag oder wird als Anhang beigefügt und regelt Themen wie Ruhezeiten, Reinigung und Müllentsorgung.

Abschließend müssen alle Vertragsparteien den Mietvertrag unterschreiben; bei mehreren Mietern ist die Unterschrift aller erforderlich. Durch diese umfassenden und klar formulierten Regelungen wird sichergestellt, dass das Mietverhältnis auf einer soliden Grundlage steht.

Was du lieber weglassen solltest: Unzulässige Klauseln

Nicht jede Formulierung in einem Mietvertrag ist rechtlich gültig, auch wenn sie in älteren Verträgen häufig zu finden ist. Typische Fehler sind zum Beispiel starre Renovierungsfristen wie die Verpflichtung, alle drei Jahre zu streichen – solche Klauseln sind unwirksam. Ebenso sind generelle Haustierverbote nicht zulässig. Auch der Ausschluss des Rechts auf Mietminderung bei Mängeln ist rechtlich nicht erlaubt.

Weiterhin gibt es oft unzulässige Regelungen zur Übertragung von Nebenkosten. Insgesamt sind Klauseln, die ausschließlich zu Lasten des Mieters gehen, in der Regel unwirksam und sollten deshalb mit Vorsicht betrachtet werden.

Tipp: Verwende stets aktuelle Vertragsvorlagen und achte auf die Rechtsprechung des *Bundesgerichtshofs* (BGH).

Zusatzvereinbarungen und Sonderregelungen

Einige Punkte können individuell vereinbart werden, da starre Klauseln oft unwirksam sind. Jedoch sind hierbei Transparenz und die Schriftform entscheidend. Mögliche Zusatzvereinbarungen sind:

- Kündigungsausschluss für eine bestimmte Zeit (max. 4 Jahre)
- Erlaubnis zur Untervermietung
- Regelungen zur Gartennutzung oder zum Winterdienst
- Absprachen zur Möblierung oder zum Inventar (ggf. mit Inventarliste)
- Fragen zu Schönheitsreparaturen; zum Beispiel kann geregelt werden, dass Reparaturen in der Regel alle fünf Jahre erfolgen – abhängig vom Zustand der Wohnung

Wichtig: Zusatzvereinbarungen dürfen keine gesetzlichen Regelungen umgehen oder den Mieter unangemessen benachteiligen, sonst sind sie unwirksam. Wie bereits geschrieben, empfehle ich das Vorlagenpaket von *Immocation*.

Nach dem Vertrag: Übergabe und Protokoll

Ein sorgfältig ausgearbeiteter Mietvertrag ist zwar der erste wichtige Schritt, doch ebenso entscheidend ist die ordnungsgemäße Übergabe der Wohnung. Dabei solltest du unbedingt ein Übergabeprotokoll erstellen, in dem Zählerstände, eventuell vorhandene Mängel sowie übergebene Schlüssel genau dokumentiert werden. Dieses Protokoll sollte von beiden Parteien unterschrieben werden, um spätere Unstimmigkeiten zu vermeiden.

Idealerweise findet die Übergabe am Ein- oder Auszugstag statt, damit der Zustand der Wohnung klar und verbindlich festgehalten wird. So verhinderst du spätere Streitigkeiten und sorgst für eine klare Grundlage für das Mietverhältnis.

Mache unbedingt auch eine umfangreiche Fotodokumentation bei der Übergabe. Das hilft, selbst wenn es einmal nicht so gut gelaufen ist mit einem Mieter und du klare Beweise brauchst.

Umgang mit Mietausfällen und Konflikten

Wo Menschen gemeinsam wohnen oder arbeiten, bleiben Auseinandersetzungen nicht aus. Auch zwischen Vermieter und Mieter kann es zu Spannungen kommen – etwa durch Mietrückstände, Lärmbelästigung, Missverständnisse oder unklare Zuständigkeiten. Ein professioneller Umgang mit solchen Herausforderungen zählt zu den wichtigsten Kompetenzen erfolgreicher Vermieter. In diesem Kapitel erfährst du, wie du Mietausfälle frühzeitig erkennst, Konflikte konstruktiv löst und Eskalationen gezielt vermeidest.

Mietausfälle: Ursachen, Auswirkungen und Handlungsmöglichkeiten

Was versteht man unter einem Mietausfall? Ein Mietausfall liegt vor, wenn ein Mieter ganz oder teilweise keine Miete zahlt – sei es dauerhaft oder nur vorübergehend. Betroffen sein können sowohl die Kaltmiete als auch die Nebenkosten. Jeder Zahlungsausfall beeinflusst unmittelbar deinen Cashflow und damit die Wirtschaftlichkeit deines Objekts.

Typische Auslöser für Mietausfälle sind vielfältig. Häufig liegt die Ursache in Zahlungsunfähigkeit, etwa durch Arbeitslosigkeit oder Krankheit. Aber auch Zahlungsunwilligkeit kann eine Rolle spielen, beispielsweise bei Streitigkeiten oder laufenden Rechtsverfahren. Manchmal führen technische Fehler, wie falsche Kontodaten oder Probleme bei der Bank, zu ausbleibenden Zahlungen. Zudem können gerechtfertigte Mietminderungen aufgrund von Mängeln zu verminderten Einnahmen führen.

Frühzeitige Warnsignale erkennen

Ein aufmerksamer Vermieter erkennt frühzeitig, wenn etwas nicht stimmt. Wichtige Hinweise sind unter anderem unregelmäßige oder verspätete Zahlungseingänge sowie Rücklastschriften oder bereits erfolgte Mahnungen. Auch die mangelnde Erreichbarkeit des Mieters und ausbleibende Rückmeldungen auf Anfragen sollten Alarmzeichen sein. Darüber hinaus können Beschwerden von Nachbarn oder auffälliges Verhalten auf Probleme hinweisen, die eine frühzeitige Reaktion erforderlich machen.

Tipp: Ein strukturierter Soll-Ist-Abgleich deiner Buchhaltung hilft dir, Zahlungsausfälle rechtzeitig zu identifizieren.

Mietrückstände professionell handhaben: Schritt für Schritt

Schnelles und überlegtes Handeln ist gefragt – dabei solltest du jedoch vermeiden, unnötigen Druck aufzubauen. Ein sinnvoller Vorgehensplan beginnt mit dem persönlichen Kontakt: Frage freundlich nach, ob es vielleicht ein Missverständnis oder ein Problem mit der Überweisung gab, und kommuniziere offen, aber bestimmt auf Augenhöhe. Häufig steckt nur ein technischer oder organisatorischer Fehler dahinter.

Wenn das nicht ausreicht, folgt eine schriftliche Mahnung, in der du eine klare Zahlungsfrist von etwa sieben bis zehn Tagen setzt, den ausstehenden Betrag genau benennst und auf mögliche rechtliche Konsequenzen hinweist. Bei temporären Zahlungsschwierigkeiten kannst du zudem eine Ratenzahlung anbieten, die schriftlich festgehalten wird – inklusive Fälligkeiten und Folgen bei erneutem Verzug.

Sollten zwei aufeinanderfolgende Monatsmieten nicht gezahlt werden, ist eine fristlose Kündigung gemäß § 543 BGB möglich. In diesem Fall kann die Einschaltung eines Anwalts zur Einleitung von Zahlungs- und Räumungsklagen sinnvoll sein. Falls nötig, können schließlich Zwangsvollstreckung und gerichtliche Räumung folgen. Am wichtigsten ist hier die Geschwindigkeit: Je schneller du den Zahlungsausfall bemerkst und reagierst, desto schneller lässt sich das Problem lösen. Solltest du es erst nach drei Monaten bemerken, dass der Mieter nicht zahlt, ist es meist zu spät.

In Deutschland muss niemand obdachlos werden – die Ämter übernehmen bei rechtzeitiger Beantragung die Mietkosten und den Lebensunterhalt. Hier kommt es jedoch auf die fristgerechte Antragstellung an. Manchmal ist es sinnvoll, den Mieter dabei zu unterstützen. Und übrigens: Selbst bei einer Zwangsräumung durch den Gerichtsvollzieher wird der Soziale Dienst der Gemeinde eingeschaltet und kümmert sich um eine vorübergehende Unterbringung.

Wichtig: Alle Schritte sorgfältig dokumentieren und stets im Rahmen der gesetzlichen Vorschriften handeln.

Konflikte mit Mietern: Ursachen und typische Streitpunkte

Nicht jeder Streit zwischen Vermieter und Mieter dreht sich um finanzielle Fragen. Häufig entstehen Konflikte auch in anderen Bereichen, etwa durch Ruhestörungen oder Auseinandersetzungen unter Nachbarn. Ebenso sind Mängel in der Wohnung oder am Gebäude oft Anlass für Unstimmigkeiten. Weitere häufige Streitpunkte betreffen die Haustierhaltung, Besuchsregelungen oder die Zweckentfremdung der Wohnung. Auch Unklarheiten bei der Nebenkostenabrechnung sowie unterschiedliche Vorstellungen von Ordnung und Pflege können zu Konflikten führen.

Konflikte konstruktiv lösen: Kommunikation als Schlüssel

Viele Konflikte eskalieren, wenn die Kommunikation ins Stocken gerät oder emotional aufgeladen wird. Als Vermieter solltest du sachlich, ruhig und lösungsorientiert agieren. Erfolgreiche Deeskalationsstrategien basieren darauf, aktiv zuzuhören und die Perspektive des Mieters ernst zu nehmen, statt vorschnell zu urteilen. Wichtig ist dabei, stets neutral zu bleiben und persönliche Angriffe zu vermeiden – selbst wenn der Ton einmal unangenehm wird. Um Streitigkeiten sachlich zu klären, hilft es, mit Fakten zu arbeiten, etwa durch Dokumentationen, Fotos oder Protokolle.

Klare Fristen und eine transparente Kommunikation von Aufgaben und Deadlines sorgen zusätzlich für Struktur und Verbindlichkeit. Sollte die Situation dennoch festgefahren sein, kann die Einschaltung eines Vermittlers – wie der Hausverwaltung oder eines Mediators – wertvolle Unterstützung bieten.

Konfliktprävention: So beugst du Problemen effektiv vor

Klare und eindeutige Verträge bilden die Grundlage für ein gutes Mietverhältnis. Der Mietvertrag sollte verständlich formuliert und die Hausordnung als Anhang beigefügt sowie gemeinsam besprochen werden. Ebenso wichtig ist eine Kommunikation auf Augenhöhe: Ein freundlicher und verbindlicher Ton schafft Vertrauen, während eine autoritäre oder belehrende Haltung vermieden werden sollte.

Transparente Betriebskostenabrechnungen sind ebenfalls entscheidend – sie sollten nachvollziehbar und gut erklärt sein. Bei Unklarheiten sollte eine Bereitschaft zur Erläuterung bestehen. Darüber hinaus trägt eine regelmäßige Wartung und Pflege zur Zufriedenheit aller bei: Reparaturen sollten zeitnah durchgeführt und die allgemeine Instandhaltung ernst genommen werden.

Manche Konflikte lassen sich jedoch nicht allein lösen, besonders wenn sie rechtlich komplex werden oder die Situation eskaliert. In solchen Fällen ist es ratsam, professionelle Hilfe in Anspruch zu nehmen, etwa durch einen Rechtsanwalt für Mietrecht, den Haus- und Grundbesitzerverein oder Schlichtungsstellen und Mediatoren. Bei Bedrohungen, Gewalt oder Sachbeschädigung sollte zudem die Polizei eingeschaltet werden und dies öffnet das Feld der fristlosen Kündigung.

Diese Unterlagen solltest du prüfen

Eine sorgfältige Auswahl des Mieters ist die beste Vorsorge gegen spätere Probleme. Um finanzielle Risiken und Konflikte zu vermeiden, solltest du folgende Unterlagen prüfen:

Mieterselbstauskunft

Dieses Formular liefert wichtige Angaben über den Mietinteressenten, darunter Name, Geburtsdatum und Adresse. Zudem werden Informationen zum Beruf, Arbeitgeber und Nettoeinkommen abgefragt, ebenso wie die Anzahl der einziehenden Personen.

Auch Angaben zu Haustieren oder einer geplanten Untermiete werden erfasst, um ein umfassendes Bild des potenziellen Mieters zu erhalten. Meine Vorlage findest du im Bereich *Empfehlungen* als Download.

Einkommensnachweise

Diese Unterlagen geben Aufschluss über die finanzielle Tragfähigkeit des Interessenten. Dazu gehören in der Regel die letzten drei Gehaltsabrechnungen. Selbstständige legen stattdessen Steuerbescheide oder eine Einnahmen-Überschuss-Rechnung (EÜR) vor. Studierende können ihre finanzielle Situation durch einen BAföG-Bescheid, ein Stipendium oder eine Bürgschaft nachweisen.

Aktuelle *SCHUFA*-Auskunft

Die *SCHUFA*-Auskunft gibt Einblick in das Zahlungsverhalten und mögliche negative Einträge. Ein guter Score reduziert das Risiko von Zahlungsausfällen.

Tipp: Die kostenlose Datenkopie nach Art. 15 DSGVO reicht in der Regel aus und kann vom Mieter direkt bei der *SCHUFA* angefordert werden.

Mietschuldenfreiheitsbescheinigung

Diese Bescheinigung bestätigt, dass der Mieter beim vorherigen Vermieter keine Rückstände hat. Ist keine Bescheinigung verfügbar, kann alternativ ein telefonischer Kontakt zum Vorvermieter (mit Zustimmung) sinnvoll sein.

Ausweisdokument zur Identitätsprüfung

Zur Verifizierung der Angaben sollte der Mieter einen gültigen Personalausweis oder Reisepass vorlegen. Gerade bei Mietern mit schwankendem Einkommen, Auszubildenden oder Studierenden kann eine Bürgschaft (z. B. von den Eltern) sinnvoll sein. Diese sollte schriftlich und rechtlich verbindlich formuliert sein.

Was ist bei Kurzzeitvermietung zu beachten?

Die zeitlich befristete Vermietung von Wohnraum – sei es als Ferienunterkunft, Monteurzimmer oder Zwischenlösung – erfreut sich immer größerer Beliebtheit. Kurzzeitvermietung kann finanziell attraktiv sein, bringt jedoch auch einige rechtliche, steuerliche und organisatorische Besonderheiten mit sich. Dieses Kapitel zeigt dir, worauf du als Vermieter achten solltest, um rechtlich sicher und wirtschaftlich erfolgreich zu vermieten.

Was zählt als Kurzzeitvermietung?

Kurzzeitvermietung bezeichnet die Vermietung von Wohnraum für wenige Tage bis maximal sechs Monate. Typische Gästegruppen sind Touristen auf Urlaubsreise, Geschäftsreisende und Monteure, Zwischenmieter (z. B. bei Auslandsaufenthalten oder Wohnungswechseln)

Diese Mietform unterscheidet sich grundlegend von langfristigen Wohnraummietverhältnissen – entsprechend gelten abweichende gesetzliche Regelungen.

Zweckentfremdung und Genehmigungen

In vielen Städten ist die kurzfristige Vermietung genehmigungspflichtig – insbesondere in angespannten Wohnungsmärkten. Hier kann die Nutzung als Ferienwohnung als Zweckentfremdung von Wohnraum gelten und eingeschränkt oder sogar verboten sein. Wichtige Hinweise:

- Informiere dich bei deinem lokalen Bau- oder Ordnungsamt über die geltende Satzung.
- In Städten wie Berlin, Hamburg oder München ist eine offizielle Anmeldung zwingend.
- Achte auf festgelegte Höchstvermietungszeiten pro Jahr.
- Bei Verstößen drohen empfindliche Bußgelder.

Eigentumsverhältnisse und Zustimmungspflicht

Je nach Wohnsituation gelten unterschiedliche Voraussetzungen:

- **Eigentümer:** Ist die Immobilie Teil einer WEG (Wohnungseigentümergemeinschaft)? Dann kann die Zustimmung der Miteigentümer notwendig sein.
- **Mieter:** Als Hauptmieter darfst du nur mit schriftlicher Genehmigung deines Vermieters untervermieten – auch bei Kurzzeitvermietung. Eine unerlaubte Untervermietung kann eine fristlose Kündigung nach sich ziehen.

Mietvertrag und Absicherung

Auch bei kurzen Aufenthalten ist ein schriftlicher Mietvertrag sinnvoll, um alle wichtigen Details klar zu regeln. Dieser sollte die genaue Mietdauer mit den entsprechenden Daten sowie die Anzahl der Gäste festhalten. Zudem gehören der Mietpreis inklusive Nebenkosten und idealerweise eine Kaution dazu. Auch die Hausordnung, etwa zu Ruhezeiten, Rauchverbot oder Mülltrennung, sollte Bestandteil des Vertrags sein. Zur Absicherung empfiehlt es sich, eine Vermieter-Haftpflichtversicherung sowie eine Hausratversicherung mit einer Option für Kurzzeitvermietung abzuschließen. Auf Mieterseite kann zusätzlich eine Reiserücktrittsversicherung sinnvoll sein.

Online-Plattformen richtig nutzen

Viele Vermieter nutzen Plattformen wie *Airbnb*, *Booking.com* oder *FeWo-direkt*, um ihre Immobilien kurzfristig zu vermieten. Dabei ist es wichtig, vollständige und korrekte Angaben im Inserat zu machen – bei gewerblicher Vermietung gehört auch ein Impressum dazu. Zudem sollten die anfallenden Plattformgebühren steuerlich berücksichtigt werden. Ein sorgfältiges Lesen der Allgemeinen Geschäftsbedingungen, etwa zu Stornoregelungen oder Haftungsfragen, ist ebenfalls unerlässlich. Bewertungen der Gäste sollten ernst genommen werden, denn eine gute Kommunikation und Sauberkeit zahlen sich langfristig aus.

Interview mit Paul Müller

aka *Immocashflow*

Tomek: Hol vielleicht mal die Zuhörer und Zuschauer ab, die dich noch nicht kennen. Wer bist du und was machst du?

Paul: Also, ich bin Paul, Immobilienunternehmer aus Berlin.

Ich komme ursprünglich aus Sachsen, lebe aber inzwischen schon fast die Hälfte meines Lebens in Berlin. Und ja, im Immobilienbereich mache ich eigentlich sehr, sehr viel – ich bin ziemlich breit aufgestellt, vor allem im Bereich Wohnimmobilien.

Angefangen habe ich ursprünglich mit dem Bestandsaufbau – das mache ich bis heute noch –, und inzwischen geht es auch um Projektentwicklung, Neubau, Immobiliencoaching und Kurzzeitvermietung. Also im Prinzip die ganze Palette im Wohnimmobilienbereich.

Abseits der Immobilienwelt: Ich bin glücklich verheiratet und absoluter Sportenthusiast. Ich war auf Hawaii bei einer Leadership-Konferenz und bin danach noch weiter nach Vancouver gereist, wo ich an der *TED*-Konferenz teilgenommen habe.

Tomek: Die Leadership-Konferenz, das war die von *EO*, richtig?

Paul: Ja, genau, von *EO*, von *Entrepreneurs Organization*, wer es nicht kennt. Das ist ein weltweites Unternehmernetzwerk, in dem ich drin bin.

Tomek: Das verbindet uns ja. Ich war ja auch schon mal Teil eines kleinen *EO*-Projekts – quasi ein Einstieg, wenn man die Umsatzzahlen noch nicht erreicht hat. Denn so, wie ich *EO* kenne, ist es super spannend, dass man erst ab einem gewissen Umsatzlevel tatsächlich richtig ins Hauptprogramm reinkommt. Was ich auch super interessant fand, waren diese monatlichen Treffen – und ich glaube, da kann man extrem viel lernen. Was mich absolut begeistert hat, war, dass Ratschläge nicht willkommen sind.

Paul: Korrekt. Für alle, die es nicht kennen: Man trifft sich einmal im Monat und beschäftigt sich mit Persönlichkeitsentwicklung und Selbstreflexion – teilweise auch schon im Vorfeld, in Vorbereitung auf das Treffen. Und das ist für mich – und für dich ja auch, wie alle, die uns kennen, wissen – sehr, sehr wichtig, um im Immobiliengeschäft oder allgemein im Unternehmertum zu wachsen.

Denn um mit dem Business zu wachsen, muss man persönlich wachsen. Und genau das machen wir dort. Ziel ist es aber eben nicht, Ratschläge oder Tipps zu geben – denn damit stellt man sich über den anderen –, sondern wirklich Experience Share zu betreiben.

Die Idee dahinter: Unternehmer, die auf einem bestimmten Level sind – daher auch die Eintrittsbarriere von einer Million Euro Jahresumsatz –, haben in irgendeiner Art und Weise ähnliche Herausforderungen. Sei es im Business, mit Mitarbeitern, mit Liquidität, mit Projekten, die nicht laufen – oder auch familiär und privat. Und da wollen wir gegenseitig Erfahrungen teilen, um voneinander lernen zu können.

Tomek: Und du hast uns deinen ersten Deal mitgebracht. Schieß mal los. Wann war der überhaupt? Wo und was hat er gekostet?

Paul: Ja, also mein erster Deal waren zwei Eigentumswohnungen – zwei kleine Einraumwohnungen in Leipzig. Ich hatte die damals, 2017, angekauft. Ich hatte zu der Zeit noch viel in Leipzig zu tun, denn – wie ich vorher erwähnt habe – ich war Tischtennisspieler, habe für einen Leipziger Verein gespielt. Ich habe zwar schon in Berlin gewohnt, aber Sachsen ist sozusagen meine Heimat.

Ich habe lange Tischtennis gespielt, war deswegen auch oft vor Ort in Leipzig und kannte dort Menschen, die in Leipzig groß geworden sind – aus meinem Verein, aus meiner Mannschaft. Dadurch hatten sie auch ein sehr gutes Wissen über den Leipziger Markt, von dem ich profitieren konnte.

Ich habe das oft verbunden: Wenn ich am Wochenende dort war, habe ich einen Tag drangehängt – davor oder danach –, um Immobilien zu besichtigen. Leipzig war für mich damals langfristig einfach attraktiver als Berlin, was die Renditen anging, weil die Preise dort noch nicht so stark gestiegen waren.

So kam es dann dazu, dass ich zwei Wohnungen gekauft habe – zwei kleine Wohnungen mit jeweils etwa 30 bis 32 Quadratmetern, vermietet, klassische Einraumwohnungen. Also langfristige Buy & Hold-Objekte, die ich dann in meinen Bestand aufgenommen habe. Und so habe ich letztendlich angefangen.

Lustigerweise – ich habe das neulich erst bei einem Vortrag erzählt – habe ich 2016 angefangen, mich mit Immobilien zu beschäftigen. Damals gab es noch keine Coachings, keine Kalkulationstools oder sonstige Hilfsmittel. Ich habe mir alles selbst aufgebaut – unter anderem eine *Excel*-Liste mit über 200 Einträgen. Ich habe damals Immobilien von *ImmoScout* in diese *Excel*-Tabelle übertragen, um sie vergleichen zu können. Ich hatte 20 Spalten: Rendite, Hausgeld, Miete und so weiter. Und genau so habe ich wirklich damals angefangen.

Tomek: Das Schöne ist ja, dass du diese Story sogar dokumentiert hast. Du hast damals ja einen Blog gemacht – so haben wir uns ja auch kennengelernt, weil ich ihn entdeckt habe: *ImmoCashFlow*.

Paul: Das ist korrekt. Es waren zwei Wohnungen, die im Paket verkauft wurden, weil man eine nicht besichtigen konnte. Der Mieter war einfach nicht erreichbar, hat aber immer Miete gezahlt. Die Mieten lagen bei etwa 200 und 209 Euro. Ich habe es noch einmal nachgeschaut – zusammen also ungefähr 409 bis 410 Euro Kaltmiete pro Monat für beide Wohnungen. Das sind dann knapp unter 5.000 Euro im Jahr. Dadurch war der Deal auch ganz spannend. Vom Preis her lagen wir bei knapp 82.000 Euro, etwas drunter, für beide Wohnungen zusammen, weil eben eine Wohnung nicht besichtigt werden konnte.

Zahlen und Details zu Paul Müllers erstem Immobilien-Deal

Jahr: 2017

Stadt: Leipzig (Sachsen)

Kaufpreis: 81.522 Euro

Kaufnebenkosten: 4.500 Euro

Makler: Ja, ohne Provision

Deal-Art: Buy & Hold

Quadratmeter: 2 x ETW mit je ca. 30 m^2

Anfangsmiete: 4.908 Euro pro Jahr

Renovierungskosten: Anfangs keine, erst bei Neuvermietungen

Zinsbindung: 10 Jahre

Zins: 2 %

Tilgung: 2 %

Annuität: 4 % bzw. 2.916 Euro pro Monat

Anfangsrendite: 6 %

Finanzierungsanteil: 72.900 Euro

Cashflow vor Steuern: 30,17 Euro

Vermietungsmodell: Langfristige Vermietung

Aktueller Wert: 2023 von Bank bewertet für Nachfinanzierung auf 200.000 Euro – zusätzliche Beleihung 70.000 Euro

Ist-Miete: 8.568 Euro

Ist-Rendite: 10,5 %

Cashflow vor Steuern (aktuell): Vor Nachbeleihung in 2023 monatlich 210 Euro, nach Nachbeleihung aktuell bei plus/minus null. Bewusste Entscheidung, hier nachzubeleihen und 70.000 Euro freizusetzen, anstatt 200 Euro monatlichen Cashflow zu haben.

Das ganze Interview mit Paul findest du hier als Folge des *Deals-and-Dreams*-Podcasts:

Paul Müller:

Interview mit Markus Wahle

Tomek: Für alle, die dich noch nicht kennen – was ich mir persönlich kaum vorstellen kann, aber es soll sie geben – magst du dich einmal kurz vorstellen und sagen, wer du bist?

Markus: Also, mein Name ist Markus Wahle, ich bin 59 Jahre alt und seit 25 Jahren Unternehmer. Ich bin Honorar-Finanzplaner, Nachlassplaner und natürlich auch Investor. Seit vielen, vielen Jahren bin ich als Coach unterwegs – im Bereich finanzielles Mindset, Finanzplanung und natürlich auch Immobilien.

Ich habe das große Glück, seit Januar 2020 als Coach auch bei *Immocation* mitwirken zu dürfen, was mir persönlich ein sehr, sehr großes Vergnügen bereitet. Und heute bin ich hier, um dich bei deinem Projekt zu unterstützen – und natürlich beim Podcast.

Tomek: Hundertprozentig! Super – für alle, die *Immocation* vielleicht noch nicht kennen: Es ist tatsächlich eine absolut warme Empfehlung von mir, und das aus voller Überzeugung. Das ist echte Liebe! Grüße gehen raus an Marco und Stefan.

Du hast quasi sehr ungewöhnlich angefangen. Du hast deinen ersten Deal nicht in Deutschland gemacht, sondern tatsächlich im Ausland. Magst du uns einmal abholen: Wann war das, und was war das für ein Deal?

Markus: Gerne. Also, ich habe 1986 mein Abi gemacht und war von 1986 bis 1988 bei der Bundeswehr. Danach wollte ich in Münster, wo ich herkomme, BWL oder Jura studieren – ich wusste es noch nicht.

Kurzversion: Ich bin drei Monate nach Frankreich gegangen. Ich hatte dort Leute aus dem Urlaub kennengelernt, wir haben irgendwie auf Englisch telefoniert – ich konnte kein Französisch, eher Latein, wie man so schön sagt (obwohl ich das auch nicht kann). Ich bin dann an die Uni gegangen, habe dort drei Monate Französisch gelernt und in einem kleinen Apartment gewohnt. Das fand ich schon sehr teuer.

Eines Tages kam ein Professor auf mich zu und fragte, ob ich nicht dort studieren wolle – er bräuchte einen deutschen Assistenten. Kurz gesagt: Ich habe mich einfach mutig an der Uni eingeschrieben, habe mit Franzosen zusammen studiert, ohne Französisch zu können, und habe es nebenher gelernt. Ich habe dann gemerkt, dass das Leben dort sehr schön ist – natürlich, es ist Frankreich. Wunderschön. Das war unterhalb von Biarritz, in der Nähe von Bayonne. Diese Gegend war immer schon meine Liebe, seitdem ich 18 bin.

Im zweiten oder dritten Semester dachte ich mir irgendwann: Das kann doch nicht sein, das ist hier so toll, aber auch so teuer! Ich hatte damals 600 Mark Unterstützung von meinen Eltern – also etwa 300 Euro – und den Rest habe ich nebenbei verdient. Ich hatte sogar schon ein kleines Unternehmen gegründet. Nach der Wende habe ich französische Autos in die neuen Bundesländer verkauft – mit *Renault*-Händlern dort direkt das erste Business gemacht, um mein Studium zu finanzieren.

Ich war schon immer fasziniert von Immobilien. Ich habe als Dolmetscher gearbeitet – in Biarritz und Bayonne – für Immobilienagenturen. Dort habe ich vermögende deutsche, englische und amerikanische Kunden begleitet und für sie übersetzt, weil ich gut Englisch konnte und mein Französisch inzwischen auch ganz passabel war. Und dann habe ich immer gedacht: Das kann doch nicht sein, wie günstig diese alten Schrotthäuser, Châteaus und Wohnungen hier sind! Also habe ich angefangen, selbst nach Immobilien zu schauen. Schließlich habe ich eine Wohnung gefunden – in der Innenstadt von Pau, im vierten Stock eines sehr schönen alten Hauses. Sie hatte eine 55 Quadratmeter große Dachterrasse mit Blick auf die Pyrenäen.

Ich dachte mir: Als Student, was ist am wichtigsten – neben dem kleinen Schreibtisch natürlich? Die Location! Gute Partys! Also habe ich den Makler gefragt, was die Wohnung kostet. Er sagte: „130.000 Francs" – also damals 40.000 Mark, also etwa 20.000 Euro. Die meisten hätten wahrscheinlich gesagt: „Bitte, was?" Und so lange ist das ja noch gar nicht her.

Dann habe ich mit meinen Eltern gesprochen. Mein Vater war damals schon relativ alt und pensionierter Beamter. Ich fragte ihn: „Papa, die 600 Mark, die du mir gibst – könnten wir das nicht irgendwie so regeln, dass wir mit der Bank sprechen und ein Darlehen aufnehmen?“ Meine Eltern hatten von Finanzen überhaupt keine Ahnung. Ich habe das für sie durchgerechnet, und man hätte rund 85.000 Mark bekommen. Mein Vater sagte: „Ich vertraue dir. Wenn du sagst, das ist gut, dann machen wir das.“

Er ist mit 75 Jahren zur Hausbank gegangen und hat eine Grundschuld auf das Haus seiner Eltern aufnehmen lassen – 85.000 Mark. Das Geld wurde überwiesen, und mein Vater sagte: „Okay, jetzt musst du halt sehen, wovon du lebst.“ Kein Problem – ich habe gearbeitet, Geld verdient, und mir dann diese Wohnung gekauft.

Die Wohnung war ein Drecksloch – zuletzt 1930 saniert. Ich habe mit einem Kumpel alles rausgerissen, die Decke runtergeholt – Toilette und Bad könnt ihr euch vorstellen. Mit der zweiten Hälfte des Geldes habe ich über einen Kumpel einen Handwerker organisiert. Erst kam eine hochmoderne Toilette ans Ende des Ganges, dann das Bad mit Dusche und Wanne. Ich habe meinen Schreibtisch reingestellt, eine Matratze auf den Boden gelegt, hatte einen Zwei-Flammen-Kocher – und habe nebenbei die Wohnung saniert.

Als ich dann meinen Abschluss (die *Licence*) hatte und für den Master nach Nordfrankreich gehen wollte, musste ich die Wohnung leider verkaufen, um Geld zu haben. Ich habe sie für umgerechnet rund 130.000 Mark verkauft – also etwa 20.000 bis 25.000 Euro Gewinn gemacht. Das Witzige: Beim Notar wurde das Geld in bar übergeben. Ich wusste gar nicht, dass man Gewinne versteuern muss – ist eh verjährt. Ich habe das Geld mitgenommen und bei meinem französischen „Papa“ (meiner Gastfamilie) in den Tresor gelegt.

Zahlen und Details zu Markus Wahles erstem Immobilien-Deal

Jahr: 1990

Stadt (Land): Pau (Frankreich)

Kaufpreis: 40.000 DM

Kaufnebenkosten: 5.000 DM

Makler: Ja

Deal-Art: Buy & Hold

Quadratmeter: 55 m^2 sowie 45 m^2 Dachterrasse

Renovierungskosten: 45.000 DM

Zinsbindung: 10 Jahre

Annuität: 4,94 % bzw. 350 DM pro Monat

Finanzierungsanteil: 110 %

Vermietungsmodell: Eigennutzung

Wie ist der Stand jetzt? Verkauft für 130.000 DM in 1992

Aktueller Wert: 300.000 Euro heutiger Wert

Das ganze Interview mit Markus findest du hier als Folge des *Deals-and-Dreams*-Podcasts:

Markus Wahle:

Interview mit Lennart Lauenroth

Gründer: ***Immo Off-Market GmbH***

Tomek: Erzähl mal ganz kurz für alle, die dich vielleicht von *Instagram* oder deiner Company auf *Instagram* noch nicht kennen: Wer bist du, was machst du?

Lennart: Ich bin Lennart Lauenroth. Ich bin noch 26 Jahre alt – noch einen Monat. Also, wir haben so vier Bausteine, würde ich sagen, bei uns.

Die *Immo Off-Market GmbH* – wir haben uns ein bisschen auf das Thema Einsteigerberatung spezialisiert. Das bedeutet: klassische Dinge, aber ein bisschen weitergedacht. Wenn jemand sagt: „Ich habe Lust auf Immobilien, aber keine Lust, mich mit Akquise und vielen anderen Themen auseinanderzusetzen, die beim Immobilieninvestment eine Rolle spielen“, dann beraten wir dazu. Das machen wir mittlerweile seit vier bis fünf Jahren, haben das immer weiterentwickelt – und da kommen wir später wahrscheinlich auch noch dazu: wie ich arbeite, was ich so mache.

Der zweite Baustein ist die Projektentwicklung. Da haben wir mittlerweile mit Co-Investoren auch ein ganz cooles Team an der Hand. Wir kaufen klassische Objekte an, bereiten sie auf und geben sie wieder in den Verkauf. Das stellt natürlich eine tolle Symbiose mit dem ersten Baustein dar.

Der dritte Bereich ist unser Bestand – dazu kommen wir ja sicherlich auch noch. Unser Ziel ist es, diesen sauber und gründlich aufzubauen – so, wie wir das eben machen. Ich würde vielleicht als kleinen Cliffhanger sagen: Ja, wir machen es ein bisschen anders als andere – glaube ich zumindest, nach dem, was ich bisher so gehört habe. Wir haben dafür auch schon mal Kritik bekommen, aber gut.

Der vierte Baustein ist Social Media. Das war auch der Bereich, durch den der Stein ins Rollen gekommen ist – weil ich, glaube ich, damals eine clevere Idee hatte, die es so noch nicht gab.

Tomek: Wie kommt man denn in so jungen Jahren überhaupt schon ins Immobilien-Game?

Lennart: Leider ist meine Antwort da immer ziemlich ernüchternd, weil die Leute oft denken, sie bekommen jetzt sofort etwas Greifbares, das sie direkt nachmachen können. Dem ist leider nicht so – und das musste ich auch schon oft erklären. Ich habe das große Glück, dass ich familiär so ein bisschen mit der „Immobilienflasche" aufgezogen wurde. In meinem direkten familiären Umfeld gibt es Rechtsanwälte, Geschäftsführer von Genossenschaften und eigene Bestandshalter.

Tomek: Das Schöne ist, glaube ich, bei dir, dass du – wie gesagt – auch ganz viele Leute zu ihren ersten Deals führst. Kannst du uns dazu noch ein bisschen erzählen, was dein erster Deal war? Hol uns einfach mal mit den Zahlen ab. Und ich bin wirklich gespannt, denn ich glaube, du hast einen sehr lukrativen, aber für viele vielleicht ungewöhnlichen ersten Deal gemacht.

Lennart: Genau, also das ist, was ich eben meinte: Mein erster wirklich eigener Deal war eine ganz interessante Geschichte. Und zwar ist damals ein Freund von mir auf mich zugekommen, der ein Praktikum bei einem Spielerberater von Fußballern gemacht hat – weil ich damals schon meinen Account *Immo Off-Market* gegründet hatte. Und dadurch wusste er, dass ich etwas mit Immobilien mache. Er hat mich angeschrieben und meinte: „Ey, Lenny" – das ist mein Spitzname – „hier kommt wahrscheinlich ein Spieler nach Hannover, und der braucht eine Wohnung." Ja, Mietwohnung – da kenne ich mich nicht so aus und wahrscheinlich braucht so ein Fußballer auch 200 Quadratmeter in Stadionnähe.

Da habe ich erst mal gesagt: „Habe ich nicht." Und dann meinte er: „Nee, nee – der kauft was." Okay – das fand ich ganz cool. Der Spieler wollte nämlich an jedem Standort, an dem er spielt, ein Objekt kaufen. Also habe ich erst mal das Gesuch bekommen: 150 Quadratmeter in Bestlage wollte er kaufen. Damit bin ich dann auf die Suche gegangen. Ich bin ja auch leidenschaftlicher *Hannover 96*-Fan – und da lief es gerade nicht so gut. Dann stand kurz bevor, dass der Trainer entlassen wird – und das war der Trainer, der den Spieler unbedingt haben wollte. Schon war das

Gesuch geschrumpft. Der Spieler war noch nicht da, er sollte erst kommen. Und als es dann hieß, vielleicht fliegt der Trainer raus, wurde ich wieder angerufen: „Der sucht jetzt doch etwas Kleineres." Ich habe gesagt: „Kein Problem." Dann gab es noch eine Situation: Der Spieler hat sich sogar noch verletzt – dann war gar nichts mehr klar.

Er hat sich also auf Nummer sicher gesagt: „Ich brauche etwas wirklich Kleines, wo ich einfach nur wohnen kann. Mittagessen gibt es ja bei den Vereinen. Ich muss da nur schlafen – wie in einem Hotelzimmer." Dann hatte ich etwas: 40 Quadratmeter, hat perfekt gepasst – und er hat das dann auch gekauft. Ich habe eine kleine Provision bekommen, den Spieler kennengelernt, noch ein Trikot bekommen – war alles cool. Zwei Monate später – ich habe das Fußballgeschehen natürlich verfolgt – hat das mit dem Spieler bei meinem Herzensverein leider gar nicht funktioniert.

Zahlen und Details zu Lennart Lauenroths erstem Immobilien-Deal

Jahr: 2021

Stadt: Hannover (Niedersachsen)

Kaufpreis: 51.000 Euro

Kaufnebenkosten: ca. 3.500 Euro

Makler: Nein, ohne Makler

Deal-Art: Buy & Hold

Quadratmeter: 40 m^2

Anfangsmiete: 340 Euro

Renovierungskosten: 0 Euro

Annuität: 0 Euro (da ohne Bank gekauft)

Anfangsrendite: 8 %

Finanzierungsanteil: 0 % (da 100 % Eigenkapital)

Cashflow vor Steuern: 340 Euro

Vermietungsmodell: Normal

Wie ist der Stand jetzt? Ich habe die Miete regelmäßig zulässig angepasst und hatte 2023 den ersten Mieterwechsel. Die Wohnung hat ausschließlich Schönheitsreparaturen bekommen.

Aktueller Wert: 110.000 Euro

Ist-Miete: 700 Euro

Ist-Rendite: 16,47 %

Cashflow vor Steuern (aktuell): 700 Euro

Lennart Lauenroth:

Das ganze Interview mit Lennart findest du hier als Folge des *Deals-and-Dreams*-Podcasts. Hier befindet sich auch der Link zu Lennarts Beratung, die ich jedem ans Herz legen möchte.

Diese über Jahre entwickelte Beratung ermöglicht Menschen, in geprüfte und analysierte Top-Immobilien zu investieren und gleichzeitig eine Wissensgrundlage zum Thema Immobilien zu erhalten. Diese Beratung ist kostenfrei und auf dem absolut höchsten Niveau!

Interview mit Tobey Wilson

Tomek: Hol uns doch einfach mal kurz ab: Wer bist du und was machst du?

Tobey: Mein Name ist Tobey Wilson. Ich bin eigentlich Sänger und habe zunächst Klassik bzw. Operngesang studiert. Mit 20 Jahren habe ich am Staatstheater Stuttgart im Solistenensemble angefangen. 2002 bin ich dann in die Unterhaltungsbranche gewechselt – zunächst mit einem Vertrag bei *BMG*, später bei *Sony* – und habe vor allem das Schlagersegment bedient. Man kennt mich vielleicht aus Sendungen wie Carmen Nebel oder *Immer wieder sonntags*.

Parallel dazu habe ich mich mit einer Marketingfirma selbstständig gemacht, in der ich das, was ich auf der Bühne gemacht habe, auch hinter den Kulissen betreut habe. Irgendwann habe ich gemerkt, dass es in der Kunstwelt schwierig ist, nachhaltig Vermögen aufzubauen. Da ich als Künstler relativ viel freie Zeit habe, begann ich, mich intensiv mit Immobilien zu beschäftigen – vor allem auf dem Berliner Markt. Ich habe gezielt nach günstigen und passenden Objekten gesucht und den Immobilienbereich dann zunehmend professionell betrieben – allerdings im privaten Rahmen, denn ich bin ja offiziell Sänger.

2015 habe ich meine Gesangskarriere dann weitgehend beendet. Man sagt ja oft: „Mach dein Hobby zum Beruf" – ich habe es umgedreht und meinen Beruf wieder zum Hobby gemacht. Ich habe eine Baufirma gegründet – und interessanterweise singe ich seitdem wieder mehr, weil ich heute freier bin als früher.

Tomek: Aber auf jeden Fall ein beeindruckender Weg – und auch ziemlich cool! Wie war denn dein erster Deal?

Tobey: Das war tatsächlich eine lange Geschichte. Ich habe ziemlich lange gebraucht. Irgendwie wusste ich: Ich muss investieren. Aus heutiger Sicht wirkt das fast absurd – aber damals, 2009, habe ich gesagt: „Die Zinsen sind so günstig!" Man kam ja von 10 bis 11 % und plötzlich lag man unter 5 %. Da dachte ich: Jetzt muss ich investieren. Wenn die Zinsen wieder steigen, mache ich theoretisch mit jedem Prozent Plus, weil ich so günstig finanziert habe. Das war natürlich alles noch etwas simpler gedacht damals.

Dann habe ich erst mal bei Zwangsversteigerungen geschaut – das war früher wirklich noch ein guter Weg, günstig an Immobilien zu kommen. Heute kannst du das fast vergessen. Ich war damals bestimmt bei 20 Versteigerungen, habe aber nie den Zuschlag bekommen, weil ich einfach nie genug Eigenkapital hatte.

Ein Bekannter von mir, der damals für die *DKB* die Versteigerungen in Berlin betreut hat, hat mir erzählt, dass man teilweise die gleichen Objekte später im freien Verkauf günstiger bekommen konnte als in der Versteigerung selbst. Der hat dann am Ende der Versteigerung gesagt: „Wer noch eine Wohnung will – wir haben noch drei in dem Haus, die sind günstiger."

Dann sind wir nach Berlin gezogen, und ich habe weiter recherchiert. Irgendwann habe ich ein Bild gesehen – Ferienhaus am See. Und „am See" konnte ja alles heißen: von erster Reihe mit Steg bis zu einem Kilometer entfernt, mit etwas Glück Blick aufs Wasser. Die Bilder waren ganz schlecht – alte Polaroids, eingescannt. Ich bin hingefahren – und da war es tatsächlich: ein völlig verfallenes Häuschen, direkt am See. Wahnsinn! Ich habe es für 12.000 Euro gekauft – 700-Quadratmeter-Grundstück, kleiner Steg. Einfach herrlich, so etwa anderthalb Stunden von Berlin entfernt, vielleicht eine Stunde vom östlichen Rand. Ich habe es dann kernsaniert und besitze es bis heute. Das war mein erster Deal.

Danach dachte ich: Jetzt machst du das nächste. Also habe ich mich gleich an ein Dachgeschoss gewagt – das wurde allerdings nichts. Ich bin da sehr naiv rangegangen. Nach einem dreiviertel Jahr, mit immerhin neuen Fenstern und einer Baugenehmigung, habe ich es wieder verkauft. Ich war sehr froh, es loszuwerden – das war einfach zu viel für den Anfang.

Und dann kam meine erste richtige Wohnung. Ein Hammer-Schnäppchen, aber du brauchtest echt viel Fantasie. Kein Licht, komplett dunkles Loch im zweiten Stock. Keine Heizung, kein

Bad. Die Dusche war in der Küche, das WC in einer kleinen Kammer daneben. Drei Zimmer, abgehangene Decken, alles mit Holz vertäfelt. Du kamst dir wirklich vor wie in einem Keller – ganz, ganz gruselig. Dort lebte ein älteres Paar, das schon sehr lange drin wohnte. Die Wohnung hatte 71 Quadratmeter und kostete – 43.000 Euro. Verrückt, oder?

Das ganze Interview mit Tobey findest du hier als Folge des *Deals-and-Dreams*-Podcasts:

Tobey Wilson:

9
Immobilienwert steigern

Regelmäßige Mietanpassung als strategisches Element

Nicht nur die Lage, Ausstattung und der Zustand bestimmen den Wert einer Immobilie – ein zentraler Faktor sind auch die erzielbaren Mieteinnahmen. Gerade für Kapitalanleger ist eine regelmäßige, gut durchdachte Mietanpassung ein wichtiges Instrument, um die Rendite zu optimieren und den langfristigen Marktwert der Immobilie zu sichern oder sogar zu steigern.

Warum eine regelmäßige Mietanpassung entscheidend ist

Viele Vermieter zögern, die Miete regelmäßig anzupassen – sei es aus Sorge vor Spannungen mit den Mietern oder aufgrund fehlender Informationen. Doch wer jahrelang auf Mieterhöhungen verzichtet, verzichtet nicht nur auf Einnahmen, sondern riskiert auch eine Wertminderung seiner Immobilie. Denn für potenzielle Käufer zählen vor allem die aktuellen Mieteinnahmen – und damit die Renditeaussichten.

Regelmäßige Mietanpassungen bieten zahlreiche Vorteile: Sie tragen zum Werterhalt und zur langfristigen Wertsteigerung der Immobilie bei und gleichen gleichzeitig die Inflation aus. Dadurch verbessert sich die Netto-Rendite, während die Mieten an das lokale Mietniveau angepasst werden. Zudem schaffen solche Anpassungen eine solide Basis für zukünftige Finanzierungen, da du so der Bank unter Beweis stellst, dass du Objekte marktgerecht entwickelst.

Gesetzliche Grundlagen für Mietanpassungen

In Deutschland unterliegen Mieterhöhungen klaren rechtlichen Vorgaben – insbesondere bei unbefristeten Mietverhältnissen im Wohnbereich. Vermieter können dabei auf verschiedene gesetzlich erlaubte Modelle zurückgreifen:

1. **Mieterhöhung auf die ortsübliche Vergleichsmiete:** Eine Mieterhöhung auf die ortsübliche Vergleichsmiete ist unter bestimmten Voraussetzungen erlaubt. Voraussetzung ist, dass die letzte Mieterhöhung mindestens 15 Monate zurückliegt und die Miete innerhalb von drei Jahren höchstens um 20 Prozent – in angespannten Wohnungsmärkten sogar nur um 15 Prozent – erhöht wurde. Zudem darf die neue Miete das ortsübliche Niveau nicht überschreiten. Als Nachweise für die ortsübliche Vergleichsmiete dienen beispielsweise der örtliche Mietspiegel oder drei vergleichbare Wohnungen.
2. **Staffelmiete:** Hier werden Mieterhöhungen bereits im Mietvertrag als jährliche Festbeträge oder prozentuale Erhöhungen vereinbart.

   Vorteil: Planungssicherheit für beide Seiten

   Nachteil: Weitere Mieterhöhungen (z. B. nach Modernisierung) sind während der Laufzeit ausgeschlossen.

   Hierbei handelt es sich allerdings nur um einseitige Maßnahmen, die du bei Gericht auch ohne Einverständnis des Mieters durchsetzen kannst. Wie du die Miete darüber hinaus entwickelst, lernst du noch in diesem Kapitel im Bereich Mietergespräche.
3. **Indexmiete:** Die Miete orientiert sich am Verbraucherpreisindex und steigt entsprechend der Inflation.

   Vorteil: Schutz vor Kaufkraftverlust

   Nachteil: Keine freie Gestaltung der Erhöhung, falls der Markt sich schneller entwickelt als die Indexierung. Dennoch ist das meine Lieblingsvertragsform, weil ich mein Portfolio auf Autopilot haben möchte.

Mietanpassungen strategisch umsetzen

Um rechtliche Fallstricke und Konflikte mit Mietern zu vermeiden, empfiehlt sich ein strukturiertes Vorgehen bei der Mieterhöhung. Zunächst solltest du die rechtlichen Voraussetzungen prüfen, wie etwa die Kappungsgrenze, die einzuhaltenden Fristen und die ortsübliche Miete. Anschließend gilt es, die passende Anpassungsmethode auszuwählen – sei es die Vergleichsmiete, die Staffel- oder die Indexmiete. Die Mieterhöhung sollte sachlich begründet werden, zum Beispiel anhand des Mietspiegels oder vergleichbarer Wohnungen. Wichtig ist zudem, das Erhöhungsschreiben formal korrekt zu verfassen und dabei alle Fristen und Formvorgaben einzuhalten. Eine transparente und respektvolle Kommunikation trägt dazu bei, das Mietverhältnis langfristig positiv zu gestalten.

Tipp: Kleinere, regelmäßige Anpassungen sind für Mieter oft nachvollziehbarer und werden besser akzeptiert als plötzliche, hohe Mietsteigerungen.

Einfluss auf den Immobilienwert

Die Höhe der Mieteinnahmen ist ein entscheidender Faktor bei der Bewertung von Kapitalanlagen. Besonders bei vermieteten Eigentumswohnungen und Mehrfamilienhäusern wird der Wert häufig nach dem Ertragswertverfahren berechnet. **Je höher die Mieteinnahmen, desto höher der Immobilienwert.**

Ein Beispiel zur Veranschaulichung: Erhöhst du die Kaltmiete um 50 Euro pro Monat bei einer 80-Quadratmeter-Wohnung, ergibt das 600 Euro mehr pro Jahr. Bei einem typischen Faktor von 20 bedeutet das einen rechnerischen Wertzuwachs von 12.000 Euro:

Typischer Faktor × Jahresnettokaltmiete = Häufiger Wert einer Immobilie

Praktische Empfehlungen für Vermieter

Überprüfe deine Mietpreise idealerweise einmal jährlich, denn ein regelmäßiges Mieten-Controlling schafft Transparenz und gibt dir Sicherheit. Nutze dabei den örtlichen Mietspiegel als sachliche und objektive Argumentationsgrundlage. Kommuniziere die Mieterhöhung stets wertschätzend und klar, indem du die Hintergründe offen erklärst. Um zukünftige Anpassungen effizient und planbar zu gestalten, solltest du auch über Index- oder Staffelmietverträge nachdenken. Zudem ist es wichtig, alle Änderungen und Vereinbarungen schriftlich zu dokumentieren, um dich rechtlich abzusichern. Auch hier nutze ich wieder das *Immocation*-Vorlagenpaket.

Renovierungen und Modernisierungen: Was lohnt sich?

Eine Immobilie ist nicht nur ein Zuhause, sondern auch ein bedeutendes Investment. Damit ihr Wert erhalten bleibt – oder sogar steigt –, sind regelmäßige Instandsetzungen und durchdachte Modernisierungen entscheidend. Doch nicht jede Maßnahme rechnet sich. Wann lohnt sich der Aufwand? Und welche Investitionen zahlen sich langfristig aus?

Renovieren oder modernisieren – was ist was?

Die Begriffe werden oft synonym verwendet, meinen aber Unterschiedliches – insbesondere im rechtlichen und wirtschaftlichen Kontext:

Renovierung: Dient der optischen oder funktionalen Auffrischung – etwa durch Anstrich, Tapetenwechsel oder neuen Bodenbelag.

Modernisierung: Bedeutet eine echte Verbesserung, z. B. durch neue Technik, energetische Sanierung oder barrierefreien Umbau – also eine Anpassung an aktuelle Standards.

Warum sich Modernisierungen lohnen können

Zielgerichtete Modernisierungen sind weit mehr als bloße Kostenfaktoren – sie stellen eine wertvolle Investition in die Zukunft deiner Immobilie dar. Durch gezielte Eingriffe kannst du zahlreiche Vorteile erzielen, wie etwa eine Steigerung der Mieteinnahmen und geringere Leerstandsrisiken. Zudem reduziert sich der Reparatur- und Wartungsaufwand, während eine verbesserte Energieeffizienz nicht nur die Nebenkosten für deine Mieter senkt, sondern auch die Attraktivität der Immobilie bei Verkauf oder Neuvermietung erhöht.

Diese Maßnahmen zahlen sich (fast) immer aus

Badezimmer modernisieren: Moderne Bäder sind ein starkes Argument bei der Neuvermietung. Schon neue Armaturen, eine bodentiefe Dusche oder helle, großflächige Fliesen bewirken viel. Ich empfehle nicht, auf zu skurrile Trends zu setzen, da ein Bad schon seine 30 Jahre halten sollte. Meine persönliche Lieblingsfarbe bei der Badsanierung ist ein helles Grau, aber genauso gut sind Fliesen in Beige oder Weiß eine gute Alternative. Ich persönlich empfehle sehr großflächige Fliesen, z. B. 30 × 60 cm.

Küche aufwerten: Eine gepflegte, funktionale Einbauküche erhöht den Wohnkomfort – besonders in höherpreisigen oder möblierten Mietobjekten.

Fenster & Türen erneuern: Moderne Fenster sparen Energie und verbessern den Schallschutz, sichere Haustüren erhöhen das Sicherheitsgefühl.

Heizung erneuern: Veraltete Heizsysteme verursachen hohe Betriebskosten. Dennoch sollten moderne Alternativen wie Wärmepumpen etc. gut bedacht und idealerweise z. B. vom Energieberater berechnet sein. Selbstverständlich sehe ich auch uns Vermieter in der Verantwortung, unseren Beitrag für eine bessere CO_2-Bilanz zu leisten. Dennoch sind schnelle und überhastete Entscheidungen hier nicht angebracht. Ein Energieberater wie z. B. der liebe Salvatore Pizza, dessen erster Deal du auch in diesem Buch findest, ist dein richtiger Ansprechpartner.

Wärmedämmung verbessern: Dämmung von Dach oder Außenwänden verbessert die Energieeffizienz und ist ein klares Verkaufs- und Vermietungsplus.

Neue Bodenbeläge verlegen: Abgenutzte Teppiche ersetzen durch pflegeleichte Beläge wie Vinyl, Laminat oder Parkett – kleine Maßnahme, große Wirkung.

Diese Maßnahmen bringen nur bedingt Vorteile

Nicht jede Investition ist automatisch sinnvoll – zumindest nicht für jede Zielgruppe oder jedes Objekt. **Hochwertige Design-Elemente** und exklusive Materialien rechnen sich nur bei Luxusobjekten – für den Standardbereich genügt gute Mittelklasse völlig. Auch **aufwändige Gartenanlagen** wie ein gepflegter Garten sind ein Plus. Doch Teichanlagen, Hochbeete oder Lichtinstallationen sind pflegeintensiv und können abschreckend wirken.

Förderungen und steuerliche Vorteile nutzen

Für zahlreiche energetische Sanierungsmaßnahmen stehen finanzielle Unterstützungen in Form von Zuschüssen oder zinsgünstigen Krediten zur Verfügung. Diese werden beispielsweise von Institutionen wie der *KfW* (Kreditanstalt für Wiederaufbau) oder dem *BAFA* (Bundesamt für Wirtschaft und Ausfuhrkontrolle) angeboten. Zusätzlich gibt es oft regionale Förderprogramme, die gezielt den nachhaltigen Ausbau unterstützen. Es lohnt sich daher, vor Beginn der Maßnahmen zu prüfen, welche Förderprogramme oder steuerlichen Anreize aktuell verfügbar sind, um die Investition wirtschaftlich attraktiv zu gestalten.

So läuft die Umsetzung reibungslos

Es empfiehlt sich, Modernisierungsmaßnahmen zu bündeln, zum Beispiel die Erneuerung der Heizkörper gleich beim Heizungswechsel mitzuplanen. Eine gute Zeitplanung ist dabei entscheidend: Optimalerweise erfolgen die Arbeiten zwischen zwei Mietverhältnissen, um Stress für alle Beteiligten zu vermeiden. Zudem sollten stets qualifizierte Fachleute beauftragt werden, denn Qualität zahlt sich langfristig aus – insbesondere bei Handwerksleistungen.

Energieeffizienz und Förderprogramme

In diesem Kapitel erfährst du von mir, wie du mit klugen Investitionen Geld sparst, den Immobilienwert steigerst und vom Staat unterstützt wirst.

Maßnahmen zur Verbesserung der Energieeffizienz

Diese energetischen Modernisierungen sind besonders wirksam und wirtschaftlich sinnvoll:

Eine **gezielte Dämmung** von Dach, Fassade und Kellerdecke verhindert Wärmeverluste, steigert den Wohnkomfort und senkt die Heizkosten – oft amortisieren sich diese Maßnahmen bereits in weniger als zehn Jahren. Der Austausch alter Fenster gegen moderne Isolierglasfenster verbessert nicht nur den Energie-, sondern auch den Schallschutz. Die **Erneuerung der Heizung** durch effizientere Systeme wie Brennwertkessel oder Wärmepumpen trägt ebenfalls zur Energieeinsparung bei; in Kombination mit der **Solarthermie** wird die Nachhaltigkeit weiter gesteigert. **Photovoltaik- und Solaranlagen** ermöglichen es, Eigenstrom zu nutzen oder ins Netz einzuspeisen und sind häufig förderfähig, etwa über *KfW* oder *BAFA*. Ergänzend können **Smart-Home-Lösungen** zur Heizungssteuerung den Energieverbrauch durch gezielte Temperaturregelung optimieren – besonders wirkungsvoll in Mehrfamilienhäusern oder möblierten Wohnungen.

Der Energieausweis – Pflicht und Nutzen

Der Energieausweis ist bei Verkauf und Neuvermietung gesetzlich vorgeschrieben und gibt Auskunft über den energetischen Zustand deiner Immobilie. Er bewertet die Energieeffizienz auf einer Skala von A+ (sehr effizient) bis H (ineffizient). Dabei gibt es zwei Varianten: den Verbrauchsausweis, der auf dem tatsächlichen Energieverbrauch basiert, und den Bedarfsausweis, der auf technischen Gebäudedaten beruht. Ein aussagekräftiger Energieausweis verbessert nicht nur die Marktposition deiner Immobilie, sondern kann auch ihren Wert deutlich steigern.

Fördermöglichkeiten für energetische Sanierungen

Bund und Länder unterstützen energetische Modernisierungen mit Zuschüssen und Krediten. Ich verweise auf die aktuelle *KfW*-Seite zum Thema Förderung beziehungsweise auf einen Energieberater.

Steuerliche Förderung: Ganz besonders bei diesem Aspekt empfehle ich, dass du dich nicht nur fachlich, sondern auch steuerlich beraten lässt, denn manchmal kann der Zeitpunkt von Sanierungsmaßnahmen einen hohen steuerlichen Einfluss haben, der sich besonders lohnt, wenn du die Immobilie privat erworben hast.

Der Weg zur Förderung: Schritt für Schritt

So sicherst du dir staatliche Unterstützung effizient und rechtzeitig: Zunächst solltest du eine Energieberatung beauftragen, denn dieser erste Schritt ist oft selbst förderfähig. Anschließend planst du die Sanierungsmaßnahmen und holst Angebote von Fachbetrieben ein. Danach wählst du die passenden Förderprogramme aus, wobei dir Informationen von *KfW* oder *BAFA* weiterhelfen können. Wichtig ist, den Förderantrag vor Beginn der Maßnahmen zu stellen, da rückwirkende Förderungen in der Regel ausgeschlossen sind. Nach erfolgreicher Umsetzung dokumentierst du die Maßnahmen sorgfältig, woraufhin die Auszahlung oder Verrechnung der Förderung erfolgt.

Energetische Modernisierung und Mieterhöhung

Du darfst nach einer energetischen Modernisierung bis zu 8 Prozent der aufgewendeten Kosten jährlich auf die Miete umlegen.

Der Energiekennwert – ein kleiner Wert mit großer Wirkung

Der Energiekennwert, oft in einem Energieausweis aufgeführt, hat große Bedeutung. Für viele Eigentümer ist er zunächst nur eine technische Zahl – doch in Wahrheit beeinflusst er Vermietbarkeit, Rendite, Immobilienwert, Betriebskosten und sogar die gesetzlichen Pflichten.

Aber vor allem ist ein schlechter Energiekennwert ein klarer Indikator, dass du in Zukunft in das Gebäude investieren musst. Solltest du eine Wohnung gekauft haben, betrifft dies natürlich auch deine Miteigentümer, da ihr über solche Investitionen gemeinsam entscheidet. Hier empfiehlt es sich, nach dem Pareto-Prinzip vorzugehen und die 20 Prozent der Maßnahmen zu identifizieren, die im Idealfall schon 80 Prozent des Ergebnisses erzeugen.

Was ist der Energiekennwert?

Der Energiekennwert gibt an, wie viel Energie ein Gebäude jährlich pro Quadratmeter Wohnfläche verbraucht oder benötigt. Er wird im Energieausweis ausgewiesen und in Kilowattstunden pro Quadratmeter und Jahr (kWh/m²a) angegeben. Dabei wird zwischen dem Primärenergiebedarf und dem Endenergiebedarf unterschieden: Der Primärenergiebedarf berücksichtigt neben der tatsächlich benötigten Energie auch die Verluste, die bei Gewinnung, Umwandlung und Transport der Energieträger wie Strom, Öl oder Gas entstehen. Der Endenergiebedarf hingegen zeigt den tatsächlichen Energieverbrauch im Gebäude, also zum Beispiel die Heizkosten, ohne die Verluste außerhalb des Gebäudes. Je niedriger der Wert, desto energieeffizienter das Gebäude.

Warum ist der Energiekennwert für Vermieter wichtig?

- **Vermietbarkeit:** Immer mehr Mietinteressenten achten auf Energieeffizienz – wegen steigender Nebenkosten und Umweltbewusstsein. Wohnungen mit schlechten Werten werden häufiger abgelehnt oder nur schwer vermietet.
- **Mieterhöhungspotenzial bei Modernisierung:** Nur wenn du den Ausgangskennwert kennst, kannst du den Erfolg einer energetischen Modernisierung messen.
- **Wertsteigerung beim Verkauf:** Ein guter Energiekennwert verbessert die Marktposition und kann den Verkaufspreis erhö-

hen. Käufer prüfen Energieausweise heute ebenso kritisch wie Grundriss oder Lage.

- **Basis für Förderung und Sanierungsplanung:** Ob *KfW*-Kredit, *BAFA*-Zuschuss oder steuerliche Förderung – die Einstufung nach Energiekennwert ist oft die Grundlage für Bewilligung und Höhe der Unterstützung.

Gerade im Mehrfamilienhaus-Bereich werden in den nächsten Jahren die Menschen profitieren, die den Bereich energetische Sanierung verstehen, optimieren und für sich und ihre zukünftigen Mieter nutzen. Es wird extrem viele Eigentümer geben, die sich genau in dieses Thema nicht hineinziehen lassen möchten, und das verschafft ein riesiges Potenzial.

Wie erfahre ich den Energiekennwert meiner Immobilie?

Der Energiekennwert ist im Energieausweis festgehalten, einem gesetzlich vorgeschriebenen Dokument, das bei Verkauf oder Neuvermietung vorgelegt werden muss.

Strategien für Wertsteigerungen bei vermieteten Objekten

Der Wert deiner Immobilie ist kein fixer Zustand – er lässt sich aktiv beeinflussen. Besonders für Vermieter ist das ein großer Hebel: Denn auch vermietete Objekte bieten zahlreiche Möglichkeiten zur Wertsteigerung, zur Optimierung der Mieteinnahmen und damit zur Verbesserung der Rendite. Jeder Euro mehr Mieteinnahme erhöht den Wert deiner Immobilie exorbitant.

Warum die Wertentwicklung bei vermieteten Immobilien entscheidend ist

Vermietete Immobilien bringen zwar regelmäßig monatliche Einnahmen, doch der eigentliche Vermögenszuwachs entsteht häufig durch die langfristige Wertsteigerung der Immobilie. Ein steigender Immobilienwert verschafft dir Vorteile bei Verkauf oder Beleihung, da du eine bessere Verhandlungsposition und höhere Erlöse erzielen kannst. Auch bei der Finanzierung profitierst du von günstigeren Kreditkonditionen und mehr Spielraum.

Mietergespräch zur Wertsteigerung

Ein unterschätzter Hebel ist tatsächlich die Wertsteigerung, die du in nur einem Mietergespräch erreichen kannst. Ich selbst habe bereits über 1.000 Mietergespräche geführt und habe einvernehmlich mit den Mietern sehr hohe Mietsteigerungen vereinbart, auf dem einseitig gesetzlichen Weg, der jedem Vermieter zusteht, die manchmal sogar mehrere Jahrzehnte gedauert hätten.

Was es allerdings ganz besonders macht, ist tatsächlich die Wertsteigerung, die du dadurch erschaffst. Wenn du deine Jahresmiete nur um 1.000 Euro steigerst, entspricht das in einer sehr guten Lage auch mal schnell einer Wertsteigerung von 25.000 Euro. Mittlerweile biete ich den Service auch extern an und betreue viele Portfolios von zahlreichen namhaften Investoren.

Die Grundlage dafür ist allerdings immer eine große Differenz zwischen der momentanen Ist-Miete und der am Markt erzielbaren Soll-Miete für eine vergleichbare Wohnung. Sobald diese Differenz größer als 15 Prozent ist oder ein Mietspiegel dem entgegensteht, ist ein Mietergespräch mehr als geboten, um tatsächlich das volle Potenzial aus deiner Investition herauszuholen.

Was dir im Wege stehen kann, um ein erfolgreiches Mietergespräch zu führen

Ganz häufig ist es bereits der Gedanke: „Warum sollte ein Mieter bereits mehr bezahlen?“ Oder wenn du denkst, das geht doch gar nicht wegen des Mietspiegels oder der Mietpreisbremse, dann ist es sinnvoll, erst an sich selbst zu arbeiten oder einen Profi in diesem Bereich für dich arbeiten zu lassen.

Ich selbst habe zusammen mit meinem Partner Raphael Meyke (auch seinen ersten Deal findest du in diesem Buch) ein Unternehmen gegründet, das genau Mieterhöhungen als Service für Investoren anbietet, die entweder keine Lust, keine Zeit, kein Talent oder alles davon in Bezug auf Mietergespräche haben.

Das Unternehmen heißt *MAGNOLIA FAIRRENT*. Ich selbst halte zu diesem Thema auch viele Vorträge als Speaker. Gerne kannst auch du eine kostenlose Potenzialanalyse bei mir buchen:

MAGNOLIA FAIRRENT:

Interview mit Helge König

Tomek: Dein Buch hat ja auch einen tollen Titel: *Ich bleibe dann mal zu Hause* – und es ist sogar auf der *SPIEGEL*-Bestsellerliste gelandet. Herzlichen Glückwunsch dazu!

Helge: Mich haben viele gefragt: „Wie geht das überhaupt – neben so einem Job noch so viel nebenberuflich aufzubauen?" In so einer großen, internationalen Beratungsfirma hast du in der Regel schon eine 60-Stunden-Woche, und da ist nicht so ganz viel Platz für andere Dinge.

Im Prinzip hat das viel mit Mindset zu tun, was da beschrieben ist – auch der Weg dorthin. Ich beschreibe das eigentlich mit so einer Bahnfahrt, wie man das angehen kann. Man kann am Bahnsteig stehen bleiben und nicht in den Zug einsteigen – dann passiert nichts. Dann hat man im Zweifelsfall nur die gesetzliche Rente und muss damit leben. Man kann aber auch einsteigen und die erste Etappe mitfahren. Dann baut man gegen die Rentenlücke auf und hat zusätzliches Einkommen im Alter. Oder man fährt noch weiter – eine Etappe weiter – und kann so viel weiteres Einkommen aufbauen, dass man beruflich kürzer treten kann: vielleicht auf eine Viertagewoche runtergeht, auf Teilzeit oder in einen anderen Modus wechselt, aber trotzdem noch im Job bleibt.

Oder – wie ich es gemacht habe – drin bleiben bis zur letzten Station. Das heißt dann irgendwann: Exit aus dem angestellten Job und kompletter Fokus aufs Immobilienbusiness. Und das kann dann jeder für sich selbst entscheiden – je nachdem, was zu einem passt.

Tomek: Aber es beginnt ja immer mit dem ersten Deal. Also wirklich: der Moment, in dem man sich das allererste Mal traut, die Finanzierung zu unterschreiben. Wo man das erste Mal durch diesen Prozess geht, das erste Mal beim Notar sitzt – und vielleicht zu Beginn sogar eine gewisse Hemmung hatte, die man dann aber überwunden hat. Und plötzlich wird man über die nächsten Jahre dafür belohnt, denn dieser erste Deal war ja dein Grundstein.

Kannst du uns da mal abholen? Wann war der, wo war der – und kannst du uns mit Zahlen, Daten, Fakten versorgen?

Helge: Also, ich habe meine ersten Immobilien in der Zwangsversteigerung erworben. Habe da das eine oder andere Mal Termine wahrgenommen. Wer das nicht kennt: Wenn du da mitbieten möchtest, musst du einen gewissen Teil des Verkehrswerts – zehn Prozent waren es damals, ja, das ist, glaube ich, immer noch so – vorweisen können, damit du ein Gebot abgeben darfst. Nicht in bar, sondern in meinem Fall: Ich habe es mit einem *LZB*-gedeckten Scheck gemacht, also von der *Landeszentralbank*.

Dann gehst du da hin – und ich weiß noch, wie das Gefühl so war. Wenn man da in der Reihe sitzt – das ist ja immer so ein großer Saal im Amtsgericht – gibt es eine feste Sitzordnung, wer wo sitzt. Irgendwo sitzt dann die Person, die das Verfahren betreibt – in der Regel eine Bank, wenn zum Beispiel die Raten nicht mehr bedient werden konnten. Dann sitzt dort der Rechtspfleger – auch an einem festen Platz. Und im Zuhörerraum sitzen eben Zuhörer und Leute, die mitbieten möchten.

Und dann stehst du irgendwann auf, gehst durch die Menge nach vorne, legst deinen Personalausweis hin – und dann deinen Scheck, wenn du ein Gebot abgeben möchtest. Das ist schon cool. Dann gibst du dein Gebot ab. In dem Fall war es sogar ein sechsstelliger Betrag – ein kleiner sechsstelliger Betrag. Und das war einfach cool, das dann zu haben.

Das war eine Zeit – zumindest hier im Großraum Ruhrgebiet, wo ich investiert bin – in der man noch Zuschläge unterhalb des Verkehrswerts bekommen konnte. So war es auch bei dem Hauptobjekt. Ich weiß gar nicht mehr genau, wie hoch der Verkehrswert war – über 200.000 Euro. Und den Zuschlag habe ich bei 187.000 Euro bekommen. Wenn jetzt manche sagen: „Mensch, dafür bekomme ich in meiner Stadt gerade mal eine Wohnung – wenn überhaupt" – dann war das eben so. Ich hatte kurz vorher tatsächlich auf eine Eigentumswohnung geboten, bin aber irgendwann ausgestiegen, weil ein Eigennutzer mitgeboten hat. Und du weißt es sicher – vielleicht nicht jeder Zuhörer – aber: Eigennutzer schauen ganz anders auf ein Objekt als Kapitalanleger, die mit Renditeerwartungen rangehen. Und genauso war das da auch. Ich hatte das schon durchgerechnet – wäre ein toller Deal gewesen. Aber ich hab's nicht bekommen. Das wäre bei knapp 150.000 Euro geendet.

Tomek: Wieso ich so begeistert bin bei diesem Deal, ist: Du hast einfach mal ein Mehrfamilienhaus mit 340 Quadratmetern angekauft. Weißt du noch, wie du das finanziert hast?

Helge: Ja, ich habe damals eine 100-Prozent-Finanzierung gemacht. Ich habe mir dann gedacht: Die Bankrate beträgt 691 Euro im Monat. Selbst wenn kollektiv alle Mieter ausziehen – wenn sie sich zusammenrotten und alle die Kündigung einreichen oder über alle Berge sind – kann ich zur Not die Bankrate einfach aus meinem Gehalt bezahlen. Was soll mir da Schlimmes passieren?

Zahlen und Details zu Helge Königs erstem Immobilien-Deal

Jahr: 2016

Stadt: Oberhausen (Nordrhein-Westfalen)

Kaufpreis: 187.000 Euro

Kaufnebenkosten: 11.563,50 Euro Grunderwerbsteuer (reduziert wg. 9.100 Euro Inventar) plus Grundbuch

Makler: Nein, Zwangsversteigerung

Deal-Art: Buy & Hold

Quadratmeter: 340 m^2

Anfangsmiete: 20.886 Euro

Renovierungskosten: Habe ich nicht genau festgehalten

Zinsbindung: 15 Jahre

Zins: 1,99 %

Tilgung: 2,49 %

Annuität: 4,44 % bzw. 691,66 Euro pro Monat

Anfangsrendite: 11,2 %

Finanzierungsanteil: 100 %

Cashflow vor Steuern: 1.049 Euro monatlich (KM minus Bankrate)

Vermietungsmodell: Normale wohnliche Nutzung

Aktueller Wert: 415.000 Euro

Ist-Miete: 27.702,48 Euro

Ist-Rendite: 14,8 %

Cashflow vor Steuern (aktuell): 1.617 Euro monatlich, unter Berücksichtigung der zwischenzeitlich engagierten Hausverwaltung 1.425 Euro

Das ganze Interview mit Helge findest du hier als Folge des *Deals-and-Dreams*-Podcasts:

Helge König:

Interview mit Dr. Lara-Jil Sauber

Tomek: Wer bist du? Was machst du? Stell dich doch kurz vor.

Lara-Jil: Ich sage es ganz gerne so: Ich bin die Augenärztin, die in der Schwangerschaft noch schnell acht Wohnungen gekauft hat und dadurch finanziell frei geworden ist – weil sie ansonsten nämlich ohne Gehalt und ohne Geld dagestanden wäre, mit einem Baby. Und so habe ich es geschafft – als Fachärztin für Augenheilkunde. Ja, ich bin auch promoviert. Ich habe meinen Doktor gemacht. Inzwischen bin ich Coach für Immobilieninvestments und für passives Einkommen mit Immobilien.

Tomek: Was war denn der Turning Point? Was war denn der Lightbulb-Moment, in dem du gesagt hast: „Ich muss etwas ändern, das funktioniert so nicht"?

Lara-Jil: Ja, also ich war ja sehr in diesem Mindset gefangen von 9-to-5 und Sicherheit – also: Gehalt ist eine Sicherheit. Das war meine ganz tief verwurzelte Überzeugung, weil ich einmal miterlebt habe, dass mein Vater sich selbstständig machen wollte – und damit gescheitert ist. Also: Gehalt ist immer sicherer – das war meine Idee. Aber dann kam es dazu, dass ich einen neuen Job angefangen habe, nachdem ich aus der Klinik gegangen bin. Ich bin in eine Praxis gewechselt und habe dort neu angefangen.

Ja – aber ein Arbeitsvertrag ist keine Garantie dafür, dass du auch wirklich Gehalt bekommst. Das habe ich gelernt. Im Oktober 2020 war ich in einer ganz, ganz schwierigen Situation. Ich war krank – ich wusste nicht, warum. Ich hatte schon tagelang Fieber und bin dann schließlich nachts in die Notaufnahme, weil ich gespürt habe: Es stimmt etwas nicht. Dort hat man mich dann behalten, mir Antibiotika über die Vene gegeben, und ich wusste: Ich werde dort bleiben, bis man irgendwann eine Diagnose hat. Und das war der Moment, in dem ich festgestellt habe: Es ist der Erste des Monats – und mein Gehalt ist nicht da. Alle Fixkosten sind abgebucht worden, aber wo ist mein Gehalt? Das Gehalt wurde später nachgezahlt, aber eines ist geblieben: meine Bewusstseinsänderung. Mir wurde klar, dass ich bedingungsloses passives Einkommen brauche. Das heißt: Ich habe in dem Moment einfach alles getan, um Immobilien zu kaufen – hoch profitable Immobilien, die ich dann auch weiterentwickeln konnte.

Tomek: Und das hast du sehr, sehr erfolgreich gemacht. Aber magst du uns mal zu deinem ersten Deal mitnehmen? Magst du da einmal Zahlen, Daten, Fakten teilen?

Lara-Jil: Ja, also mein erster Deal – den habe ich relativ schnell gefunden – war überhaupt nichts Exotisches, nicht Off-Market oder sonst irgendwas. Tatsächlich einfach über *ImmoScout*. Ich komme ursprünglich aus Saarbrücken und habe gesagt: „Gut, dann schaue ich mir den Markt dort an – der ist profitabel." Es war ein Randbereich von Saarbrücken, dort, wo die Universität ist. Dort habe ich eine Wohnung gekauft. Für mich war wichtig, dass ich ein „sicheres Pferd im Stall" habe. Und wir können sagen, was wir wollen über das Saarland – oh, wirtschaftsschwach, hohe Arbeitslosenquote, Abwanderung ... bla bla bla. Aber die Universität ist und bleibt der größte Arbeitgeber der Region. Das war sie vor 50 Jahren, und das wird sie in 50 Jahren immer noch sein.

Also habe ich nach kleinen Wohnungen gesucht, die ich mir leisten konnte – denn ich hatte ja praktisch kein Eigenkapital. Wohnungen, die vom Cashflow her schon beim Einkauf positiv waren, damit ich auch die Bank überzeugen konnte, und die sich schnell wieder vermieten ließen. Da bist du mit Ein- bis Zwei-Zimmer-Apartments eigentlich am besten beraten. Die Wohnung hatte 37 Quadratmeter und hat 49.000 Euro gekostet.

Tomek: Wow.

Lara-Jil: 49. Und das Problem, was ich hatte, war, eine Bank zu finden, die das überhaupt finanziert.

Tomek: Weil die Summe so klein ist für die Bank.

Lara-Jil: Ja, genau. Und dann hat sich endlich eine Bank erbarmt und gesagt: „Okay, wir machen die 50.000 – und legen noch 1.000 Euro für die Kaufnebenkosten obendrauf." Damit habe ich die Finanzierung bekommen.

Tomek: Wahnsinn. Weißt du noch, was die Anfangsmiete war damals?

Lara-Jil: Ja, die war damals für 320 Euro kalt vermietet.

Tomek: Und das Darlehen, wie lange hast du das abgeschlossen?

Lara-Jil: Ich habe 15 Jahre Zinsbindung gewählt, weil ich gesagt habe: Ich möchte gerne eine kalkulatorische Sicherheit einbauen.

Zahlen und Details zu Dr. Lara-Jil Saubers erstem Immobilien-Deal

Jahr: 2020

Stadt: Saarbrücken (Saarland)

Kaufpreis: 49.000 Euro

Kaufnebenkosten: 6.545 Euro

Makler: Ja, über *ImmoScout*

Deal-Art: Buy & Hold

Quadratmeter: 37 m^2

Anfangsmiete: 320 Euro (Wohnung wurde frei bei Übergang N/L)

Renovierungskosten: Keine, jedoch ca. 2.000 Euro für Möblierung und Ausstattung

Darlehenssumme: 50.000 Euro

Zinsbindung: 15 Jahre

Zins: 1,75 %

Tilgung: 2 %

Annuität: 3,75 % bzw. 156,25 Euro

Anfangsrendite: 7,8 %

Finanzierungsanteil: 100 %

Cashflow vor Steuern: 157 Euro

Vermietungsmodell: Ja, Full Serviced Apartment mit voller Ausstattung, WLAN, Strom, Waschmaschine, Reinigungsdienst bei Bedarf, Wäscheservice bei Bedarf, Hausmeisterservice bei Bedarf

Wie ist der Stand jetzt? Zwischenzeitlich für 1.650 Euro pro Monat all inkl. vermietet

Aktueller Wert: ca. 93.000 Euro (BMR 8,4 %) aktueller Preis vergleichbarer Objekte ca. 2.500 Euro/m²

Ist-Miete: 650 Euro kalt plus 200 Euro NK plus 50 Euro WLAN/Strom = 900 Euro

Ist-Rendite: 15,9 % BMR

Cashflow vor Steuern (aktuell): ca. 1.200 Euro

Das ganze Interview mit Lara-Jil findest du hier als Folge des *Deals-and-Dreams*-Podcasts:

Dr. Lara-Jil Sauber:

Interview mit Dr. Bodo Wawrzyniak

Tomek: Ich gehöre zu den Glücklichen, die ihn auch nur Bodo nennen dürfen.

Bodo: Ist bei dem Nachnamen eh entspannter.

Tomek: Stell dich erst mal vor. Erzähl mal den Leuten, wer du bist und was du machst.

Bodo: Ja, super. Also erst mal herzlichen Dank für die Einladung, Tomek. Ich bin froh, dass ich hier mit dabei sein und etwas erzählen darf, hoffentlich als Inspirationsgrundlage für den ersten Deal. Also kurz zu meiner Person: Ich bin von Hause aus Rechtsanwalt, seit 2016, tatsächlich auch immer noch. Mittlerweile bin ich selbstständig. Am Anfang war ich angestellt, habe aber eigentlich seit Tag eins bzw. davor schon eine sehr große Leidenschaft für Immobilien entdeckt und wusste eigentlich, dass das die Hauptausrichtung meiner beruflichen Laufbahn werden wird. Heutzutage bin ich nicht mehr nur Anwalt, sondern eigentlich vor allem Vollzeitimmobilieninvestor in verschiedenen Co-Investitionen. Dazu kommen wir ja sicherlich nachher noch. Und was ich auch noch leidenschaftlich gerne mache, ist Coach bei *Immocation*, einer Ausbildungsplattform, die vor allem privaten Investoren dabei hilft, erfolgreich mit Immobilieninvestments zu werden.

Tomek: Bodo, hol uns doch erst mal ganz kurz ab: Was war dein erster Deal? Wo war der? Wie groß war er? Hast du gleich mit Mehrfamilienhäusern angefangen? Mit Wohnungen? Mit Garagen? Wo war dein Start?

Bodo: Mein erster Deal war tatsächlich ziemlich unspektakulär. Mir war es wirklich wichtig, ins Game reinzukommen, und ich hatte tatsächlich gar nicht so hohe Erwartungen. Also, es musste nicht der Deal des Jahres werden. Es war eine überschaubar große Zwei-Zimmer-Wohnung in Berlin-Reinickendorf. Die war, wenn ich mich richtig entsinne, etwa 48 Quadratmeter groß. Kaufpreis knapp 81.000 Euro.

Tomek: Wahnsinn.

Bodo: Ohne Nebenkosten. Und sie hat sich im Wesentlichen getragen. Das war mir wichtig. Ich war relativ risikoavers. Du musst dir vorstellen, wenn ein Anwalt seine erste Wohnung kauft, wird alles tot geprüft. Bei den Zahlen war mir tatsächlich wichtig, dass ich vom Cashflow her halbwegs auf null komme, was für Berlin ja keine Selbstverständlichkeit ist. Das ging damals ganz gut, weil es 2017 war, also die Niedrigzinsphase nahezu ihren Höhepunkt erreichte – die Zinsen also nahe ihrem Tiefpunkt standen –, sodass ich da auch tatsächlich nahe null rausgekommen bin, trotz nicht umlegbarer Nebenkosten, die an die WG noch zu zahlen sind.

Tomek: Hammer, Hammer. Kannst du dich noch erinnern, zu welchen Zinsen und zu welcher Tilgung du abgeschlossen hast?

Bodo: Ja, an die Zinsen kann ich mich sehr gut erinnern, weil das war tatsächlich auch ein lehrreiches Erlebnis. Ich hatte nämlich zuerst den einfachen Weg gewählt und die nächstbeste Bank angefragt: die *Commerzbank*. Ich weiß nicht, ob ich das hier sagen darf.

Tomek: Das darfst du, das darfst du. Alles gut.

Bodo: Und es war eigentlich ein sehr nettes Gespräch, aber die Zinsen waren sehr hoch. Ich dachte mir, so große Unterschiede wird es bei den Banken nicht geben. Ich war halt noch grün hinter den Ohren und hatte noch nicht begriffen, dass man verschiedene Banken anfragen sollte – mehrere am besten, nicht nur zwei oder drei, sondern wirklich mehrere am Anfang. Während der Widerrufsfrist, nachdem ich für 2,3 Prozent Zinsen abgeschlossen hatte, habe ich noch mit einer anderen Bank gesprochen, die mir 1,5 Prozent angeboten hat.

Tomek: Wow.

Bodo: Ich habe am letzten Tag der Widerrufsfrist per E-Mail widerrufen, auch am Nachmittag voller Panik, und war froh, dass ich das noch rechtzeitig gesehen beziehungsweise das Angebot bekommen hatte. Dann habe ich mit 1,5 Prozent Zinsen und 2 Prozent anfänglicher Tilgung abgeschlossen.

Tomek: Hammer.

Bodo: Was dann ungefähr bei einer Gesamtannuität von 235 Euro rauskam, bei Mieteinnahmen von knapp über 300 Euro, also war zumindest die Bankrate locker gesichert, und ich kam dann, wie gesagt, mit den nicht umlegbaren Nebenkosten auf ungefähr einen Null-Cashflow. Wie gesagt, ein Anwalt kauft seine erste Wohnung, da muss alles geprüft werden. Unter anderem auch die Genehmigung, die baurechtliche Genehmigung der Wohnung, weil es eine Dachgeschosswohnung war und ich sichergehen wollte, dass das kein Schwarzausbau war und die Deckenhöhen und alles auch wirklich genehmigt war. Was ich tatsächlich aber gar nicht als Overkill finde und was ich auch wirklich allen Leuten, mit denen ich darüber spreche, heute empfehlen würde, ist, dass man sich diese Sicherheit am besten vorher immer noch holt, weil in Deutschland eine so hohe Zahl an Dachgeschosswohnungen schwarz ausgebaut wurde.

Tomek: Genau. Was ist das Schlimmste, was passieren könnte ohne Genehmigung?

Bodo: Das Schlimmste ist, dass eine Nutzungsuntersagungsverfügung ergeht und man die Wohnung dann erst mal gar nicht nutzen darf. Natürlich kann man versuchen, sie nachträglich zu legalisieren, indem man den Bauantrag stellt. Aber es kann herauskommen, dass aufgrund der Gegebenheiten vor Ort recht kostspielige Anpassungen an der Baulichkeit vorzunehmen sind.

Zahlen und Details zu Dr. Bodo Wawrzyniaks erstem Immobilien-Deal

Jahr: 2017

Stadt: Berlin (Berlin)

Kaufpreis: 80.780 Euro

Kaufnebenkosten: ca. 7.000 Euro

Makler: Ja, aber reine Innenprovision vom Verkäufer

Deal-Art: Als Buy & Hold gedacht, nach 2 Jahren aber verkauft, um Liquidität für den Sprung in die Selbstständigkeit freizubekommen

Quadratmeter: ca. 48 m^2

Anfangsmiete: ca. 310 Euro

Renovierungskosten: ca. 20.000 Euro

Zinsbindung: 10 Jahre

Zins: 1,5 %

Tilgung: 2 % (anfänglich)

Annuität: 3,49 % bzw. ca. 235 Euro pro Monat

Anfangsrendite: ca. 4,6 %

Finanzierungsanteil: 100 %

Cashflow vor Steuern: ca. 0 Euro unter Berücksichtigung von nicht umlegbaren Bewirtschaftungskosten (Verwaltung und Instandhaltung (Rücklage))

Vermietungsmodell: Mit Mieterin eingekauft, die dann später ausgezogen ist

Wie ist der Stand jetzt? Nach 2 Jahren für 149.000 Euro verkauft an Käuferin, die damit Sondervermietung vorhatte.

Das ganze Interview mit Bodo findest du hier als Folge des *Deals-and-Dreams*-Podcasts:

Dr. Bodo Wawrzyniak:

10

Verwaltung und laufende Kosten

Selbstverwaltung vs. Hausverwaltung: Was passt zu dir?

Eine vermietete Immobilie ist nicht nur eine verlässliche Einnahmequelle – sie erfordert auch laufende Betreuung. Ob Nebenkostenabrechnung, Mieterwechsel, Instandhaltungsmaßnahmen, Kommunikation oder Mietanpassungen – der organisatorische Aufwand ist nicht zu unterschätzen. Als Eigentümer stehst du dabei grundsätzlich vor einer Entscheidung: Möchtest du die Verwaltung selbst übernehmen oder diese Aufgabe in professionelle Hände geben?

Beide Optionen bringen jeweils eigene Vorteile und Herausforderungen mit sich – abhängig davon, wie viel Zeit, Fachwissen und persönliches Engagement du aufbringen kannst oder möchtest. In diesem Kapitel zeige ich dir, wann sich die Eigenverwaltung lohnt, wann eine externe Verwaltung die bessere Wahl ist und worauf du bei der Auswahl einer geeigneten Hausverwaltung achten solltest.

Was gehört alles zur Immobilienverwaltung?

Die Verwaltung einer vermieteten Immobilie ist mit einigen Aufgaben verbunden, die sowohl organisatorisches Geschick als auch rechtliches und technisches Know-how erfordern. Ein zentraler Bestandteil ist die regelmäßige Kommunikation mit den Mietern bei alltäglichen Anliegen oder wichtigen Informationen rund um das Mietverhältnis. Hinzu kommt die jährliche Erstellung der Betriebskostenabrechnung, die eine transparente und korrekte Aufschlüsselung der umlagefähigen Kosten beinhalten muss.

Auch die Überwachung der Mietzahlungen gehört zu den laufenden Pflichten, um Zahlungsausfälle frühzeitig zu erkennen und entsprechend reagieren zu können. Bei Bedarf sind zudem Mieterhöhungen rechtssicher vorzubereiten und umzusetzen. Technische Herausforderungen erfordern die Koordination von Handwerkern für Reparaturen und Instandhaltungsmaßnahmen, wobei auch die Einhaltung der Hausordnung und die regelmäßige Kontrolle des Gebäudezustands nicht vernachlässigt werden dürfen.

Darüber hinaus ist der Abschluss sowie die laufende Betreuung von Versicherungen und Wartungsverträgen notwendig, um im Schadensfall abgesichert zu sein und den reibungslosen Betrieb der Immobilie zu gewährleisten. Eine lückenlose Dokumentation aller Vorgänge bildet dabei die Grundlage für Transparenz und Nachvollziehbarkeit. Insbesondere bei Wohnungseigentümergemeinschaften spielt zudem die Verwaltung von Rücklagen eine wichtige Rolle, um zukünftige Investitionen und Instandhaltungen finanziell abzusichern.

Der Aufwand kann – je nach Größe des Objekts und Anzahl der Mieter – sehr unterschiedlich ausfallen: von überschaubar bis ziemlich komplex.

Selbstverwaltung – alles in eigener Hand

Wenn du als Eigentümer sämtliche Verwaltungsaufgaben deiner Immobilie selbst übernimmst, entscheidest du dich für die sogenannte Selbstverwaltung. Dieses Modell ist besonders bei kleineren Objekten wie Eigentumswohnungen oder Ein- bis Zweifamilienhäusern weit verbreitet.

Die Selbstverwaltung bietet einige klare Vorteile: Du sparst die monatlichen Verwaltungsgebühren, die häufig zwischen 20 und 35 Euro pro Einheit liegen. Zudem hast du einen direkten Draht zu deinen Mietern und bist jederzeit über alle Entwicklungen informiert. Durch die eigenständige Verwaltung behältst du die volle Kontrolle und triffst alle Entscheidungen selbst – von der Instandhaltung bis zur Mietanpassung. Gleichzeitig baust du dir wertvolles Wissen auf, das dir bei künftigen Investitionen zugutekommt.

Allerdings bringt die Selbstverwaltung auch Herausforderungen mit sich. Der zeitliche Aufwand ist nicht zu unterschätzen – Verwaltungsaufgaben, Absprachen mit Mietern und bürokratischer Papierkram nehmen schnell viel Zeit in Anspruch. Fehler bei Abrechnungen oder das Versäumen wichtiger Fristen können finanzielle Folgen haben. Zudem bist du bei Konflikten mit Mietern direkt betroffen, was emotional belastend sein kann. Mit wachsender Anzahl an Einheiten stößt dieses Modell auch organisatorisch schnell an seine Grenzen.

Die Selbstverwaltung kann besonders sinnvoll sein, wenn du ein oder zwei Einheiten besitzt und in der Nähe wohnst. Auch wenn du Interesse an Immobilienthemen hast, deine Rendite maximieren möchtest und bereit bist, dich intensiv mit rechtlichen und finanziellen Fragen zu beschäftigen, bietet dieses Modell eine gute Möglichkeit, aktiv und kompetent an der Entwicklung deiner Immobilie mitzuwirken.

Professionelle Hausverwaltung – Aufgaben auslagern

Wenn du dich entscheidest, die Verantwortung für deine Immobilie an eine externe Verwaltung abzugeben, wählst du ein Modell, das dir viele organisatorische Aufgaben abnimmt. Je nach Art der Immobilie handelt es sich dabei entweder um eine Mietverwaltung – für vermietete Objekte – oder eine WEG-Verwaltung, die sich um gemeinschaftliches Eigentum in einer Wohnungseigentümergemeinschaft kümmert.

Der größte Vorteil dieses Modells liegt in der deutlichen Zeitersparnis: Du musst dich weder um Mieterkommunikation noch um Betriebskostenabrechnungen, Fristen oder Reparaturkoordination kümmern. Die beauftragten Profis verfügen über das nötige Fachwissen und sorgen für eine rechtssichere und strukturierte Verwaltung. Darüber hinaus profitieren Eigentümer vom bestehenden Netzwerk der Verwalter – etwa bei der Auswahl zuverlässiger Handwerker oder der regelmäßigen Kontrolle des

Objekts. Auch emotionale Konflikte, etwa bei Mietstreitigkeiten, werden durch die neutrale Vermittlung einer externen Verwaltung oft entschärft.

Demgegenüber stehen jedoch auch einige Nachteile: Die Kosten für eine professionelle Verwaltung belaufen sich meist auf 20 bis 35 Euro pro Einheit und Monat, hinzu kommen häufig Zusatzkosten für Sonderleistungen. Zudem bist du in gewissem Maße vom Engagement und der Qualität des Dienstleisters abhängig – nicht jede Verwaltung arbeitet transparent oder im Sinne des Eigentümers. Auch musst du damit rechnen, bei bestimmten Entscheidungen weniger Einfluss zu haben oder längere Abstimmungsprozesse in Kauf zu nehmen.

Eine externe Verwaltung ist besonders dann sinnvoll, wenn du mehrere Einheiten oder ganze Mietshäuser besitzt, weit entfernt vom Objekt wohnst oder deine Zeit lieber anderweitig nutzen möchtest. Auch wenn dir das Interesse oder die Kapazität fehlt, dich mit Verwaltungsaufgaben oder rechtlichen Details auseinanderzusetzen, ist ein professioneller Verwalter eine entlastende und oft auch risikomindernde Lösung.

Hybridmodell – das Beste aus beiden Welten

Es muss nicht immer eine Entscheidung zwischen kompletter Selbstverwaltung und vollständiger Übergabe an eine externe Verwaltung sein – viele Eigentümer entscheiden sich für eine Mischform. Dabei übernimmst du den Großteil der Verwaltungsaufgaben selbst, gibst jedoch gezielt einzelne Bereiche ab, etwa die Erstellung der Betriebskostenabrechnung oder die Vertretung bei längerer Abwesenheit.

Diese flexible Lösung bietet dir die Möglichkeit, Kosten zu sparen und gleichzeitig bestimmte Aufgaben in professionelle Hände zu geben. Unterstützt wirst du dabei durch digitale Tools wie *Vermietet.de*, *immocloud* oder ähnliche Plattformen, die dir helfen, den Überblick zu behalten und administrative Tätigkeiten effizient zu organisieren. So kombinierst du persönliche Kontrolle mit moderner Unterstützung und entlastest dich dort, wo es sinnvoll ist. Dadurch bleibst du flexibel und behältst die Kontrolle – mit Unterstützung, wenn du sie brauchst.

Was kostet eine Hausverwaltung?

Die Kosten variieren je nach Verwaltungsform und Umfang der Leistungen:

Verwaltungstyp	Durchschnittskosten	Leistungen
Mietverwaltung	20–35 Euro pro Einheit/Monat	Mieter-kommunikation, Abrechnung, Kontrolle
WEG-Verwaltung	25–40 Euro pro Einheit/Monat	Verwaltung von Gemeinschaftseigentum
Sonderverwaltung	10–15 Euro zusätzlich	Für vermietete Eigentumswohnungen (in WEG)

Bei der Auswahl einer Verwaltung solltest du besonders auf vertragliche Details achten, um spätere Unstimmigkeiten zu vermeiden. Eine klare Leistungsübersicht ist dabei essenziell – sie zeigt dir genau, welche Aufgaben im monatlichen Honorar enthalten sind und welche Leistungen zusätzlich berechnet werden.

Ebenso wichtig sind faire Kündigungsfristen, damit du flexibel bleibst und bei Unzufriedenheit nicht langfristig gebunden bist. Achte außerdem auf vollständige Transparenz bei möglichen Zusatzkosten, etwa für die Neuvermietung einer Einheit, das Mahnwesen oder andere Sonderleistungen. Nur so kannst du die tatsächlichen Gesamtkosten realistisch einschätzen und eine fundierte Entscheidung treffen.

So findest du eine zuverlässige Hausverwaltung

Wenn du eine externe Verwaltung beauftragen möchtest, solltest du bei der Auswahl auf mehrere wichtige Kriterien achten. Entscheidend ist zunächst, dass die Verwaltung Erfahrung mit ähnlichen Objekten vorweisen kann – idealerweise in Größe, Lage und Art deiner Immobilie. Ebenso wichtig ist eine klare und transparente Preisgestaltung, damit du im Voraus weißt, welche Leistungen im Honorar enthalten sind und welche zusätzlich berechnet werden.

Ein persönlicher Ansprechpartner sorgt für eine vertrauensvolle Zusammenarbeit und gewährleistet, dass deine Anliegen nicht in der Anonymität einer großen Organisation untergehen. Achte zudem auf gute Erreichbarkeit und eine zügige Rückmeldung bei Fragen oder Problemen – beides ist essenziell für eine reibungslose Kommunikation.

Positive Referenzen und Bewertungen anderer Eigentümer geben dir einen wertvollen Einblick in die Arbeitsweise der Verwaltung. Ein weiteres Qualitätsmerkmal ist die Mitgliedschaft in anerkannten Fachverbänden wie dem *Bundesfachverband der Immobilienverwalter* (BVI) oder dem *Verband der Immobilienverwalter Deutschland* (VDIV). Diese verpflichten ihre Mitglieder zu bestimmten Standards und regelmäßiger Weiterbildung – ein gutes Zeichen für Professionalität und Seriosität.

Betriebskostenabrechnung und Instandhaltungsrücklagen

Was sind Betriebskosten?

Betriebskosten – oft auch „Nebenkosten" genannt – sind regelmäßig anfallende Ausgaben, die im Zusammenhang mit dem Betrieb einer Immobilie entstehen. Vermieter dürfen diese Kosten anteilig auf die Mieter umlegen, sofern dies im Mietvertrag eindeutig vereinbart wurde. Zu den typischen umlagefähigen Betriebskosten, die im Rahmen der jährlichen Nebenkostenabrechnung auf die Mieter umgelegt werden dürfen, zählen eine Vielzahl von regelmäßig anfallenden Ausgaben. Dazu gehört zunächst die Grundsteuer, die von der Kommune erhoben wird. Auch die Kosten für Wasser und Abwasser sowie für die Müllabfuhr und Straßenreinigung sind umlagefähig.

Hinzu kommen die Aufwendungen für die Heizungs- und Warmwasserversorgung sowie der Allgemeinstrom, der beispielsweise für die Beleuchtung in Fluren, Kellerräumen oder im Außenbereich benötigt wird. Hausmeisterdienste, die kleinere Reparaturen übernehmen oder für Ordnung rund ums Gebäude sorgen, gehören ebenso dazu wie die Gartenpflege, wenn Grünflächen vorhanden sind.

Ebenfalls auf die Mieter umgelegt werden können die Prämien für die Gebäudeversicherung sowie – falls vorhanden – die Betriebskosten für einen Aufzug. Nicht zuletzt zählen auch regelmäßige Wartungen, etwa von Heizungsanlagen, Feuerlöschern oder Rauchmeldern, zu den umlagefähigen Betriebskosten. All diese Positionen müssen transparent aufgelistet und nach dem gültigen Verteilerschlüssel abgerechnet werden.

Nicht umlagefähig sind z. B. Verwaltungskosten, Reparaturen und Rücklagen – diese dürfen nicht auf den Mieter übertragen werden.

Die Betriebskostenabrechnung: Was du als Vermieter beachten musst

Wenn du Betriebskosten vom Mieter erhebst, bist du gesetzlich verpflichtet, jährlich eine Abrechnung zu erstellen.

Beim Erstellen der jährlichen Betriebskostenabrechnung ist es wichtig, bestimmte Fristen und inhaltliche Anforderungen genau zu beachten. Die Abrechnung muss dem Mieter spätestens zwölf Monate nach Ende des Abrechnungszeitraums vorliegen – in der Regel ist das der 31. Dezember, wenn das Kalenderjahr als Abrechnungszeitraum gewählt wurde.

Verpasst du diese Frist, verlierst du das Recht, Nachforderungen gegenüber dem Mieter geltend zu machen. Ein eventuelles Guthaben zugunsten des Mieters darf jedoch auch nach Fristablauf noch ausgezahlt werden. Eine korrekte Abrechnung sollte folgende Bestandteile enthalten: den Abrechnungszeitraum, die Gesamtkosten je Kostenart sowie den jeweiligen Verteilungsschlüssel – also zum Beispiel nach Wohnfläche, Anzahl der Personen im Haushalt oder individuellem Verbrauch. Auf dieser Grundlage wird der Anteil ermittelt, den der einzelne Mieter zu tragen hat. Zusätzlich müssen die bereits geleisteten Vorauszahlungen aufgeführt und mit dem tatsächlichen Kostenanteil verrechnet werden. Daraus ergibt sich der endgültige Erstattungs- oder Nachzahlungsbetrag. Eine sorgfältige und fristgerechte Abrechnung ist nicht nur gesetzlich vorgeschrieben, sondern auch entscheidend für ein transparentes und vertrauensvolles Mietverhältnis.

Nutze digitale Tools oder spezialisierte Software – das spart Zeit und minimiert Fehlerquellen.

Typische Fehler in Betriebskostenabrechnungen – und wie du sie vermeidest

Fehler in der Betriebskostenabrechnung können für Vermieter nicht nur ärgerlich, sondern auch teuer werden. Umso wichtiger ist es, typische Stolperfallen zu kennen und zu vermeiden. Ein häufiger Fehler liegt in der Verwendung unklarer oder fehlerhafter Umlageschlüssel – etwa wenn die Kostenverteilung nicht nachvollziehbar ist oder nicht dem vertraglich vereinbarten Schlüssel entspricht.

Auch die Weitergabe nicht umlagefähiger Kosten an den Mieter kann problematisch sein. Dazu zählen zum Beispiel Verwaltungskosten oder Instandhaltungsaufwendungen, die vom Vermieter selbst zu tragen sind. Ebenso kritisch ist die doppelte Abrechnung einzelner Positionen, etwa wenn Hausmeisterkosten sowohl pauschal als auch anteilig über verschiedene Posten verrechnet werden.

Besonders ärgerlich ist es, wenn die Abrechnung verspätet zugestellt wird. Denn dann verfallen mögliche Nachforderungen – selbst bei berechtigtem Anspruch. Schließlich sollte auch eine klare Trennung zwischen vermieteten und selbstgenutzten Einheiten erfolgen, damit nur die tatsächlich umlagefähigen Kosten auf die Mieter umgelegt werden. Eine sorgfältige und regelkonforme Abrechnung schützt nicht nur vor finanziellen Verlusten, sondern auch vor rechtlichen Auseinandersetzungen.

Solche Fehler können zu Rückforderungen, Konflikten oder sogar rechtlichen Auseinandersetzungen führen. Eine korrekte und transparente Abrechnung schützt dich davor.

Instandhaltungsrücklagen: Unverzichtbar für Eigentümer

Im Gegensatz zu Betriebskosten sind Instandhaltungsrücklagen nicht umlagefähig. Sie dienen dazu, größere Ausgaben für Reparaturen oder Modernisierungen am Gebäude langfristig zu finanzieren – z. B. für ein neues Dach, die Heizungsanlage oder eine Fassadensanierung.

Was ist die Instandhaltungsrücklage genau?

Eine finanzielle Reserve für zukünftige Instandsetzungsmaßnahmen ist ein wichtiger Bestandteil vorausschauender Immobilienverwaltung. Sie dient dazu, unerwartete Reparaturen oder größere Modernisierungen ohne finanziellen Druck stemmen zu können. Für Wohnungseigentümergemeinschaften (WEG) ist das Anlegen einer solchen Rücklage gesetzlich vorgeschrieben – sie bildet die Grundlage für den langfristigen Erhalt des gemeinschaftlichen Eigentums.

Doch auch bei vermieteten Einzelobjekten, wie Eigentumswohnungen oder Einfamilienhäusern, ist eine Instandhaltungsrücklage sinnvoll. Sie hilft, größere Ausgaben – etwa für Dachsanierungen, Heizungsmodernisierungen oder Fassadenarbeiten – planbar zu machen und sorgt dafür, dass die Immobilie ihren Wert behält. Wer frühzeitig Rücklagen bildet, schützt sich vor finanziellen Engpässen und kann Investitionen gezielt und ohne Zeitdruck umsetzen.

Wie hoch sollte die Rücklage sein?

Die Höhe der Instandhaltungsrücklage ist gesetzlich als „angemessen“ gemäß § 21 Absatz 5 WEG definiert, wobei es keinen festen Betrag gibt, sondern die Summe individuell auf das jeweilige Objekt abgestimmt sein sollte. Als Faustregel hat sich jedoch ein Betrag von etwa 0,80 bis 1,20 Euro pro Quadratmeter Wohnfläche und Monat etabliert.

Bei älteren Gebäuden oder Immobilien mit gehobener Ausstattung empfiehlt es sich, entsprechend höhere Rücklagen zu bilden, um den erhöhten Instandhaltungsbedarf abzudecken. So sorgt man dafür, dass auch größere Maßnahmen finanziell gut abgesichert sind und die Immobilie langfristig in einem guten Zustand bleibt.

So verwaltest du die Rücklage: In Wohnungseigentümergemeinschaften (WEGs) wird die Instandhaltungsrücklage über das gemeinschaftliche Hausgeld gebildet, das von allen Eigentümern entsprechend ihrem Miteigentumsanteil getragen wird. So entsteht ein gemeinsames Finanzpolster, das für notwendige Reparaturen und Modernisierungen des gemeinschaftlichen Eigentums verwendet werden kann.

Bei Einzeleigentum, wie beispielsweise einer vermieteten Eigentumswohnung oder einem Einfamilienhaus, erfolgt die Rücklagenbildung meist durch regelmäßige Einzahlungen auf ein separates Konto. Dadurch lassen sich Instandhaltungsmaßnahmen planbar und finanziell abgesichert umsetzen, ohne dass unerwartete Kosten die Liquidität gefährden.

Betriebskosten vs. Rücklagen: Das richtige Zusammenspiel

Für eine professionelle Immobilienbewirtschaftung ist es entscheidend, laufende Kosten und Rücklagen klar voneinander zu trennen. Betriebskosten umfassen dabei die regelmäßig anfallenden, umlagefähigen Ausgaben, die direkt auf die Mieter umgelegt werden können. Im Gegensatz dazu stehen die Instandhaltungsrücklagen, die vorsorglich gebildet werden und nicht umlagefähig sind.

Wer als Eigentümer diese Unterschiede kennt und sorgfältig dokumentiert, schafft nicht nur Transparenz, sondern legt auch den Grundstein für eine verlässliche Finanzplanung. Gleichzeitig beugt er möglichen Konflikten mit den Mietern vor und sorgt so für eine nachhaltige Verwaltung sowie den langfristigen Werterhalt der Immobilie.

Steuern optimieren: Abschreibungen und Steuererklärung

Beim Immobilieninvestment stehen größtenteils Mieteinnahmen, Kaufpreis oder Finanzierung im Vordergrund. Doch ein oft übersehener Renditehebel ist die steuerliche Gestaltung. Immobilien bieten dir zahlreiche legale Möglichkeiten, deine Steuerlast deutlich zu reduzieren – vor allem durch Abschreibungen (AfA) und eine gezielte Steuerplanung. Mit dem nötigen Know-how kannst du jedes Jahr mehrere Tausend Euro an Steuern sparen – dauerhaft und rechtssicher.

Abschreibungen (AfA) einfach erklärt

Die sogenannte „Absetzung für Abnutzung“ (AfA) ermöglicht es dir, den Wertverlust deiner Immobilie über die Jahre hinweg steuerlich abzusetzen – konkret bezogen auf den Gebäudewert, nicht auf das Grundstück. Gängige Abschreibungssätze sind:

Immobilienart	AfA-Satz	Nutzungsdauer
Gebäude, Baujahr vor 1925	2,5 %	40 Jahre
Gebäude, Baujahr ab 1925	2,0 %	50 Jahre
Neubauten ab 2023 (unter Auflagen)	3,0 %	33 Jahre

Ein Beispiel: Du erwirbst ein Mehrfamilienhaus für 500.000 Euro. Der Bodenwert beträgt laut Gutachten 150.000 Euro, der Gebäudewert somit 350.000 Euro. Das bedeutet, bei 2 Prozent AfA kannst du jährlich 7.000 Euro als Werbungskosten absetzen.

Weitere steuerlich absetzbare Kosten

Neben der linearen Abschreibung hast du als Vermieter die Möglichkeit, zahlreiche weitere Kosten steuerlich geltend zu machen. Dazu zählen unter anderem die Darlehenszinsen sowie Notarkosten und Grundbuchgebühren, allerdings nur in dem gebäudebezogenen Anteil. Auch anteilige Maklerprovisionen können berücksichtigt werden.

Renovierungs- und Modernisierungsmaßnahmen lassen sich ebenfalls absetzen, sofern es sich nicht um Herstellungskosten handelt. Fahrtkosten zur Immobilie, Hausverwaltungsgebühren sowie Versicherungen wie Wohngebäude- oder Haftpflichtversicherungen gehören ebenfalls zu den abzugsfähigen Ausgaben. Zudem kannst du Aufwendungen für Fachliteratur, Software oder Steuerberatungskosten steuerlich geltend machen.

Nicht zuletzt sind auch Abschreibungen auf bewegliches Inventar, wie etwa Einbauküchen oder Rauchmelder, möglich. Durch die Berücksichtigung all dieser Kosten kannst du deine Steuerlast als Vermieter effektiv senken und deine Investition wirtschaftlich optimieren.

Achtung bei anschaffungsnahen Herstellungskosten

Größere Modernisierungen direkt nach dem Immobilienkauf können steuerlich zum Fallstrick werden: Investierst du innerhalb von drei Jahren nach Anschaffung mehr als 15 Prozent des Gebäudewerts in Renovierung oder Modernisierung, gelten diese Kosten nicht mehr als sofort absetzbar – sie müssen stattdessen über Jahrzehnte abgeschrieben werden.

So machst du deine Steuererklärung als Vermieter

Als Eigentümer bist du verpflichtet, deine Mieteinnahmen und -ausgaben in der Anlage V (Vermietung und Verpachtung) deiner Einkommensteuererklärung anzugeben. Dabei gehören verschiedene Angaben in das Formular: Neben der Adresse und der Art des Objekts musst du die Mieteinnahmen – also die Kaltmiete ohne Nebenkosten – eintragen.

Außerdem werden hier die Werbungskosten berücksichtigt, zu denen unter anderem Darlehenszinsen, Verwaltungskosten oder Instandhaltungsaufwendungen zählen. Auch Abschreibungen auf das Gebäude sowie gegebenenfalls auf bewegliches Inventar fließen in die Berechnung ein. Am Ende ergibt sich aus den Einnahmen abzüglich der Ausgaben dein zu versteuernder Überschuss, der Grundlage für die Besteuerung deiner Einkünfte aus Vermietung und Verpachtung ist.

Wie du deine Steuerlast aktiv gestalten kannst

Mit einer durchdachten strategischen Planung lassen sich oft zusätzliche steuerliche Vorteile erzielen. So kann es sinnvoll sein, den Zeitpunkt von Investitionen gezielt zu wählen und werterhaltende Maßnahmen in einkommensstarken Jahren durchzuführen, um den Steuereffekt optimal zu nutzen.

Auch die Struktur der Immobilienhaltung sollte regelmäßig hinterfragt werden: Je nach persönlicher Situation kann es vorteilhaft sein, die Immobilie privat zu halten oder sie in eine vermögensverwaltende GmbH einzubringen. Beide Varianten bieten unterschiedliche steuerliche Möglichkeiten.

Zudem kannst du einen Verlustvortrag nutzen – Anfangsverluste, etwa durch hohe Zinsen oder Abschreibungen, lassen sich in späteren Jahren mit Gewinnen verrechnen und mindern so die Steuerlast. Darüber hinaus lohnt es sich, Förderungen zu beantragen, beispielsweise bei energetischen Sanierungen durch Programme wie die BEG-Förderung. So optimierst du nicht nur deine Steuerlast, sondern steigerst zugleich den Wert deiner Immobilie.

Interview mit Martin Cronacher

Tomek: Für alle, die dich vielleicht noch nicht kennen – was ich mir kaum vorstellen kann –, aber sollte es doch so sein: Stell dich einmal kurz vor. Wer bist du und was machst du?

Martin: Martin Cronacher, 31 Jahre alt. Tatsächlich beschäftige ich mich schon seit meinem 18. Lebensjahr mit Immobilien. Ich habe eine Ausbildung zum Immobilienkaufmann gemacht, anschließend den Fachwirt absolviert und gelernt, wie man Immobilien für andere verwaltet. Irgendwann bin ich dann selbst in die Umsetzung gegangen. Seit zwei Jahren bin ich selbstständig und beschäftige mich nun hauptberuflich mit dem Aufbau eines Portfolios aus Mehrfamilienhäusern in Nordrhein-Westfalen. Nebenbei betreibe ich gemeinsam mit dir einen Podcast, organisiere eine Community und einen Stammtisch – also, da ist einiges los.

Tomek: Und zwar hast du uns deinen ersten Deal mitgebracht, und da würde mich noch einmal interessieren: Wann war der, wo war der, und nimm uns vielleicht ein bisschen mit in die Zahlen.

Martin: Also, ich bin ja eigentlich gar nicht so alt, aber es fühlt sich so an, als wäre das eine Ewigkeit her. 2017 war das – damals noch die Zinszeit, ich glaube so um die 2 Prozent herum. Ich hatte damals 2 Prozent Zinsen und 2 Prozent Tilgung, also noch vor der 1-Prozent-Zeit. Das war kurz nachdem ich meinen Fachwirt im Bachelor gemacht hatte. Ich war nach der Ausbildung bereits Vollzeit berufstätig.

Diese Wohnung ist mir im wahrsten Sinne des Wortes „über die Füße gelaufen“, weil ich selbst als Makler unterwegs war. Ich habe Wohnungen für meine Käufer gesucht, Zeitungsanzeigen geschaltet – und dann kam jemand auf mich zu und sagte, er wolle mir seine Wohnung verkaufen.

Ich habe die Wohnung besichtigt. Die Situation war, dass seine Partnerin verstorben war. Er hatte die Wohnung geerbt und wollte lediglich den Kaufpreis, um den Kredit zu tilgen. Er hatte keinerlei emotionales Interesse mehr an der Wohnung. Ich habe ihm gesagt, dass er mit ein paar Maßnahmen mehr Geld bekommen könnte – aber er wollte das gar nicht. Er sagte, er wolle nur das Bild seiner verstorbenen Partnerin mitnehmen und am liebsten nie wieder in die Wohnung zurückkehren.

Ich hatte zu diesem Zeitpunkt ja bereits meine Ausbildung als Immobilienkaufmann und den Fachwirt abgeschlossen. Ich habe also verstanden, was diese Immobilie rechnerisch bedeutet – und mir war sofort klar: Du musst diese Wohnung kaufen. Sie wurde deutlich unter Marktwert angeboten.

Er bestand darauf, nicht mehr dafür zu verlangen. Er wollte einfach nur abschließen. Ich habe nach meinem Ehrenkodex gehandelt – damals wie heute – und ihm gesagt: „Ich sehe in dieser Wohnung einen Mehrwert. Ich mache eine Wertermittlung, kommen Sie doch nächste Woche ins Büro, und wir besprechen das gemeinsam noch einmal."

Gesagt, getan. Die Wertermittlung ergab einen Wert von etwa 80.000 Euro. Aber ich sagte auch: „Sie müssen ausräumen, renovieren usw." – es war eine typische „Oma-Wohnung", aber in einem sehr gepflegten Zustand. Ich sagte ihm schließlich: „Wenn Sie sie wirklich einfach nur loswerden wollen – für 60.000 Euro, dann würde ich sie kaufen. Sie haben keinen Makler, keine weiteren Besichtigungen – wir machen direkt den Notartermin und schließen das Kapitel ab."

Am Ende einigten wir uns auf 61.000 Euro, weil er meinte, da käme noch Vorfälligkeitsentschädigung dazu. Ich habe die Wohnung dann gekauft – und in der Neuvermietung direkt etwa 500 Euro Kaltmiete erzielt. Ich habe die Wohnung einmal geräumt, mit den alten Möbeln sogar noch ein wenig Geld verdient, sie mit Küche weitervermietet – die war schon drin – und nur minimal renoviert: Küche gestrichen, in einem Raum neuen Boden verlegt. Klassische Maßnahmen. Ich habe aber sofort gemerkt: Diese Wohnung hat echten Mehrwert. Ich muss sie kaufen. Das war so ein klassischer „Fall-Kauf".

Zahlen und Details zu Martin Cronachers erstem Immobilien-Deal

Jahr: 2017

Stadt: Westerland (Rheinland-Pfalz)

Kaufpreis: 61.500 Euro inkl. Küche

Kaufnebenkosten: ca. 6.000 Euro

Makler: Ja, ich war der Makler

Deal-Art: Buy & Hold

Quadratmeter: ca. 80 m^2 (eine Wohnung)

Anfangsmiete: ca. 500 Euro kalt pro Monat plus 50 Euro Küche

Renovierungskosten: Unter 3.000 Euro

Zinsbindung/Konditionen: 10 Jahre, 2 % Zins, 2 % Tilgung

Annuität: ca. 215 Euro pro Monat

Finanzierungsanteil: 110 %

Vermietung: Klassische Dauervermietung

Entwicklung: Verkauf 2018 für 100.000 Euro

Das ganze Interview mit Martin findest du hier als Folge des *Deals-and-Dreams*-Podcasts:

Martin Cronacher:

Interview mit Ceylan Ates

Tomek: Magst du dich einmal kurz vorstellen? Wer bist du und was machst du?

Ceylan: Ich bin Architektin und Designerin. Mein Hauptsitz war und ist immer noch in Stuttgart. Zusätzlich habe ich eine zweite Filiale in Dubai gegründet, und auch privat bin ich nun frisch in Dubai angekommen. Das bedeutet, ich habe also zwei Standorte: Stuttgart und Dubai. Meine Wurzeln liegen in der Türkei. Zur Schule gegangen bin ich in Stuttgart, wo ich auch studiert habe - also eine echte Schwäbin mit internationalem Background.

Tomek: Lass uns zu deinem ersten Deal kommen. 2012 hast du deine erste Immobilie gekauft - also noch bevor du dich als Architektin selbstständig gemacht hast.

Ceylan: Ich habe in einer Stuttgarter Toplage eine Wohnung gekauft - genauer gesagt in Feuerbach, Stuttgart. Dort sitzen auch ein paar große Namen, Konzerne sind also vor Ort vertreten. Die Fünf-Zimmer-Wohnung, die ich damals gekauft habe, habe ich zimmerweise vermietet - und dadurch eine deutlich höhere Rendite erzielt, als wenn ich sie an eine Familie vermietet hätte.

Ich habe dafür keinen Bankkredit aufgenommen, sondern meine Eltern haben mich unterstützt. Ich hatte den Vorteil, dass sie gesagt haben: „Beim ersten Deal sind wir dabei - danach musst du deinen eigenen Weg gehen." Und das war auch gut so. Ich habe dadurch gelernt, wie man verwaltet - Mietverwaltung, Immobilienbestand halten, mit Mietern umgehen, mit der WEG und der Hausverwaltung zurechtkommen. Auch mit schwierigen Menschen eine Balance zu finden, war ein wichtiger Lerneffekt. Es war wirklich eine tolle Übung im Bereich Immobilien.

Das würde ich auch jeder Familie empfehlen: Unterstützt euer Kind bei der ersten Wohnung - es ist eine wertvolle Lernaufgabe für den weiteren Lebensweg.

Als dann der Boom kam und die Immobilienpreise sehr hoch waren - das war vor Corona, habe ich mich entschieden, zu verkaufen. Ich habe meinen Deal damals für 360.000 Euro abverkauft. Natürlich blieb ein guter Gewinnbetrag übrig. Da ich die Wohnung nicht finanzieren musste, hatte ich währenddessen den gesamten Mieteingang als Cashflow in der Tasche. Das hat mir auch privat sehr geholfen: Ich habe meine eigene Miete zahlen können, meine Spritkosten – das war schon ein gutes Polster. Nach dem Verkauf hatte ich dann natürlich auch wieder Liquidität und meinen Cashflow gesichert.

Zahlen und Details zu Ceylan Ates' erstem Immobilien-Deal

Jahr: 2012 gekauft, 2022 verkauft

Stadt: Stuttgart (Baden-Württemberg)

Kaufpreis: 240.000 Euro

Makler: Ja

Deal-Art: Buy & Hold

Quadratmeter: 100 m^2

Anfangsmiete: 2.100 Euro

Renovierungskosten: 5.000 Euro

Anfangsrendite: Voll

Vermietungsmodell: WEG Zimmervermietung

Wie ist der Stand jetzt? Der Käufer hat mein Konzept beibehalten.

Verkaufswert: 360.000 Euro

Ist-Miete: 2.500 Euro

Ist-Rendite: 6,9 %

Cashflow vor Steuern: 600 Euro

Gesamtinvestitionskosten: 245.000 Euro

Gewinn: 115.000 Euro

Das ganze Interview mit Ceylan findest du hier als Folge des *Deals-and-Dreams*-Podcasts:

Ceylan Ates:

Interview mit Jan-Moritz Becker

Tomek: Für alle, die dich noch nicht kennen – auch wenn es schwer ist, wenn man mit Immobilien zu tun hat, an dir vorbeizukommen: Stell dich doch bitte einmal ganz kurz vor. Wer bist du und was machst du?

Jan-Moritz: Mein Name ist Jan-Moritz Becker, ich bin 32 Jahre alt, glücklich verheiratet und Papa von zwei wundervollen Töchtern. Beruflich handle ich mit Immobilien. Früher habe ich damit angefangen, mir einen eigenen Bestand aufzubauen. Ich fand es spannend, Immobilien ganz ohne Eigenkapital zu kaufen – so spannend, dass ich gesagt habe: Das will ich in die große weite Welt hinausrufen. Daraus hat sich inzwischen ein Business entwickelt, das Menschen wie damals mir hilft, sich auf diesem Weg ein eigenes Immobilien-Portfolio aufzubauen.

Tomek: Hammer! Wann hast du denn überhaupt mit Immobilien angefangen, in welchem Jahr?

Jan-Moritz: Ich glaube, 2014 fing das Thema so langsam an in meinem Kopf präsenter zu werden. 2012 habe ich mein Abi gemacht und danach eine Bankausbildung abgeschlossen. Kurz danach hat mir jemand zum ersten Mal davon erzählt.

Tomek: Hol uns mal ganz kurz ab: Wann war dein erster Deal? Was waren Zahlen, Daten, Fakten? Versorg uns da einfach noch mal ganz kurz mit. Wie ging es bei dir los?

Jan-Moritz: 2015 war mein erster Deal. Damals mit meiner Mama, die ich dazu überredet habe, das Ganze für mich zu machen. Wir haben sechs oder sieben Wohnungen besichtigt. Letztendlich lag die Verantwortung bei mir, und ich habe sie dann mitgenommen. Ich glaube, bei der sechsten Wohnung wurde es dann ernst. Von der baulichen Seite hatte ich noch nicht viel Ahnung, deswegen haben wir einen Sachverständigen mitgenommen, der alles gründlich überprüft hat. Um auf die Zahlen zu kommen: Wir haben eine 75-Quadratmeter große Wohnung für genau 100.000 Euro in Ludwigshafen gekauft. Das ist jetzt bald zehn Jahre her.

Tomek: Hast du die Kaufnebenkosten noch ungefähr im Kopf?

Jan-Moritz: Ja, also es waren insgesamt 10,07 Prozent Kaufnebenkosten: 5 Prozent Grunderwerbsteuer, 2 Prozent Grundbuch- und Notarkosten und 3,57 Prozent Maklergebühren. Das heißt, wir haben damals, das weiß ich noch ganz genau, glatt 111.000 Euro finanziert. Warum ich das so genau weiß? Wenn ich mich jetzt ins Online-Banking einlogge, steht da immer noch 111.000 Euro – weil wir tatsächlich ohne Tilgung finanziert haben beziehungsweise mit einem Tilgungsersatzmodell in einer fondsgebundenen Rentenversicherung.

Tomek: Wow, was ist denn die monatliche Rate?

Jan-Moritz: 337 Euro.

Tomek: Und welchen Mieteinnahmen stehen diese gegenüber?

Jan-Moritz: Das müssten über 1.000 Euro sein, also aktuell wahrscheinlich so rund 1.050 Euro.

Tomek: Also, absoluter Wahnsinn! Wie hast du denn finanziert? Du hast gesagt, dass du quasi einen Tilgungsersatz gefunden hast.

Jan-Moritz: Ja, genau. Das ist ein Tilgungsaussetzungsdarlehen. Die Idee damals – und übrigens gilt sie heute noch – ist folgende: Die Tilgung innerhalb eines Darlehens spart dir nur die Zinsen auf den bereits getilgten Betrag. Wenn deine Restschuld sinkt, zahlst du auf genau diesen getilgten Teil keine Zinsen mehr. Im Umkehrschluss kann man das Ganze so sehen, dass man die Tilgung stattdessen für die Zinszahlung anlegt.

Zahlen und Details zu Jan-Moritz Beckers erstem Immobilien-Deal

Jahr: 2015

Stadt: Ludwigshafen (Rheinland-Pfalz)

Kaufpreis: 100.000 Euro

Kaufnebenkosten: 11.000 Euro

Makler: Ja

Deal-Art: Buy & Hold

Quadratmeter: 75 m^2

Anfangsmiete: 975 Euro kalt bzw. 1050 Euro warm

Renovierungskosten: 0

Zinsbindung: 10 Jahre

Zins: 2,03 %

Tilgung: 150 Euro in eine fondsgebundene Rentenversicherung

Annuität: 4,05 % bzw. 337,77 Euro

Anfangsrendite: 11,7 %

Cashflow vor Steuern: ca. 450 Euro

Vermietungsmodell: Studenten-WG

Wie ist der Stand jetzt? Sehr gut! Ich habe ca. 4.000 Euro für eine neue Küche und Kleinigkeiten investiert. Die Miete liegt jetzt bei 1.050 Euro kalt bzw. 1.180 Euro warm.

Aktueller Wert: 225.000 Euro

Ist-Miete: 1.050 Euro

Ist-Rendite: 12,6 %

Cashflow vor Steuern (aktuell): 632 Euro

Soll-Rendite 2015: 11,7 %

Ist-Rendite heute: 5,6 % (Die Miete ist gestiegen, aber der Immobilienwert hat sich mehr als verdoppelt – dadurch sinkt die prozentuale Rendite bezogen auf den heutigen Marktwert.)

Das ganze Interview mit Jan-Moritz findest du hier als Folge des *Deals-and-Dreams*-Podcasts:

Jan-Moritz Becker:

11

immocloud: Mein Lieblingstool

immocloud ist eine cloudbasierte Software, die speziell für die Verwaltung von Immobilien konzipiert wurde. Sie richtet sich an Eigentümer, Vermieter, Hausverwaltungen und Immobilienverwalter, die ihre Verwaltungsprozesse digitalisieren und optimieren möchten. Dank des webbasierten Zugriffs ist *immocloud* jederzeit und überall verfügbar, was die Flexibilität sowie die Transparenz im Immobilienmanagement deutlich erhöht.

Was bietet *immocloud*?

immocloud stellt eine zentrale Plattform bereit, auf der alle wichtigen Verwaltungsaufgaben rund um Mietobjekte gebündelt und übersichtlich organisiert werden. Ziel ist es, den Verwaltungsaufwand zu reduzieren, Abläufe zu automatisieren und einen vollständigen Überblick über alle relevanten Daten und Dokumente zu gewährleisten. Die cloudbasierte Struktur ermöglicht eine übersichtliche Verwaltung des Portfolios ohne lokale Software oder komplexe IT-Infrastruktur. Das sorgt für mehr Sicherheit im Umgang mit der komplexen Immobilienverwaltung – so macht Vermieten wirklich Spaß!

Zentrale Funktionen von *immocloud*

- **Verwaltung von Mietern und Objekten:** Mit *immocloud* lassen sich Mieterprofile inklusive Kontaktdaten und Vertragsinformationen übersichtlich verwalten. Jedes Objekt wird mit Details zu Lage, Ausstattung und technischen Merkmalen erfasst, sodass der Status der Einheiten sowie die Vertragslaufzeiten stets im Blick bleiben.

- **Digitales Dokumentenmanagement:** Wichtige Unterlagen wie Mietverträge, Nebenkostenabrechnungen, Rechnungen und Wartungsnachweise werden digital gespeichert und sind jederzeit abrufbar. Dies reduziert den Papierverbrauch und erleichtert die Zusammenarbeit mit Mietern und Dienstleistern. Der Speicherplatz ist unbegrenzt.
- **Nebenkostenabrechnung:** Die Software unterstützt bei der Erstellung der jährlichen Nebenkostenabrechnung durch die automatische Übernahme von gebuchten und umlagefähigen Kosten. Alle Kostenarten und Verteilungsschlüssel lassen sich zudem individuell verwalten. Selbst komplexe Abrechnungen werden so digital und versandfertig erstellt. Das sorgt für weniger Fehler und erhebliche Zeitersparnis.
- **Finanzverwaltung:** *immocloud* ermöglicht die transparente Überwachung von Einnahmen und Ausgaben inklusive automatischer Buchung der Mietzahlungen. Durch die Verknüpfung des Bankkontos werden Umsätze täglich aktualisiert. Die smarte Software sorgt dafür, dass offene Posten schnell identifiziert werden. Cashflow und Rendite der Mietobjekte sind so immer im Blick.
- **Kommunikationsplattform:** Das integrierte Kommunikationsmodul erleichtert den Austausch mit Mietern und Dienstleistern. Nachrichten, Termine und wichtige Hinweise an Mieter lassen sich zentral koordinieren, was die Kommunikation deutlich verbessert und Verzögerungen verhindert. Über das Mieterportal ist zusätzlich der Versand von Ankündigungen für alle Mietparteien eines Objekts möglich.
- **Digitaler Postversand:** Der Briefversand kann über *immocloud* vollkommen digital abgebildet werden. Egal, ob normaler Brief und Einschreiben. Durch die Schnittstelle zur *Deutschen Post* gehört der Weg zum Briefkasten der Vergangenheit an. Der Versandstatus wird zusätzlich transparent in der Software ausgewiesen.
- **Berichte-Center:** *immocloud* unterstützt bei der Auswertung des eigenen Portfolios durch fertige Miet- und Objektberichte. Zusätzlich stehen für die Steuer die Anlage V oder EÜR für jedes

Objekt zur Verfügung und diese können mit wenigen Klicks heruntergeladen werden. Der integrierte *DATEV*-Export mit allen Buchungen und Belegen für die Steuersoftware *DATEV* rundet das Angebot ab.

- **Elektronische Unterschriften und Vertragsmanagement:** Verträge und Dokumente können direkt in der Plattform digital unterzeichnet werden, was Abläufe beschleunigt und den Aufwand für postalische oder persönliche Übergaben minimiert.
- **Mobile Verfügbarkeit:** *immocloud* bietet eine mobile App für Smartphones an, sodass alle wichtigen Informationen auch unterwegs abrufbar sind – besonders praktisch für Verwalter mit Außenterminen oder Eigentümer mit mehreren Immobilien. Die App steht allen Kunden kostenlos für *iOS* und *Android* in den entsprechenden Stores zur Verfügung.

Die Vorteile von *immocloud*

Die Nutzung von *immocloud* bringt Eigentümern und Verwaltern eine deutliche Zeitersparnis und eine bessere Organisation. Die erhöhte Transparenz schafft Vertrauen bei Mietern und Eigentümern. Zudem werden Fehler reduziert, da viele Prozesse automatisiert, geprüft und vereinfacht sind. Das ortsunabhängige Arbeiten, auch per Smartphone, sorgt für Flexibilität und den Zugriff auf wichtige Daten – egal von welchem Endgerät aus. Die moderne Cloud-Infrastruktur sichert durch Verschlüsselung und regelmäßige Backups den Schutz sensibler Daten. Die Rechenzentren stehen in Deutschland.

Unter diesem QR-Code findest du nochmal alle wichtigen Informationen zu

immocloud

Tomeks Infos zu *immocloud*:

Interview mit Markus Beforth

aka *Der Renditedoktor*

Tomek: Für alle, die dich noch nicht kennen – was vermutlich nur sehr wenige sind, die sich für Immobilien interessieren – magst du dich kurz vorstellen? Wer bist du und was machst du?

Markus: So weit ist es ja noch nicht, dass mich jeder kennt. Mein Name ist Markus Beforth, ich bin 49 Jahre alt, komme aus Bielefeld und lebe auch dort. Seit 2006 beschäftige ich mich professionell mit Immobilien – also inzwischen seit fast 20 Jahren, und das in ganz unterschiedlichen Bereichen. Über ein paar davon sprechen wir sicherlich noch. Neben dem Handel mit Bestandsimmobilien und Fix-&-Flip-Geschäften liegt mein Schwerpunkt besonders im gewerblichen Bereich – und das unterscheidet mich sicherlich von vielen anderen Investoren. Mein Wissen gebe ich sehr gern weiter – nicht nur in Podcasts wie diesem, sondern auch im Rahmen von Coaching-Programmen und natürlich in meinen Büchern.

Tomek: Du bist ja nicht nur Autor – du bist sogar *SPIEGEL*-Bestsellerautor und hast obendrein schon mehrere Bücher geschrieben.

Markus: Genau. Ich habe auch einen eigenen Podcast – darin geht es um wundervolle Themen wie Disziplin, Gewohnheiten, Struktur und Persönlichkeitsentwicklung. Der Podcast heißt *Erfolg ist kein Glück* – wenn ich das so sagen darf. Wenn ich dort Gäste hätte – was ich bewusst nicht tue – wärst du definitiv schon längst dabei gewesen. Aber in meinem Format spreche ich hauptsächlich mit mir selbst und für meine Hörer. Es gibt also keine Gäste.

Tomek: Magst du uns noch einmal die Buchtitel nennen?

Markus: Gerne. Mein erstes Buch heißt „Von 0 auf Immobilieninvestor" – als Hardcover und Softcover erhältlich. Die Hardcover-Version hieß aus Verlagssicht noch „9 x 1". Es richtet sich an Einsteiger und behandelt eher Soft Facts wie Finanzierung, Maklerkontakt oder Objektwahl – also keine trockenen Renditeformeln. Eigentlich wollte ich danach ein Buch über Sondervermietung schreiben, aber das hat nicht funktioniert. Stattdessen kam spontan die Idee für ein Rhetorikbuch – und das hat sich dann wie von selbst geschrieben. Das Sondervermietungsbuch gibt es bis heute nicht. Dann folgte „10X für Immobilieninvestoren"– mein Herzensprojekt für erfahrene Investoren, die wirklich skalieren wollen. Viele, die seit Jahrzehnten im Markt sind, haben darin noch wertvolle Impulse gefunden. Strukturiert ist es nach dem 10X-Prinzip: Akquise, Finanzierung, Verwaltung – also genau das, was du brauchst, wenn du deinen Bestand verzehnfachen willst.

Tomek: Wie hat das Ganze überhaupt angefangen? Und gib uns vielleicht auch noch mal einen kleinen Sneak Peek in die Zahlen von damals – und, wenn du magst, auch in die von heute.

Markus: Mach ich gern, kurz und knapp: 2006 kaufte ich meine erste Wohnung in Düsseldorf – eigentlich für mich, weil ich als Berater oft im Hotel wohnte, was irgendwann nervte. Die Mietwohnungen waren alt und unattraktiv, also kaufte ich selbst, renovierte und möblierte die Wohnung. Dann kam der Schock: Mein Auftrag wurde nicht verlängert. Also inserierte ich die Wohnung möbliert, schnell gab es viele Anfragen, ein Mieter unterschrieb sofort. Kurz darauf änderte sich die Lage: Mein Chef sagte, ich bleibe doch im Job. Der Mieter wollte aber bleiben, also musste ich eine neue Wohnung kaufen. So begann meine Reise als Immobilieninvestor – mit einer 55-Quadratmeter-Wohnung, schön geschnitten, Balkon, Fußbodenheizung. Ursprünglich für mich, wurde sie mein erstes Investment.

Zahlen und Details zu Markus Beforths erstem Immobilien-Deal

Jahr: 2006

Stadt: Düsseldorf (Nordrhein-Westfalen)

Kaufpreis: 136.000 Euro

Kaufnebenkosten: 10.000 Euro

Makler: Ja

Deal-Art: Buy & Hold

Quadratmeter: 55 m^2

Anfangsmiete: 995 Euro pro Monat plus 100 Euro TG-Stellplatz

Renovierungskosten: 20.000 plus 15.000 Euro Möblierung

Zinsbindung: 10 Jahre

Zins: 3,95 %

Tilgung: 3 %

Annuität: 120.000 Euro Darlehen, 6,95 %

Anfangsrendite: 7,90 %

Finanzierungsanteil: 72 %

Cashflow vor Steuern: 400 Euro abzgl. nicht umlegbares Hausgeld d. h. ca. 300 Euro PLUS

Vermietungsmodell: Möblierte, langfristige Vermietung

Wie hat sich die Immobilie entwickelt? Verkauf 2017

Aktueller Wert: 2017 Verkauf zu 259.000 Euro plus 20.000 Euro TG-Stellplatz.

Ist-Miete: Letzte Miete 2017: 1.495 Euro Wohnung plus 180 Euro TG-Stellplatz

Ist-Rendite: 2017 letzte Rendite: 12,10 %

Cashflow vor Steuern (aktuell): 980 Euro bzw. nicht umlegbares Hausgeld ca. 850 Euro

Gesamtinvestitionskosten: 181.000 Euro

Gewinn: ca. 98.000 Euro

Das ganze Interview mit Markus findest du hier als Folge des *Deals-and-Dreams*-Podcasts:

Markus Beforth:

Interview mit Maurice Bork

Tomek: Maurice, für alle, die dich nicht so gut kennen wie die anderen *DWS*-Mitglieder und ich: Erzähl doch bitte ganz kurz, wer du bist und was du machst.

Maurice: Inzwischen mache ich viele Dinge, deswegen würde ich mich als Multi-Unternehmer bezeichnen. Mein Herzensprojekt ist *Die wichtigste Stunde (DWS)* – eine Community, ein Netzwerk für Persönlichkeitsentwicklung, in dem ich Menschen vereine, die zum einen mehr wollen als der Durchschnitt, aber zum anderen vor allem auch bereit sind, dafür mehr zu geben. Und das macht einen ganz besonderen Schlag Mensch aus, den man in unserer Gesellschaft gefühlt kaum noch findet. Deswegen nenne ich ihn auch den *Ein-Prozent-Club*. Vor anderthalb Jahren – das ist jetzt schon wieder eine Weile her – habe ich „Du kannst nicht nicht verkaufen“ geschrieben, weil es mich gestört hat, wie in unserer Gesellschaft über das Verkaufen gesprochen wird und welches Image das Thema hat, obwohl wir ja alle tagtäglich verkaufen.

Tomek: Wie bezeichnest du dich selber?

Maurice: Ich würde sagen, ich bin der unmotivierteste Immobilieninvestor Deutschlands.

Tomek: Ja, das stimmt. Und dennoch bin ich dankbar, dich an Bord zu haben. Kannst du uns ein bisschen zu deinem ersten Deal mitnehmen? Wann war das? Was hat er ungefähr gekostet, wie hat er sich entwickelt, und wie waren die Zinsen? Kannst du uns da ein wenig aufklären?

Maurice: Also, es fing erst mal so an: 2016 war ich im Vertrieb und habe zum ersten Mal sechsstellig im Jahr verdient, also die 100.000-Euro-Marke geknackt – was für mich ein besonderer Moment war. Dann bin ich auf ein klassisches Immobilienvertriebsunternehmen gestoßen und fand den Gründer dort zunächst sehr faszinierend. Das war so ein „gemachter Mann“, der für mich wie ein Vorbild war. Bei einem Verkaufstermin hat er mir dann im Grunde die Immobilie als Kapitalanlage erklärt.

Es war eine Wohnung in Werder an der Havel, nahe Berlin. Wer Werder nicht kennt: Für mich heute ein deutlich attraktiverer Standort als noch 2016, weil es sehr vom Wasser umgeben und sehr grün ist. Und mit der ganzen Homeoffice-Thematik hat sich das natürlich nochmal gewandelt. Für Berliner ist das super spannend, weil die Bahnanbindung gut ist und man in etwa 30 Minuten mit der Regionalbahn an der Friedrichstraße sein kann – also sehr schnell.

Klassische Vertriebsimmobilie: Sicherlich nicht der beste Einkaufspreis, den ich damals hatte. Ich habe vor dem Podcast mal nachgeschaut, es waren – lass mich nicht lügen – etwa 147.000 Euro für eine 70-Quadratmeter-Wohnung, also rund 2.000 Euro pro Quadratmeter. Aus reiner Neugier habe ich gerade mal beim Immobilienpreis-Atlas nachgeguckt, um eine Indikation zu bekommen, wo wir heute stehen. Dort werden 3.600 Euro pro Quadratmeter angezeigt. Man kann das natürlich wieder runterdiskutieren, sagen: „Naja, vielleicht sind es auch eher 3.000 Euro." Aber das zeigt schon: Die erste Immobilie ist selten die beste, aber immer die wichtigste. So war es auch bei mir.

Ich erinnere mich noch genau, wie hart der Schritt für mich war – allein das Thema Schuldenaufnahme: 147.000 Euro Schulden aufzunehmen, dazu noch die Nebenkosten zahlen zu müssen, denn ich habe quasi 100 Prozent finanziert, die Nebenkosten aber selbst bezahlt. Ich glaube, ich hatte 2016 einen Zins von etwa 2,8 Prozent. Wegen meines starken Sicherheitsbedürfnisses und der Angst, die wohl die meisten haben, wenn sie ihre erste Eigentumswohnung kaufen, habe ich zusätzlich einen Bausparvertrag abgeschlossen, um mir den künftigen Zins zu sichern – damit ich nach Ablauf der 10-Jahres-Zinsbindung nicht plötzlich mit einem deutlich höheren Zins rechnen musste. Ich bezeichne diese Wohnung tatsächlich als Kauf wie bei *Monopoly*: Du ziehst eine Karte und bekommst monatlich einen gewissen Betrag – und das läuft immer so weiter. Und so ähnlich war es auch hier.

Warum? Vertriebsimmobilien werden oft kritisiert, weil sie nicht den besten Einkaufspreis bieten. Aber hier war es ein komplettes Produkt: Das Haus war komplett instand gehalten, es standen keine größeren Arbeiten an, die Instandhaltungsrücklage war gefüllt – also erwarteten mich keine zusätzlichen Kosten. Die Wohnung wurde mir damals mit steuerlichem Effekt so verkauft, dass ich auf plus/minus null rauskam. Heute, 2025, liegen die Kaltmieten bei etwa 810 Euro. Wenn man das hochrechnet, macht das knapp 10.000 Euro im Jahr an Mieteinnahmen. Insgesamt hatte ich nie Arbeit mit dieser Wohnung – ich war bei keiner Eigentümerversammlung, musste keinen Mieterwechsel organisieren. Das Objekt hatte eine gute Sondereigentumsverwaltung, die sich um alles gekümmert hat.

Inzwischen habe ich viele andere Immobilien gekauft, bei denen ich viel mehr Arbeit hatte. Daher war dieser Deal für mich goldwert, auch wenn andere vielleicht sagen: „Da hast du zu teuer eingekauft." Sicher gab es damals auch Objekte für 1.500 oder 1.300 Euro pro Quadratmeter in der Lage. Aber für mich war der entscheidende Punkt: Ich hatte mit dieser Wohnung keine Arbeit.

Tomek: Ja, und vermutlich hättest du den Deal nicht gemacht, wenn er dir nicht auf dem Silbertablett serviert worden wäre – selbst wenn der Preis etwas höher war als der Marktwert. Du hättest vielleicht eine renovierungsbedürftige Immobilie für den halben Preis kaufen können, müsstest dann aber noch Handwerker organisieren, alles selbst managen und hättest keine Sicherheit, wie teuer das am Ende wird – Elektrik neu, welche Auflagen es gibt, all diese Punkte. Das alles hat dich ja gar nicht beeinflusst.

Für dich war, muss man sagen, selbst ein am Anfang cashflow-negativer erster Deal in dieser relativ kurzen Zeit mehr wert als ein von Anfang an cashflow-positiver Deal. Ich sehe das genauso wie du: Es ist toll, wenn man am Anfang eine cashflow-positive Immobilie kauft – so wie wir es ja auch in der GmbH gemacht haben. Aber es ist genauso in Ordnung, tatsächlich am Anfang cashflow-negative Immobilien zu kaufen.

Es kommt immer auf die Umstände an. Man darf eines nicht vergessen: Die Rendite ist nur ein Teil – am Ende des Tages geht es auch um deine Eigenkapitalrendite. Und du wirst sicher schon die eine oder andere Wohnung, vielleicht sogar ganz ohne Eigenkapital, gekauft haben. Da ist die Rendite theoretisch unendlich, denn theoretisch „druckst" du damit Geld, einfach nur, weil du deine Bonität nutzt.

Zahlen und Details zu Maurice Borks erstem Immobilien-Deal

Jahr: 2016

Stadt: Werder an der Havel (Brandenburg)

Kaufpreis: 147.000 Euro

Kaufnebenkosten: ca. 15.000 Euro

Makler: Ja (Vertriebsimmobilie)

Deal-Art: Buy & Hold

Quadratmeter: 70 m^2

Anfangsmiete: Deutlich unter heutiger Miete von 810 Euro

Renovierungskosten: Keine (die Wohnung war instand, keine Modernisierungen nötig)

Zinsbindung: 10 Jahre plus zusätzlicher Bausparvertrag zur Absicherung der Anschlussfinanzierung

Zins: 2,8 %

Tilgung: Nicht genannt, aber vermutlich niedrig wegen steuerlichem Effekt (1 bis 2 %)

Annuität: 4,3 % bzw. 527 Euro

Anfangsrendite: Cashflow-negativ zu Beginn

Finanzierungsanteil: 100 % (Kaufpreis), Nebenkosten aus Eigenkapital

Cashflow vor Steuern: Negativ (Anfang), vermutlich durch steuerliche Effekte auf plus/minus null gerechnet

Vermietungsmodell: Normale Vermietung

Aktueller Wert: 210.000 Euro

Ist-Miete: 810 Euro

Ist-Rendite (heute): 6,61 %

Cashflow vor Steuern (aktuell): ca. 283 Euro pro Monat

Das ganze Interview mit Maurice findest du hier als Folge des *Deals-and-Dreams*-Podcasts:

Maurice Bork:

Interview mit Nils Eiffler

Tomek: Für alle, die dich noch nicht kennen: Magst du dich einmal kurz vorstellen? Wer bist du und was machst du?

Nils: Ich halte mich für einen sehr liebenswerten, authentischen, guten Kerl. Wir haben in den letzten Jahren sehr viel gekauft und auch viel verkauft – vor allem 2022 und davor. 2023 lief es nicht ganz so gut, da gehen wir später mal drauf ein. Aber grundsätzlich: Wir kaufen viele Immobilien.

Tomek: Wenn jemand bei dir kaufen will – wo kann er dir folgen?

Nils: Auf *Instagram* bin ich ein bisschen aktiv – das ist so mein Main-Channel, wo ich am meisten teile und viel Input gebe. Es ist sozusagen mein Deal-Channel. Wenn ich ihn beschreiben müsste: Es geht viel um Immobilien, aber auch um Mindset und Unternehmertum.

Tomek: Kommen wir zurück zu deinem ersten Deal – denn genau deshalb bist du ja heute hier. Magst du uns einmal kurz abholen: Wann war das, wo war das, wie war damals deine Situation – und was ist letztlich mit dem Deal passiert?

Nils: Also, ich habe damals im Dachgeschoss eines 6-Parteien-Hauses zur Miete gewohnt. Im ersten Stock lebte ein älteres Ehepaar, dem ich ab und zu geholfen habe – mal eine Blumenvase hochtragen, mal Einkäufe. Eines Tages klopft es an meiner Tür. Der Mann steht da und sagt: „Herr Eiffler, kommen Sie mal mit runter." Ich dachte, klar, wieder irgendwas tragen helfen.

Ich also runter, und dann stehen wir im Wohnzimmer, er zeigt aus dem Fenster und sagt: „Ist das nicht ein schöner Ausblick?" Ich dachte nur, ja, kenne ich ja – meiner ist oben vermutlich sogar besser. Und innerlich fragte ich mich: Was soll das jetzt? Ist der besoffen? Drei Minuten lang wusste ich gar nicht, worauf er hinauswill. Und dann sagt er plötzlich: „Wir verkaufen die Wohnung. Wollen Sie die nicht kaufen?"

Ich war damals noch Finanzbeamter, hab aber nebenbei schon mit Sportnahrungsergänzungsmitteln aus dem Keller gehandelt – natürlich alles legal und ordentlich versteuert. Und das lief echt gut. Ich hab da nebenberuflich 4.000 bis 6.000 Euro im Monat verdient und dachte: Ich bin der König der Welt. Hatte mir auch schon ein cooles Auto gekauft. Und anstatt das Geld für noch ein neues Auto rauszuhauen, dachte ich: Vielleicht mal was investieren? Das war 2012 – da gab es noch nicht wirklich *YouTube*-Videos, Podcasts oder Bücher zu dem Thema, und *Google* war auch noch nicht so hilfreich. Also hab ich mich erst mal reingefuchst: Wie funktioniert das überhaupt? Wie rechnet man, ob ein Deal gut oder schlecht ist?

Ich hab dann gesagt: „Alles klar, ich mach das." War natürlich aufgeregt – 115.000 Euro Kaufpreis ist ja schon ordentlich. Und dann, ein paar Wochen später, sagt der Verkäufer plötzlich: „Mein Neffe kauft. Ich verkauf doch nicht an Sie." Und ich war ehrlich gesagt erleichtert. Dachte: Glück gehabt.

Aber acht Wochen später steht er wieder vor meiner Tür: „Mein Neffe kauft doch nicht. Möchten Sie noch?" Und obwohl das eigentlich der perfekte Moment zum Verhandeln gewesen wäre, habe ich einfach ja gesagt. Kurz vor dem Notartermin kam die Finanzierungszusage von der Bank – eine halbe Stunde vorher. Ich hätte aber auch ohne unterschrieben. Ich war schon damals bereit, dieses Risiko einzugehen.

Tomek: Weißt du noch, wie viele Quadratmeter die Wohnung hatte und wie hoch die Anfangsmiete war?

Nils: Es waren 78 Quadratmeter, und mit Garage waren das 500 Euro kalt.

Tomek: Wie hast du finanziert?

Nils: Das war noch vor der Niedrigzinsphase – der Zinssatz lag bei 3,15 Prozent, die Tilgung bei 2 Prozent.

Zahlen und Details zu Nils Eifflers erstem Immobilien-Deal

Jahr: 2012

Stadt: Lünen (Nordrhein-Westfalen)

Kaufpreis: 115.000 Euro

Kaufnebenkosten: 10.000 Euro

Makler: Nein

Deal-Art: Buy & Hold

Quadratmeter: 78 m^2

Anfangsmiete: 500 Euro

Renovierungskosten: 0

Zinsbindung: 10 Jahre

Zins: 3,15 %

Tilgung: 2 %

Annuität: 5,15 %

Anfangsrendite: 5,2 %

Finanzierungsanteil: 95 %

Cashflow vor Steuern: 31,13 Euro

Das ganze Interview mit Nils findest du hier als Folge des *Deals-and-Dreams*-Podcasts:

Nils Eiffler:

12

Portfolioaufbau und Diversifikation

Der Einstieg: Dein Fundament legen

Der Weg zu einem erfolgreichen Immobilienportfolio startet häufig mit einem überschaubaren Objekt, wie einer Eigentumswohnung oder einem kleinen Mehrfamilienhaus. Dieses erste Investment ist dabei weit mehr als nur eine Einkommensquelle - es dient als wichtiges Lernfeld.

In diesem Kapitel sammelst du wertvolle praktische Erfahrungen in verschiedenen Bereichen: von der Kaufabwicklung und Finanzierung über die Auswahl der Mieter und die rechtlichen Grundlagen bis hin zur Objektverwaltung und Instandhaltung. Ebenso lernst du, wie du deinen Cashflow effektiv managst und steuerliche Vorteile optimal nutzt. So legst du das Fundament für dein zukünftiges Wachstum im Immobiliengeschäft.

Warum Skalierung entscheidend ist – und wie sie gelingt

Skalierung bedeutet weit mehr als nur die Anzahl deiner Immobilien zu erhöhen - es geht darum, Prozesse intelligenter zu gestalten, die Effizienz zu steigern und dein Portfolio strategisch wachsen zu lassen.

Dabei entwickelst du deinen Immobilienbestand in drei wesentlichen Dimensionen: quantitativ durch die Erweiterung um weitere Einheiten, qualitativ durch Investitionen in bessere Lagen und stabilere Mieterträge sowie strukturell durch die Automatisierung von Abläufen und die Einbindung professioneller Partner.

Die Ziele dieser Skalierung sind klar: Du möchtest passive Einkommensströme aufbauen, langfristig dein Vermögen vermehren, Risiken durch Diversifikation minimieren und durch Synergien, etwa eine zentrale Verwaltung, professioneller und effizienter agieren. So legst du den Grundstein für nachhaltigen Erfolg und Wachstum.

Diversifikation: Standorte, Immobilientypen, Strategien

Warum Diversifikation so wichtig ist

Der Immobilienmarkt bietet attraktive Chancen – aber auch Risiken. Wer alles auf eine Karte setzt, kann von Mietausfällen, Wertverlust oder lokalen Krisen stark getroffen werden. Diversifikation ist daher kein Nice-to-have, sondern ein zentrales Element jeder professionellen Anlagestrategie. Sie schützt dein Vermögen, stabilisiert die Rendite und eröffnet neue Wachstumschancen.

Denk an Diversifikation wie an ein gut gemischtes Investment-Menü: Verschiedene Zutaten sorgen für Geschmack, Ausgewogenheit und Sicherheit.

Diversifikation nach Standorten – der regionale Mix

Immobilien sind ortsgebunden. Das bedeutet: Regionale Entwicklungen – etwa wirtschaftliche Trends, Zuzug oder Leerstand – beeinflussen die Wertentwicklung direkt.

Möglichkeiten der Standortdiversifikation:

Regionstyp	Merkmale	Chancen	Risiken
A-Städte (z. B. Berlin, München)	Hohe Preise, hohe Nachfrage	Wertstabilität, sichere Mieterträge	Geringere Rendite, Einstiegshürden und staatliche Regierungseingriffe
B-/C-Städte	Günstiger, wachsendes Potenzial	Höhere Renditechancen, weniger Wettbewerb	Höheres Risiko bei Nachfrageveränderungen
Ländliche Regionen	Attraktive Preise, viel Fläche	Nischenrenditen, Ferienvermietung	Leerstandsrisiken, begrenzte Wertsteigerung
Ausland	Diversifizierung über Grenzen hinweg	Währungs- & Steuerdiversifikation	Verwaltung, Recht, Kontrolle schwieriger

Diversifikation nach Immobilientypen

Die Art der Immobilie beeinflusst Mieteinnahmen, Wertentwicklung und Aufwand stark. Auch hier kannst (und solltest) du diversifizieren.

Typische Immobilientypen:

Typ	Beschreibung	Vorteile	Herausforderungen
Eigentumswohnung	Einzelne Einheit in einem Mehrfamilienhaus	Geringes Einstiegskapital, gut vermietbar	Verwaltung über WEG, weniger Einfluss
Mehrfamilienhaus	Mehrere Wohneinheiten, ein Eigentümer	Kontrolle, Skalierung, höhere Cashflows	Sanierungskosten, Verwaltung
Gewerbeimmobilie	Büro, Einzelhandel, Lager etc.	Höhere Rendite, langfristige Mieten	Marktabhängigkeit, Leerstandsrisiko
Ferienimmobilie	Kurzzeitvermietung, touristisch attraktiv	Doppelnutzung (Eigennutzung & Ertrag)	Saisonalität, Verwaltungsaufwand
Neubau vs. Altbau	Zustand, Abschreibung, Modernisierungsbedarf	Neubau: geringer Aufwand/Altbau: Wertsteigerungspotenzial	Preis/Aufwand jeweils unterschiedlich

Diversifikation nach Strategien

Auch innerhalb deiner Anlagestrategien kannst du streuen – je nach Kapital, Risikoneigung und Lebensphase.

Strategie	Ziel	Ideal für …	Kombinierbar mit …
Buy & Hold	Langfristige Mieteinnahmen	Berufstätige, Altersvorsorge	Sanierungsobjekte, Neubauten
Fix & Flip	Kurzfristige Gewinnrealisierung	Kapitalaufbau, Projektorientierte	Kapitalaufbau für Buy & Hold
Ferienvermietung	Hoher Cashflow, Eigennutzung	Reisefans, Standortkenner	Regionale Diversifikation
Mischstrategie	Kombination mehrerer Ansätze	Fortgeschrittene, skalierende Investoren	Skalierungsstrategie

Meine Immobilienstrategie basiert im Kern auf Buy & Hold und Fix & Flip. Mein Herz schlägt für langfristigen Bestand. Mein Ziel ist es, ein unverwüstliches Immobilienportfolio aufzubauen, das nicht nur mir und meinem Sohn, sondern auch meiner zukünftigen Partnerin und weiteren Nachfahren über viele Generationen dient. Mir ist bewusst, dass ich für schnelleres Wachstum auch von Zeit zu Zeit Objekte gezielt einkaufe, entwickle und wieder verkaufe. Dies wird helfen, zum einen aktiv damit Geld zu verdienen und zum anderen Eigenkapital für neue Zukäufe zu generieren.

Auslandsimmobilien spielen für mich Stand heute eine untergeordnete Rolle, da ich mich zunächst komplett auf den deutschen Markt konzentriere. Als ersten Schritt ins Ausland wird es bei mir eine Ferienimmobilie in Polen sein. Meine polnischen Wurzeln und das Glück, dass ich selbst auch Polnisch gelernt habe, werden diesen Schritt sehr gut unterstützen.

Risikomanagement im wachsenden Portfolio

So schützt du dein Immobilienvermögen, wenn die Komplexität steigt

Eine wachsende Verantwortung braucht ein wachsendes Risikomanagement. Denn mit dem Ausbau deines Immobilienportfolios steigen nicht nur Renditechancen, sondern auch Verantwortung, finanzielle Verpflichtungen und organisatorische Anforderungen. Was bei einem Einzelobjekt noch überschaubar ist, wird mit mehreren Immobilien schnell zu einem komplexen System aus Mietverhältnissen, Sanierungsplänen, Finanzierungen und steuerlichen Fragen.

Die vier zentralen Risikofelder deines Portfolios

Ein gutes Risikomanagement analysiert alle relevanten Einflussfaktoren. Diese vier Bereiche sind dabei besonders entscheidend:

1. **Finanzierungsrisiken:** Bei der Immobilienfinanzierung gilt es, einige Risiken im Blick zu behalten. So können Zinsänderungen bei variablen Darlehen oder auslaufenden Zinsbindungen die Kosten unerwartet steigen lassen. Außerdem besteht oft eine Abhängigkeit von nur einer finanzierenden Bank, was die Verhandlungsposition schwächt. Hinzu kommt der Tilgungsdruck, der bei sinkendem Cashflow schnell zu finanziellen Engpässen führen kann. Um dich dagegen zu schützen, solltest du Anschlussfinanzierungen frühzeitig planen – idealerweise mindestens drei bis fünf Jahre im Voraus. Mein Ratschlag ist: Finanziere so lange wie möglich. Nach zehn Jahren hast du immer ein Sonderkündigungsrecht, falls es zu diesem Zeitpunkt irgendwo günstigere Zinsen gibt. Nicht zuletzt ist es wichtig, einen Liquiditätspuffer einzuplanen, um auf unerwartete Situationen flexibel reagieren zu können.
2. **Mietausfall- & Leerstandsrisiken:** Risiken wie Zahlungsausfälle, plötzliche Kündigungswellen oder schwer vermietbare Objekte können das Immobilieninvestment stark belasten. Auch ein Überangebot auf dem lokalen Markt oder eine sin-

kende Nachfrage wirken sich negativ aus, ebenso wie eine hohe Abhängigkeit von wenigen Mietern. Um diese Risiken zu minimieren, ist eine sorgfältige Mieterauswahl entscheidend – dazu gehören Bonitätsprüfungen und Selbstauskünfte.

Ein finanzieller Puffer in Form von Rücklagen, idealerweise in Höhe von ein bis drei Monatskaltmieten je Einheit, schafft zusätzliche Sicherheit. Schließlich helfen regelmäßige Kommunikation und ein lösungsorientiertes Konfliktmanagement dabei, Probleme frühzeitig zu erkennen und gemeinsam zu lösen.

3. **Instandhaltungs- & Modernisierungsrisiken:** Unvorhergesehene Reparaturen oder Sanierungspflichten können Immobilienbesitzer vor erhebliche finanzielle Herausforderungen stellen. Hinzu kommen oft steigende Kosten durch Handwerkermangel oder teure Materialien sowie neue gesetzliche Vorgaben zur Energieeffizienz, die zusätzliche Investitionen erfordern. Um dich bestmöglich abzusichern, solltest du regelmäßige Objektbegehungen und Wartungszyklen fest etablieren, um Schäden frühzeitig zu erkennen und vorzubeugen. Eine realistische Kalkulation der Rücklagen, idealerweise mindestens 15 bis 25 Euro pro Quadratmeter jährlich, sorgt für ausreichende finanzielle Reserven. Zudem ist es ratsam, verlässliche Handwerker zu finden und langfristige Partnerschaften aufzubauen, um Reparaturen zügig und kosteneffizient erledigen zu lassen. Nicht zuletzt solltest du Förderprogramme und steuerliche Abschreibungen gezielt nutzen, um die finanziellen Belastungen zu reduzieren.
4. **Rechtliche & politische Risiken:** Hierbei ist es sinnvoll, sich zu bilden. Auch Vereine, wie z. B. *Haus und Grund*, sind eine sinnvolle Unterstützung.

Organisation ist der Schlüssel zur Risikokontrolle

Je größer dein Immobilienportfolio wird, desto wichtiger ist eine klare und strukturierte Organisation. Gut organisierte Prozesse ermöglichen es, Risiken frühzeitig zu erkennen und so größere

Schäden zu vermeiden. Ein effektives organisatorisches Risikomanagement basiert auf einigen zentralen Bausteinen: Dazu gehören regelmäßige Reportings, wie Monatsübersichten zu Einnahmen, Leerständen und Rücklagen, die dir einen transparenten Überblick verschaffen. Der Einsatz digitaler Tools – wie *immocloud* – unterstützt dich dabei, die Verwaltung effizient und fehlerfrei zu gestalten. Ebenso wichtig ist ein zuverlässiges Dokumentationssystem, in dem Verträge, Belege und wichtige Notizen übersichtlich archiviert werden. Nicht zuletzt solltest du eine klare Vertretungsregelung festlegen, damit im Falle eines Ausfalls alles reibungslos weiterläuft – etwa durch einen gut vorbereiteten Notfallordner.

Persönliche Risikotoleranz – deine individuelle Komfortzone

Nicht alle Risiken lassen sich in Zahlen fassen – oft ist entscheidend, wie viel Unsicherheit und Verantwortung du persönlich tragen kannst oder möchtest. Dabei helfen dir einige wichtige Fragen, um deine eigene Risikobereitschaft besser einzuschätzen: Wie hoch muss meine Liquiditätsreserve sein, damit ich nachts ruhig schlafen kann? Wo sehe ich meinen größten finanziellen Engpass? Wie gehe ich emotional mit Rückschlägen um? Und bin ich bereit, Verantwortung abzugeben?

Interview mit Fabian Fröhlich

Tomek: Für alle, die dich noch nicht kennen – auch wenn es im Immobilienbereich schwer ist, an dir vorbeizukommen – stell dich doch einmal kurz vor: Wer bist du und was machst du?

Fabian: Ich bin der Fabian und habe ein paar Immobilien im Bestand. Ab und zu mache ich auch Immobilienhandel. Mein Kerngeschäft ist aber der Betrieb der Plattform *SevenPlus*.

Für alle, die sich fragen: Funktioniert der *SevenPlus Club*? Ja, er funktioniert – und wir sind nicht die Einzigen, die darüber schon erfolgreich gekauft haben. Ich habe das tatsächlich schon sehr, sehr häufig gehört. Ich glaube, es lohnt sich, sich von beiden Seiten her einmal anzumelden – sowohl als Käufer als auch als Anbieter. Als Käufer profitiert man davon, dass ihr vermutlich die größte Käuferdatenbank in Deutschland habt – ich vermute das jedenfalls. Wir haben die Datenbank speziell auf institutionelle Investoren ausgerichtet, genau auf ihre Suchprofile zugeschnitten. Und auf der Anbieterseite kann man ganz einfach selektieren, was für einen Deal man hat. So ist dann in diesem Fall der Verkäufer auf dich gestoßen – und hat dir das Angebot gemacht.

Tomek: Du hast heute auch deinen allerersten Deal mitgebracht – wie hat bei dir eigentlich das Immobiliengame angefangen? Kannst du uns da mal ein bisschen mitnehmen – mit Zahlen, Daten, Fakten? Wann ging es los, was hat die Immobilie gekostet, was hat sie gebracht, war es eine Mischung aus Eigenkapital und Finanzierung? Wie war das bei dir genau?

Fabian: Das war eine Wohnung für 75.000 Euro hier in Bad Rappenau – also in der Stadt, in der ich wohne. Der Kauf lief ohne Makler über einen Netzwerkkontakt. Eigentlich wollte ich die Wohnung damals alleine kaufen. Wir hatten zu der Zeit aber schon unsere Lebensmittelfirma nebenbei laufen – alle noch angestellt, drei Gesellschafter: die anderen beiden und ich. Dann habe ich überlegt, ob ich den Deal einfach mal auf den Tisch lege. Also habe ich gesagt: „Hey Jungs, wollen wir das zusammen machen? Es ist zwar nur eine kleine Wohnung, aber dann müssen wir halt richtig Gas geben. Sonst kaufe ich sie alleine." Am Ende haben wir uns darauf geeinigt, das Ganze gemeinsam anzugehen. So haben wir dann als Team mit dem Immobiliengeschäft angefangen.

Ich finde das eigentlich ziemlich cool, vor allem wenn ich sehe, wie viele andere mit ihren Geschäftspartnern ständig Streit oder Probleme haben. Bei uns – toi, toi, toi – läuft das bis heute reibungslos. Ich kenne kaum jemanden, der so lange so gut mit anderen zusammenarbeitet. Das Gemeinschaftliche ist mir einfach sehr wichtig. Die Wohnung habe ich übrigens immer noch im Bestand. Sie ist mittlerweile komplett abbezahlt. Die Miete ist etwas gestiegen – allerdings hat die Mieterin gerade zum ersten Mal die letzten zwei Monatsmieten nicht bezahlt. Mal sehen, wie sich das entwickelt ...

Tomek: Da wünschen wir der Mieterin natürlich erst mal alles Gute – dass sie wieder auf die Beine kommt. Aber es ist schon sehr, sehr ungewöhnlich, muss man sagen. Eigentlich ist es ja ganz einfach: Selbst wenn man es gerade finanziell nicht schafft, übernimmt im Zweifelsfall der Staat die Mietzahlung. Das bedeutet, es sollte in Deutschland grundsätzlich keine Schwierigkeit sein, seiner Mietverpflichtung nachzukommen.

Fabian: Seh ich genauso wie du.

Tomek: Wie viel hast du denn in der Anfangszeit finanziert – und warum? Und warum hast du dann später abgelöst?

Fabian: Die Wohnung dient mittlerweile als Sicherheit für ein anderes Objekt. Sie wurde neu bewertet, die Grundschuld wurde erhöht und als Sicherheit eingetragen. Wie viel ich damals finanziert habe? Ehrlich gesagt – keine Ahnung mehr.

Zahlen und Details zu Fabian Fröhlichs erstem Immobilien-Deal

> **Jahr:** 2016
>
> **Stadt:** Bad Rappenau (Baden-Württemberg)

Kaufpreis: 75.000 Euro

Kaufnebenkosten: 4.500 Euro

Makler: Nein

Deal-Art: Buy & Hold

Quadratmeter: 47 m²

Anfangsmiete: ca. 500 Euro

Renovierungskosten: ca. 1.000 Euro durch Eigenleistung

Zinsbindung: 10 Jahre, aber schon vorzeitig abgelöst

Zins: ca. 2 %

Tilgung: 2 %

Annuität: 4 % bzw. 250 Euro

Anfangsrendite: 8 %

Cashflow vor Steuern: ca. 300 Euro

Vermietungsmodell: Normale Vermietung

Wie ist der Stand jetzt? Läuft noch in der Vermietung

Aktueller Wert: 150.000 Euro

Ist-Miete: 555 Euro

Cashflow vor Steuern (aktuell): 555 Euro

Das ganze Interview mit Fabian findest du hier als Folge des *Deals-and-Dreams*-Podcasts:

Fabian Fröhlich:

Interview mit Gerald Hörhan

aka *Investmentpunk*

Tomek: Gerald ist nicht nur *SPIEGEL*-Bestseller-Autor, sondern tatsächlich sogar mit dem ersten Platz, wie ich gelernt habe. Herzlichen Glückwunsch dazu!

Gerald: Danke!

Tomek: Und Gerald, du nimmst uns heute ein bisschen mit auf die Reise, wie bei dir überhaupt alles angefangen hat. Wie begann das Thema Immobilien für dich? Wie bist du zum Einzimmer-Millionär geworden? Was war dein allererster Deal?

Gerald: Also, ganz einfach: Ich bin gelernter Investmentbanker, habe an der *Harvard University* Wirtschaft und Mathematik studiert und dann als Investmentbanker gearbeitet. Zuerst in New York, dann in Frankfurt, anschließend bei einem Private-Equity-Fonds und später auf eigene Rechnung. Irgendwann wurde mir klar – vorausgesetzt, man ist nicht total deppert, wie viele in der Branche, dass man mehr verdienen muss, als man ausgibt. Dann bleibt etwas übrig, das man anlegen kann.

Viele Finanzberater kamen zu mir und wollten mir irgendwelchen Unsinn verkaufen. Zum Beispiel sollte ich eine Aktie mit 5 Prozent Provision bei ihnen kaufen, obwohl ich dieselbe an der Börse für 0,5 Prozent bekommen könnte. Sie konnten mir die Mathematik dahinter nicht erklären, das fand ich widersinnig und habe sie rausgeschmissen. Dann kam es zufällig so: Ich war bei einem Schulfreund aus der Mittelschule, und der erzählte mir, dass die Eigentümerin einer Wohnung pleite sei und ausziehen müsse. Sie hatte einen kleinen Pudel und ein großes Problem. Da habe ich gesagt: „Was, wenn ich die Wohnung kaufe und sie zahlt die Miete? Die Miete zahlt meinen Kredit ab, und sie könnte weiter dort wohnen." So hat sich das ergeben – und so war es auch.

Die Dame wollte 85.000 Euro, ich bot damals 65.000 für eine Zwei-Zimmer-Wohnung in Wien. Sie hatte auch einen Schäferhund, was lustig war: Wir waren im Kaffeehaus, ein anderer Schäferhund kam vorbei, und ihr Hund hat den ganzen Tisch „mitgenommen". Am Ende einigten wir uns auf 74.000 Euro, und ich habe auch den Schaden bezahlt, den der Schäferhund verursacht hatte. Das war meine erste Wohnung.

Im Winter 2005 war ich in Aspen, USA, zum Skifahren, und habe im Internet gelesen, dass die *Deutsche Bank* große Probleme mit einem German Real Estate Fund hat. Ich dachte mir: Wenn es große Probleme gibt, ist es meistens gut – time to buy! Ich überlegte, welche deutsche Stadt stabil ist und viel Geld hat. Ich habe mal in Frankfurt gelebt und bei *McKinsey* gearbeitet. Frankfurt ist eine reiche Stadt mit vielen Banken, der *EZB*, einem großen Flughafen und Hauptbahnhof – das wird nicht verschwinden. Also entschied ich, dort zu kaufen.

Ich schaute mir diverse Objekte an und besichtigte mit einem obskuren Makler zehn kleine, hässliche Wohnungen – zehn kleine Einzimmerwohnungen in sehr zentraler Lage, plus vier Stellplätze. Der Makler wollte damals 480.000 Euro haben, was mir nicht zu hoch erschien. Der Makler war auch recht lustig: Er hatte vier Ohrringe, roch streng und fuhr einen riesigen *Jeep Cherokee*. Hinten saß ein großer Hund, der mir dauernd aufs Auto sprang, das war amüsant. Ich dachte: Das reicht doch. Also ging ich zur Bank und fragte nach Finanzierungsmöglichkeiten. Sie verlangten damals 4,5 Prozent Zinsen. Ich dachte: 10 Prozent Ertrag, 4,5 Prozent Zinsen – das rechnet sich. Eigenkapital hatte ich natürlich, denn die Bank wollte 350.000 Euro finanzieren. Ich verhandelte auch mit der Verkäuferin, was eine wichtige Lehre war.

Die Wohnungen lagen im Westen Frankfurts in sehr guter Lage, waren aber leer und kalt. Ich dachte, sie braucht das Geld dringend. Sie sprach von *Concorde*-Flügen, Safaris in Afrika und Partys in Monaco. Ich dachte, sie spricht von der Vergangenheit oder ist schon in einer Art Altersdelirium. So war es dann auch. Der andere Bieter konnte die Finanzierung nicht stemmen, ich habe die Wohnungen gekauft. Von den vereinbarten 440.000 Euro gingen 439.000 Euro direkt an ihre Bank – offensichtlich brauchte sie dringend Geld. So bin ich zu meinen ersten zehn Wohnungen gekommen.

Zahlen und Details zu Gerald Hörhans erstem Immobilien-Deal

Jahr: 2005
Stadt (Land): Wien (Österreich)
Kaufpreis: 74.000 Euro
Kaufnebenkosten: 3.700 Euro
Makler: Nein
Deal-Art: Buy & Hold
Quadratmeter: 55 m^2
Anfangsmiete: 500 Euro kalt
Renovierungskosten: 0 Euro
Zins: 4,5 %
Tilgung: 7,26 %
Annuität: ca. 11,76 % jährlich
Anfangsrendite: 7,72 %
Finanzierungsanteil: 51.000 Euro
Vermietungsmodell: Vermietet
Wie ist der Stand jetzt? Immer noch vermietet, abbezahlt
Aktueller Wert: 250.000 Euro
Ist-Miete: 800 Euro
Ist-Rendite: 12,97 %
Cashflow vor Steuern: ca. 300 Euro

Das ganze Interview mit Gerald findest du hier als Folge des *Deals-and-Dreams*-Podcasts:

Gerald Hörhan:

Interview mit Maike Kipker

aka *Mrs. Property*

Tomek: Maike, für alle, die dich nicht kennen: Hol uns einmal kurz ab. Wer bist du, was machst du?

Maike: Ich bin Maike Kipker – im Internet auch bekannt als *Mrs. Property*. 2019 habe ich meine erste Immobilie gekauft – darüber sprechen wir gleich noch – und in der Folge weitere Wohnungen erworben. 2020/21 habe ich mich dann tatsächlich selbstständig gemacht. Davor war ich in der Unternehmensberatung angestellt. Heute helfe ich als *Mrs. Property* anderen Menschen dabei, ebenfalls ihre erste Wohnung zu kaufen. Ich glaube, da haben wir eine gemeinsame Mission. Ich bin 38 Jahre alt, lebe in München – und liebe das Leben.

Tomek: Lass uns direkt einsteigen – in deinen ersten Deal. Denn der ist, so wie ich ihn bisher kennengelernt habe, wirklich grandios! Schon in unserer Vorbesprechung hat mich vor allem eines fasziniert: die Bankrate. Deshalb: Hol uns doch mal ganz kurz ab – wann war der Deal, wo war er, was hat er gekostet, wie hast du ihn finanziert, und wie lief das Ganze ab?

Maike: 2019 habe ich noch in Köln gewohnt und war Anfang 30. Damals habe ich mich ein bisschen mit dem Thema Standortanalyse beschäftigt – und so bin ich tatsächlich auf das Ruhrgebiet gekommen. Die erste Wohnung habe ich dann in Essen gekauft. Man muss dazu sagen: Ich habe selbst mal gut ein Jahr in Essen gelebt, deshalb habe ich mir ganz gut zugetraut, auch Mikrolagen realistisch einzuschätzen. Und ja – dort kann man einfach relativ günstige Kaufpreise realisieren, heute noch, aber damals umso mehr.

Meine erste Wohnung hat tatsächlich 36.900 Euro gekostet – dafür bekommt man in München wahrscheinlich nicht mal mehr einen Tiefgaragenstellplatz. Die Wohnung ist 44 Quadratmeter groß, liegt im Dachgeschoss, Baujahr irgendwann in den 1950ern. Ich würde sagen, die Lage ist mittel bis einfach – aber insgesamt absolut in Ordnung. Die Wohnung war damals auch schon vermietet – das war für mich eine sehr niedrige Einstiegshürde.

Ich sag gleich noch was zur Bankrate, aber allein der Kaufpreis war schon überzeugend. Ich dachte mir: 36.900 Euro – dafür kaufen sich andere ein Auto! Für mich war das ein super Start: Ich konnte den kompletten Kaufprozess einmal durchlaufen, mit einem vergleichsweise kleinen Investment. Und das hat mir extrem gutgetan.

Tomek: Was sind die Unterschiede zwischen Frauen, die investieren, und Männern, die investieren?

Maike: Ich glaube, das hat einfach viel mit Persönlichkeit zu tun. Ich arbeite ja sowohl mit Männern als auch mit Frauen – und ich sträube mich immer ein bisschen gegen dieses „Männer sind so, Frauen sind so", oder dass die einen das gut können und die anderen etwas anderes. Ob das wirklich etwas mit dem Geschlecht zu tun hat, weiß ich nicht. Ich habe damals für mich entschieden: Gerade bei der ersten Wohnung möchte ich ein überschaubares Risiko eingehen. Ich habe mir gedacht: 37.000 Euro – das kann mich nicht umbringen. Das entsprach ungefähr einem Drittel meines damaligen Bruttojahresgehalts. Was soll da schon groß passieren, dachte ich mir.

Die Größe der Wohnung in Relation zu meinem Einkommen hat mir damals einfach ein gutes Gefühl gegeben – ich konnte ruhig schlafen. Und vor allem: Ich habe den Kaufpreis zu 100 Prozent finanziert. Meine Bankrate lag bei sagenhaften 132 Euro im Monat. Dem gegenüber standen von Anfang an Mieteinnahmen von 220 Euro.

Tomek: Mit Mieteinnahmen meinst du die 220 Euro, oder?

Maike: Genau, Kaltmiete. Das heißt, ich hatte zu dem Zeitpunkt im Prinzip schon einen Puffer für Rücklagen – und sogar einen kleinen Cashflow. Und das hat mich persönlich einfach gut schlafen lassen, ja.

Tomek: Wie hast du denn damals finanziert – mit welchen Konditionen und welcher Zinsbindung? Weißt du das noch?

Maike: Also, erst mal war es natürlich nicht so leicht, eine Bank zu finden, die 36.900 Euro finanziert. Zu der Geschichte gehört aber auch: Ich habe kurz danach noch zwei weitere Wohnungen gekauft. Das heißt, ich bin natürlich mit mehr als nur dieser einen Wohnung zur Bank gegangen, wobei wir trotzdem für jede Wohnung separate Darlehen abgeschlossen haben. Für die Finanzierung habe ich eine Zinsbindung von zehn Jahren vereinbart und damals einen Zinssatz von 2,28 Prozent mit 2 Prozent Tilgung bekommen.

Zahlen und Details zu Maike Kipkers erstem Immobilien-Deal

Jahr: 2019

Stadt: Essen (Nordrhein-Westfalen)

Kaufpreis: 36.900 Euro

Kaufnebenkosten: 4.500 Euro

Makler: Ja

Deal-Art: Buy & Hold

Quadratmeter: 44 m^2

Anfangsmiete: 220 Euro pro Monat

Renovierungskosten: 0

Zinsbindung: 10 Jahre

Zins: 2,28 %

Tilgung: 2 %

Annuität: ca 4,29 %

Anfangsrendite: 7,2 %

Finanzierungsanteil: 100 %

Cashflow vor Steuern: 36 Euro

Vermietungsmodell: Normale Vermietung, Mieterin damals übernommen

Aktueller Wert: 60.000 Euro

Ist-Miete: 260 Euro pro Monat

Ist-Rendite: 8,5 %

Cashflow vor Steuern (aktuell): 76 Euro

Das ganze Interview mit Maike findest du hier als Folge des *Deals-and-Dreams*-Podcasts:

Maike Kipker:

13
Netzwerke und Experten

Immobilieninvestments sind Teamwork und kein Solo-Abenteuer

Viele Einsteiger fokussieren sich anfangs auf Objekte, Rendite und Finanzierung – und übersehen dabei eine der wichtigsten Ressourcen: ihr Netzwerk. Je größer dein Portfolio wird, desto klarer zeigt sich: Du brauchst nicht nur Mieteinnahmen – du brauchst Menschen, auf die du dich verlassen kannst. Ob es um Finanzierungen, rechtliche Fragestellungen, Handwerksleistungen oder den strategischen Austausch mit anderen Investoren geht – dein Netzwerk ist der Hebel, der Wachstum erst möglich macht.

Diese fünf Netzwerke sind essenziell für Immobilieninvestoren

1. **Finanzierungspartner & Kapitalgeber:** Ein starkes Netzwerk im Finanzbereich eröffnet dir nicht nur den Zugang zu Kapital, sondern verschafft dir häufig auch bessere Konditionen. Zu den wichtigen Kontakten zählen Bankberater und unabhängige Finanzierungsvermittler, Bausparkassen und private Investoren. Durch diese Verbindungen profitierst du von schnelleren Kreditzusagen, hast die Möglichkeit, den Markt besser zu vergleichen und damit günstigere Zinssätze zu erzielen. Wobei es nicht auf den günstigsten Zinssatz ankommt, denn es ist wichtiger, dass du Deals in einer guten Geschwindigkeit ausführen kannst. Somit geht Geschwindigkeit vor.
2. **Handwerker & Dienstleister:** Gerade wenn du mehrere Immobilien besitzt, ist ein zuverlässiges Team für Reparaturen, Umbauten und die regelmäßige Pflege unerlässlich. Zu deinen

wichtigsten Partnern gehören dabei Fachhandwerker wie Elektriker, Installateure und Maler, aber auch Hausmeisterdienste und Schlüsseldienste, die für den reibungslosen Betrieb sorgen. Ergänzt wird das Team durch Energieberater, Entrümpler und Gärtner, die für Energieeffizienz, Sauberkeit und ansprechende Außenanlagen zuständig sind. Für größere Bauprojekte sind zudem Architekten und Bauleiter unverzichtbar, um Umbauten fachgerecht zu planen und umzusetzen. Mit einem starken Netzwerk dieser Experten bist du bestens gerüstet, um deine Immobilien langfristig in einem guten Zustand zu halten.

3. **Recht & Steuern – Profis für deine Sicherheit:** Komplexe Immobilienstrukturen verlangen eine fundierte rechtliche und steuerliche Begleitung, um Fallstricke zu vermeiden und optimale Entscheidungen zu treffen. Dabei sind unverzichtbare Experten an deiner Seite: Steuerberater, die sich speziell mit Immobilienthemen auskennen, sorgen für eine effiziente Steuerplanung. Fachanwälte für Mietrecht, Wohnungseigentumsrecht (WEG) oder Baurecht stehen dir bei rechtlichen Fragestellungen zur Seite. Idealerweise sind deine Partner auch selbst in Immobilien investiert, da z. B. ein Steuerberater, der das Thema Steueroptimierung bei Immobilien auch in seinem eigenen Bestand lebt, ganz automatisch seine Top-Learnings auch dir empfehlen wird. Notare gewährleisten eine sichere und rechtlich einwandfreie Kaufabwicklung. Bei Bedarf kannst du zudem auf Gutachter oder Sachverständige zurückgreifen, die den Zustand und Wert der Immobilien professionell beurteilen. So bist du rundum gut beraten und kannst dein Immobilienportfolio sicher und erfolgreich managen.
4. **Verwalter & Vermietungsspezialisten:** Egal, ob du deine Immobilien selbst verwaltest oder bestimmte Aufgaben delegierst – gute operative Partner tragen entscheidend dazu bei, dein Portfolio effizienter und stabiler zu machen. Zu den wichtigsten Akteuren zählen dabei Miet- und WEG-Hausverwaltungen, die den täglichen Verwaltungsaufwand übernehmen und für einen reibungslosen Ablauf sorgen. Makler und Vermietungsservices unterstützen dich bei der schnel-

len und zuverlässigen Neuvermietung deiner Objekte. Zudem bieten digitale Tools zur Objektverwaltung moderne Lösungen, mit denen du den Überblick behältst und Verwaltungsprozesse automatisieren kannst, wie z. B. *immocloud*.

5. **Investorennetzwerk – Gleichgesinnte mit Mehrwert:** Der Austausch mit anderen Investoren eröffnet dir neue Perspektiven, bringt wertvolle Erfahrungen und bietet häufig auch den Zugang zu neuen Chancen. Typische Plattformen dafür sind lokale oder digitale Investorentreffen und Stammtische, bei denen du persönlich Kontakte knüpfen kannst. Mastermind-Gruppen ermöglichen einen intensiven Wissensaustausch in kleinen, fokussierten Teams. Auch soziale Medien spielen eine wichtige Rolle: *Facebook*-Gruppen, *LinkedIn* oder spezialisierte Immobilien-Discord-Server bieten dir eine einfache Möglichkeit, dich mit Gleichgesinnten zu vernetzen.

   Darüber hinaus sind Konferenzen, Seminare und Branchenevents ideale Gelegenheiten, um dein Netzwerk zu erweitern und am Puls der Branche zu bleiben. So profitierst du vom gebündelten Know-how und kannst dein Immobilieninvestment gezielt voranbringen.

   Meine Netzwerk-, Event- und Coaching-Empfehlungen findest du weiter hinten im Buch.

Netzwerkaufbau – so gehst du strategisch vor

Ein gutes Netzwerk entsteht nicht zufällig, sondern durch gezielte Pflege. Hier ist dein Fahrplan:

1. Überlege, welche Kontakte dir aktuell noch fehlen.
2. Suche gezielt – online, auf Events oder über Empfehlungen.
3. Baue Beziehungen durch Vertrauen, Verlässlichkeit und echten Austausch auf.
4. Biete zuerst Mehrwert, bevor du um Hilfe bittest.
5. Halte dein Netzwerk lebendig – wie deine Immobilien will es gepflegt werden.

Mit Maklern und Banken zusammenarbeiten

Warum die Zusammenarbeit mit Profis entscheidend ist

Egal, ob beim Kauf, der Finanzierung oder der Vermarktung einer Immobilie – Makler und Banken sind Schlüsselakteure im Investitionsprozess. Wer hier strategisch und partnerschaftlich agiert, spart nicht nur Zeit und Nerven, sondern sichert sich häufig den Zugang zu besseren Objekten, schnelleren Finanzierungszusagen und verlässlicheren Informationen. Zusammenarbeit auf Augenhöhe statt Bittsteller-Mentalität. Profis bevorzugen verlässliche, gut vorbereitete Investoren – und revanchieren sich mit erstklassigen Deals, effizienter Kommunikation und einer langfristigen, vertrauensvollen Partnerschaft.

So profitierst du maximal von der Zusammenarbeit mit Maklern

Ich kann es gar nicht oft genug sagen: Der Makler ist dein Freund! Ich liebe es, Maklerprovision zu zahlen, da ich weiß, dass jede Überweisung an einen Makler ein Garant für den nächsten Deal ist. Wenn der Makler einmal gutes Geld mit mir verdient hat und ich auch in der Abwicklung unkompliziert und unterstützend war, bin ich einer seiner Top-Kontakte, die er im Kopf hat, wenn er ein ähnliches Objekt reinbekommt. Und genau auf dieser Short-Liste des Maklers willst auch du sein.

So kann man nochmal an dieser Stelle sagen: Ein guter Makler kostet dich kein Geld, denn du verdienst durch die Deals, die er dir bringt, weitaus mehr als die Maklerprovision dich kostet. Und die Provision zahlst du tatsächlich nur im Erfolgsfall.

Ich selbst bin auch an einem Maklerunternehmen beteiligt. Wenn du in Zukunft mit guten Deals in deiner Region versorgt werden willst, lade ich dich ein, dass du dein Ankaufsprofil bei uns hinterlegst. Nutze dafür gerne den folgenden QR-Code:

MAGNOLIA ONE:

Solltest du auch eine Immobilie verkaufen wollen, melde dich gerne auch bei uns und schreibe uns eine E-Mail unter: *info@magnolia-one.com*.

So gestaltest du die Zusammenarbeit mit Banken erfolgreich

Banken ticken anders. Daher ist es wichtig, ihre Perspektive zu verstehen: Banken finanzieren keine Immobilien, sondern Menschen – und dabei legen sie großen Wert auf verschiedene Faktoren. Entscheidend sind stabile Einkommensverhältnisse, die zeigen, dass du deine Verpflichtungen zuverlässig erfüllen kannst. Ebenso wichtig ist ein schlüssiges und nachvollziehbares Investitionskonzept, das klar darlegt, wie dein Vorhaben umgesetzt und finanziert wird. Eine saubere Kalkulation, die Aspekte wie Cashflow, Rücklagen und Mieterträge berücksichtigt, stärkt dein Profil zusätzlich. Dafür empfehle ich dir die *Immocation*-Kalkulationsvorlage, die du unter *Vorlagen* findest.

Schließlich achten Banken auch auf eine realistische Einschätzung des Objekts selbst, um sicherzugehen, dass das Investment nachhaltig und risikoarm ist. Nur wenn all diese Punkte überzeugend dargestellt werden, stehen die Chancen auf eine erfolgreiche Finanzierung gut.

Aber Achtung: Nur weil eine Bank dich ablehnt, heißt das noch lange nicht, dass es sich dabei um ein schlechtes Investment handelt. Wenn du dieses Buch durchgearbeitet hast, weißt du, ob es ein gutes Investment ist. Und wenn du davon überzeugt bist, findest du auch die richtige Bank, die dieses Vorhaben sehr gerne unterstützt.

Weiterbildungen und Communitys: Der unterschätzte Hebel für deinen Erfolg

Warum Wissen dein stärkster Wettbewerbsvorteil ist

Der Immobilienmarkt verändert sich ständig – Gesetze, Förderungen, Zinsen, steuerliche Vorgaben. Wer hier nicht dranbleibt, riskiert Fehler, Fehleinschätzungen oder Stillstand.

Weiterbildungsformate: Finde deinen Lernstil

- **Bücher & Fachliteratur:** Ideal für Grundlagen, Strategien, Steuerthemen – günstig, flexibel, im eigenen Tempo
- **Onlinekurse & Videotrainings:** Plattformen wie *Immocation* oder *YouTube* – praxisnah, aktuell, themenspezifisch
- **Workshops & Seminare:** Intensivformate mit Fokus auf Umsetzung – persönlicher Austausch, konkretes Feedback
- **Coaching & Mentoring:** 1:1-Begleitung durch erfahrene Profis – individuelle Analyse, Netzwerkzugang, gezielte Skalierung

Immobilien-Communitys: Gemeinsam weiterkommen

Investieren muss kein Alleingang sein. In aktiven Communitys findest du wertvolle Inspiration und konstruktives Feedback, das dir bei deinen Entscheidungen weiterhilft. Darüber hinaus erhältst du dort Empfehlungen zu nützlichen Tools, vertrauenswürdigen Dienstleistern und passenden Banken. Solche Netzwerke bieten dir zudem Zugang zu interessanten Deals und potenziellen Kapitalpartnern. Vor allem aber geben sie dir das wichtige Gefühl: „Ich bin nicht allein" – und das schafft Sicherheit und Motivation auf deinem Investmentweg.

Lernroutine: So baust du Wissen in deinen Alltag ein

Microlearning bietet eine effektive Möglichkeit, täglich in nur 15 bis 30 Minuten neues Wissen aufzunehmen – sei es durch Podcasts, Bücher oder Artikel. Feste Lernzeiten, zum Beispiel jeden

Sonntagabend als „Immobilienzeit", schaffen zudem eine verlässliche Routine. Besonders wertvoll ist das Lernen durch praktische Anwendung: Theorie lässt sich am besten verinnerlichen, wenn du sie direkt in der Praxis umsetzt. Um den Überblick zu behalten, empfiehlt es sich, ein Wissensjournal zu führen, in dem du Erkenntnisse, Fehler und To-dos festhältst. Denn Wissen wird erst dann wirklich wertvoll, wenn du es aktiv anwendest.

Interview mit Nina Kirsch

Tomek: Nina, magst du ganz kurz erzählen, wer du bist und was du machst – für alle, die dich noch nicht kennen, auch wenn man sich das kaum vorstellen kann?

Nina: Ich heiße Nina Kirsch, bin fast 40 Jahre alt, Mutter einer kleinen Tochter und arbeite in der Immobilienbranche. Nebenbei betreibe ich einen *YouTube*-Kanal und bin damit auch ein wenig in den Medien unterwegs. Meine große Leidenschaft – und auch meine Haupteinnahmequelle – sind aber ganz klar die Immobilien.

Tomek: Du bist ja auf einem ganz besonderen Weg zum Thema Immobilien gekommen – und vielleicht auch etwas später als andere. Kannst du kurz erzählen, was für dich der Auslöser war? Also: Warum hast du überhaupt mit Immobilien angefangen?

Man darf dabei eine Sache nicht vergessen: Für viele Frauen ist es noch immer ungewöhnlich, sich in diesem Bereich selbstständig zu engagieren. Viele verlassen sich lieber auf ihre Partner. Und genau deshalb finde ich es so toll, dass du offen darüber sprichst und auch als Vorbild vorangehst. Was war also bei dir der Moment, in dem du gesagt hast: „Ich brauche Immobilien"?

Nina: Bei mir war es tatsächlich genau so, wie du es beschrieben hast. Ich habe mich überhaupt nicht um Immobilien gekümmert – und auch nicht um meine Finanzen. Für mich war alles okay, solange das Konto im Plus war. Sobald es ins Minus rutschte, wurde ich nervös. Ich hatte keine finanzielle Bildung. Punkt. Deshalb gefällt mir auch der Name deines Podcasts so gut. Denn mein erster Deal entstand wirklich nur aus dem Wunsch heraus, mein Kind abzusichern. Ich hatte einen schweren privaten Schicksalsschlag: Ich wurde schwanger und von meinem Partner verlassen. Es sind wirklich dramatische Dinge passiert. Ich war in einer tiefen Trauerphase und stand irgendwann vor der Entscheidung: Verbittere ich – oder wachse ich daran? Und dann habe ich mich ernsthaft gefragt: Was kann ich tun?

Bis zu diesem Zeitpunkt hatte ich zwar studiert, aber hauptberuflich als Model gearbeitet. Ich bin viel gereist und hatte teilweise gute Gagen. Aber wie das bei Selbstständigen eben so ist – es gab auch immer wieder Phasen mit wenig oder gar keinem Einkommen. Die klassische Solo-Selbstständigkeit – bei Models ist das nicht anders.

Ich hatte außerdem während der Schwangerschaft gesundheitliche Komplikationen und konnte meinen Sport nicht mehr machen, der mir sonst immer Kraft und Fokus gegeben hat. Also begann ich mit langen Spaziergängen – und dabei habe ich angefangen, Hörbücher zu hören. Und zwar keine über Beziehungen oder Persönlichkeitsentwicklung – davon hatte ich genug. Ich habe nur noch Finanzpodcasts und Hörbücher über finanzielle Bildung gehört. Ich fing mit den Klassikern an: *Rich Dad, Poor Dad*, *Investmentpunk* mit Gerald Hörhan – all diese Namen, die viele kennen, wenn sie sich für Finanzen und Immobilien interessieren.

Und jedes Mal, wenn ich von meinen Spaziergängen zurückkam und wegen der Schwangerschaftsübelkeit auf dem Sofa lag, dachte ich: Wie viel Geld habe ich eigentlich noch übrig? Reicht das für eine erste Wohnung?

Mit der Zeit kam immer mehr zusammen. Die Monate vergingen, und ich musste schließlich aus der Haushälfte in Berlin ausziehen, in der ich bis dahin gewohnt hatte. Mittlerweile war mein Baby da, und ich suchte dringend eine Mietwohnung – aber ich bekam keine. Ich war in Elternzeit, hatte nur den Elterngeldbescheid und sagte immer nur: „Ich hoffe, ich kann bald wieder modeln." Für Vermieter war das keine Sicherheit. Ich bekam Absage um Absage. Und dann dachte ich: Wenn ich schon keine Mietwohnung bekomme – vielleicht kann ich ja eine Eigentumswohnung kaufen. Ich war bei fünf Banken und wurde überall abgelehnt.

Aber dann hatte ich Glück. Ein Banker sagte: „Das ist dein Eigenkapital, das ist dein Budget – ich finanziere das." Und so habe ich meine erste Eigentumswohnung gekauft. Ich bin selbst eingezogen – nicht mit dem Gedanken: Ich werde jetzt Investorin, sondern eher mit der Erleichterung: Gott sei Dank – wir haben ein Zuhause. Es ist sicher. Uns kann hier niemand mehr rausschmeißen – wie damals aus dem Reihenhaus. Und dann kam der Moment, als ich zum ersten Mal die jährliche Abrechnung von der Bank in der Hand hatte: Zinsen, Tilgung, Restschuld. Ich habe das angeschaut und dachte: Moment mal – eigentlich ist das genial.

Tomek: Wahnsinn. Wann hast du deine erste Wohnung gekauft?

Nina: 2017 – das weiß ich noch ganz genau. Im Januar bin ich eingezogen, und ich denke, beim Notar war ich 2016.

Tomek: Hast du damals auch einen Teil mit Eigenkapital finanziert?

Nina: Ja, musste ich – das war die einzige Voraussetzung, unter der ich überhaupt noch den Kredit bekommen habe. Die monatliche Rate liegt bei 500 Euro, alles inklusive. Das ist wirklich ziemlich gut. Der Kaufpreis lag damals – ich glaube – bei 165.000 oder 170.000 Euro, so in dem Bereich. Und wenn ich heute bei *ImmoScout* schaue – oder einfach nur die aktuellen Preise in Berlin betrachte, die du ja sicher auch kennst – dann bekommst du so etwas nicht mehr unter 350.000 Euro. Die Wohnung hatte einen Garten, drei Zimmer – das hat sich also wirklich, wirklich gelohnt.

Zahlen und Details zu Nina Kirschs erstem Immobilien-Deal

Jahr: 2017

Stadt: Berlin (Berlin)

Kaufpreis: 170.000 Euro

Kaufnebenkosten: Mit Eigenkapital alles bezahlt – ca. 13.600 Euro

Makler: Nein

Deal-Art: Buy & Hold und zuerst Eigennutzung

Quadratmeter: 3 Zimmer mit Garten (geschätzt ca. 65–80 m²)

Renovierungskosten: 17.000 Euro für ein neues Bad nach einem Wasserschaden (10 % des Kaufpreises)

Zinsbindung: 20 Jahre

Zins: Sehr günstig, da *KfW*-Darlehen

Tilgung: 2 %

Annuität: ca. 500 Euro monatlich

Vermietungsmodell: Normale Vermietung

Wie ist der Stand jetzt? Mindestens verdreifacht

Aktueller Wert: 380.000 Euro

Das ganze Interview mit Nina findest du hier als Folge des *Deals-and-Dreams*-Podcasts:

Nina Kirsch:

Interview mit Christian Kröncke

Tomek: Was hast du eigentlich mit Immobilien zu tun?

Christian: Angefangen habe ich damit, bei meinen Eltern zu sehen, dass sie ihre Altersvorsorge mit Immobilien aufgebessert haben. Ich komme eigentlich aus einem kleinen Dorf mit 2.000 Einwohnern. Mein Vater war Polizeibeamter, meine Mutter hat als Helferin in einer Arztpraxis gearbeitet. Sie haben bei uns im Dorf eine zweite Immobilie gebaut, die sie vermietet haben, um damit perspektivisch die Altersvorsorge zu unterstützen. Das war mein Beginn oder meine erste Lernerfahrung mit Immobilien. Also erstens: Man muss sie bauen, wenn man eine haben will – das war meine damalige Glaubenswelt. Und zweitens: Es ist gut, damit anzufangen, um im späteren Alter etwas davon zu haben.

Mit 12 oder 13 Jahren habe ich dann entschieden, auch Polizist zu werden. Das habe ich nicht mehr infrage gestellt, habe mein Abitur gemacht, weil es notwendig war, um eine Kommissarslaufbahn einzuschlagen. Das Studium bei der Polizei hat mir auch sehr viel Spaß gemacht. Im ersten Berufsjahr habe ich jedoch sehr früh gemerkt: Okay, das ist es nicht. Eigentlich habe ich das schon in den Praktika gespürt. Direkt nach Abschluss meiner Ausbildung habe ich mich neu orientiert und überlegt, was ich sonst machen kann – allerdings nicht hauptberuflich, denn man hat ja sofort Verpflichtungen wie Auto, Wohnung und so weiter. Deshalb habe ich nach nebenberuflichen Möglichkeiten gesucht. Für mich war die Immobilie tatsächlich die erste Wahl, weil ich dachte: Okay, ich fange vielleicht einfach früher mit dem Thema Altersvorsorge an und kann dann früher in Pension gehen. Das war damals meine Idee.

Tomek: Wann war denn dein erster Immobiliendeal? Wann ging es überhaupt los?

Christian: Mit 21 habe ich dann direkt im ersten Berufsjahr, oder 22, ich weiß es jetzt nicht mehr genau, mein erstes Grundstück gekauft – bei mir in meinem 2.000-Seelen-Ort. Die *Volksbank* hat ein neues Baugebiet angeboten, und ich war mit meiner Mutter dort, weil sie sich dafür interessiert hat. Während dieser Veranstaltung dachte ich: Das ist eigentlich genau das Richtige für mich. Also habe ich in diesem Baugebiet ein Grundstück erworben, ohne wirklich genau zu wissen, was ich da eigentlich tue. Aber das Grundprinzip kannte ich ja, und ich hatte den Mut und den Glauben daran, dass das schon gut gehen wird.

Tomek: Kannst du dich noch erinnern, wie viel du damals für den Deal gezahlt hast?

Christian: Ja, ich habe ungefähr 35.000 Euro für das Grundstück bezahlt. Es waren knapp 1.000 Quadratmeter, geeignet, um ein Doppelhaus darauf zu bauen. Für das Haus, wie gesagt, ein Doppelhaus mit zweimal 80 Quadratmetern, hatte ich Baukosten von etwa 120.000 Euro.

Tomek: Kannst du dich noch ein bisschen daran erinnern, wie du finanziert hast? Wie lange, mit welchen Zinssätzen und welcher Tilgung?

Christian: Ja, ich habe auf zehn Jahre finanziert, und die Zinsen lagen damals bei etwa 3,6 bis 3,7 Prozent. Dazu kam dann vermutlich noch eine Tilgung von ungefähr 1 Prozent. In etwa so hat sich das abgespielt.

Zahlen und Details zu Christian Krönckes erstem Immobilien-Deal

Jahr: 2002

Stadt: Oldendorf, Kreis Stade (Niedersachsen)

Kaufpreis: 30.000 Euro Grundstück

Kaufnebenkosten: ca. 11.200 Euro

Baukosten: 120.000 Euro

Makler: Nein

Deal-Art: Build to hold

Quadratmeter: 2x 80 m^2 Doppelhaushälfte

Anfangsmiete: 900 Euro

Zinsbindung: 10 Jahre

Zins: ca. 3,7 %

Tilgung: 1 %

Annuität: 4,7 %

Anfangsrendite: 6,75 %

Gesamtinvestitionskosten: 161.200 Euro

Finanzierungsanteil: Nur Baukosten 100 % (120.000 Euro)

Eigenkapitaleinsatz: ca. 46.200 Euro

Cashflow vor Steuern: ca. 430 Euro

Vermietungsmodell: Normale Vermietung

Wie ist der Stand jetzt? Verkauft

Ist-Miete: 900 Euro

Verkaufspreis: ca. 250.000 Euro

Gewinn: 88.800 Euro vor Steuern

Das ganze Interview mit Christian findest du hier als Folge des *Deals-and-Dreams*-Podcasts:

Christian Kröncke:

Interview mit Marco Mattes

Tomek: Für alle, die dich noch nicht kennen: Magst du dich bitte kurz vorstellen? Wer bist du und was machst du?

Marco: Ich bin Marco Mattes, 38 Jahre alt, komme aus dem schönen Bad Kreuznach in Rheinland-Pfalz und betreibe die Bestandsentwicklung von Immobilien. Meine erste Immobilie – darauf kommen wir gleich noch zu sprechen – habe ich vor ungefähr zehn Jahren gekauft. Seit etwa drei bis vier Jahren mache ich das in größerem Stil, mittlerweile mit einem Team von 30 Leuten in Bad Kreuznach.

Tomek: Wie hat denn überhaupt alles mit deinem ersten Deal angefangen? Was war das für ein Deal?

Marco: Das war eine 8.000 Quadratmeter große Lagerhalle im kompletten Leerstand – im Nachbarort von Bad Kreuznach. Eigentlich war das nur ein Mittel zum Zweck, weil wir für ein E-Commerce-Unternehmen, in dem wir damals tätig waren, eine Lagerfläche brauchten. Uns wollte einfach kein Vermieter diese Lagerfläche – ungefähr 1.000 Quadratmeter – so vermieten, wie wir sie gebraucht hätten. Krass, denn wir wollten die Fläche kurzfristig mieten, also erst mal für ein Jahr, und dann schauen, ob wir mehr oder weniger brauchen. Wir waren auch bereit, einen guten Preis dafür zu zahlen. Aber keiner hat gesagt: „Ja, für ein Jahr mach ich das." Obwohl – ich sag mal – ein Jahr, 1.000 Quadratmeter, vielleicht 4 Euro pro Quadratmeter, das sind ja auch 48.000 Euro im Jahr. Für alle Vermieter fühlte sich das an wie Zahnschmerzen. Die hatten alle keine Lust drauf.

Und ja, wenn man nicht mieten kann – was bleibt einem dann übrig? Kaufen! Dann sind wir auf *ImmoScout* gegangen und haben – mit Freunden und Geschäftspartnern zusammen – diese Immobilie gefunden. Tja, und dann war einem gar nicht bewusst, was 8.000 Quadratmeter überhaupt bedeuten. Das Ganze kam über einen Insolvenzverwalter. Das war unsere erste Immobilie.

Tomek: Wahnsinn. Weißt du noch, was du dafür bezahlt hast?

Marco: Ja, ich weiß noch, was wir bezahlt haben – wir haben 811.000 Euro bezahlt. Das waren damals ungefähr 100 Euro pro Quadratmeter.

Tomek: Wie hast du finanziert?

Marco: Die örtliche *Sparkasse* – beziehungsweise die *Sparkasse Rhein-Nahe* – hat das damals ganz klassisch finanziert: Zehn Jahre Zinsbindung, 15 Jahre Tilgung, das war 2015. Der Zinssatz lag damals, da es sich um verschiedene Tranchen handelte, bei 2,25 Prozent für die eine und etwa 2,5 Prozent für die andere.

Wir haben uns selbst einen Mietvertrag gegeben – mit ungefähr 4.000 Euro monatlich. Das heißt, wir hatten rund 48.000 Euro Einnahmen im Jahr. Die Bankrate war allerdings deutlich höher. In den ersten zwei Jahren haben wir die Zinsen mitfinanziert – alles klar, denn das war ja eine komplette Projektentwicklung. Die Immobilie war komplett leerstehend. Also haben wir gesagt: „Okay, wir finanzieren zwei Jahre Zinsen mit – bis dahin haben wir die Vollvermietung erreicht." In dieser Zeit wurden also Zins und Tilgung mitfinanziert. Kurz danach haben wir über 2.000.000 Euro in den Umbau investiert, und damit lag die Gesamtfinanzierungssumme plötzlich bei 2,8 Millionen Euro.

Zahlen und Details zu Marco Mattes' erstem Immobilien-Deal

Jahr: 2015

Stadt: Nachbarort von Bad Kreuznach (Rheinland-Pfalz)

Kaufpreis: 811.000 Euro

Kaufnebenkosten: ca. 10 % (ca. 81.000 Euro)

Makler: Nein

Deal-Art: Buy & Hold

Quadratmeter: 8.000 m² Halle und ein 20.000 m² Grundstück

Anfangsmiete: 4.000 Euro pro Monat bzw. 48.000 Euro pro Jahr (Selbstnutzung durch eigenes Unternehmen)

Renovierungskosten: ca. 2.200.000 Euro (271,27 % des Kaufpreises)

Zinsbindung: 10 und 15 Jahre (zwei Tranchen)

Zins: ca. 2,25 % - 2,5 %

Tilgung: ca. 6 %

Annuität: Gesamtrate anfangs ca. 20.000 Euro monatlich (nach Vollausbau)

Anfangsrendite: 5,92 % Bruttomietrendite

Finanzierungsanteil: ca. 2.550.000 Euro von 2.800.000 Euro gesamt (ca. 91 %)

Cashflow vor Steuern: Am Anfang ausgeglichen, nach Vollvermietung positiv

Vermietungsmodell: Eigennutzung und Drittvermietung nach Umbau

Wie ist der Stand jetzt? Komplett vermietet, Mieteinnahmen jetzt ca. 385.000 Euro im Jahr, Deal stark im Wert gestiegen

Aktueller Wert: ca. 4,2 - 4,6 Mio. Euro

Ist-Miete: ca. 32.000 Euro im Monat bzw. 385.000 Euro pro Jahr

Ist-Rendite: ca. 8,5 % - 9,2 % (auf aktuellen Wert); 12,4 % GIK-Rendite

Cashflow vor Steuern (aktuell): Positiv - deutlich besser als zu Beginn; geschätzt ca. 11.000 bis 12.000 Euro

Das ganze Interview mit Marco findest du hier als Folge des *Deals-and-Dreams*-Podcasts:

Marco Mattes:

Interview mit David Turyabahika

Tomek: Für alle, die dich noch nicht kennen: Stell dich doch einfach mal vor.

David: Ja, mein Name ist David. Ich bin 21 Jahre alt, komme aus Berlin und arbeite derzeit Vollzeit im Immobilienbereich. Dabei kaufe ich Wohnungen und Einfamilienhäuser, saniere sie kurzfristig, verkaufe sie und reinvestiere die Erträge in langfristige Bestandsobjekte, um Cashflow aufzubauen.

Tomek: Hammer! Man darf eines nicht vergessen: Du sagst das mit so viel Leichtigkeit und Selbstverständlichkeit – und dabei bist du erst 21 Jahre alt. Das bist du wirklich, und du hast jetzt schon einen Track Record, den viele selbst mit 30, 40 oder 50 Jahren noch nicht vorweisen können. Vielleicht hast du in kürzester Zeit sogar mehr erreicht als sie. Wie bist du überhaupt darauf gekommen? Wie kommt man in so jungen Jahren zu Immobilien?

David: Ich denke, ich war schon immer unternehmerisch gepolt. Mit 12 Jahren habe ich meine Eltern gebeten, ein Depot für mich zu eröffnen – das ging ja nur über sie. Mit 13 bin ich dann auf Immobilien aufmerksam geworden. Der Hebeleffekt hat mich fasziniert, und ich habe ständig Wohnungen in Chemnitz durchgerechnet – 8 Prozent, 9 Prozent, 10 Prozent Rendite – und mich sehr intensiv mit dem Thema beschäftigt.

Mit 17 war die Schule vorbei. Ich habe dann ein duales Studium begonnen und dachte, dass ich durch das Einkommen die nötige Bonität hätte. Für mich war immer klar: Ich will in Bestandsimmobilien investieren. Also suchte ich deutschlandweit nach Mehrfamilienhäusern – weil einzelne Wohnungen oft nicht genug Cashflow abwerfen, um sie tragfähig zu finanzieren, vor allem wenn man zwar Einkommen, aber noch keine echte Bonität hat.

Ich habe mir bundesweit Objekte angeschaut, sie den Banken vorgestellt – immer etwa zehn bis zwölf im Umkreis – und versucht, sie zu finanzieren. Ich habe verschiedenste Methoden ausprobiert, bin aber auf zahlreiche Hürden gestoßen: Die Ausbildungsvergütung wird nicht angerechnet, ein duales Studium läuft irgendwann aus – also wie nachhaltig ist das Einkommen?

Ich habe versucht, meine Eltern mit ins Boot zu holen, aber sie konnten aufgrund eines indexierten Darlehensvertrags nicht ins Grundbuch eingetragen werden, und Ahnung hatten sie auch nicht. Dennoch wollte ich sie einbinden, um die Bonität zu stärken.

Schlussendlich hat es dann geklappt: Ich konnte das erste Haus erwerben – ohne Eigenkapital und sogar inklusive Kaufnebenkosten, die von der Bank übernommen wurden.

Aber es war klar: Ich muss jetzt auch operativ Geld verdienen. Ich war schon immer unternehmerisch geprägt und habe Verschiedenes ausprobiert. Im Sommer 2023 habe ich dann entschieden: Ich mache jetzt Immobilienhandel. Ich probiere es.

Mir hat diese Idee gefallen, weil ich mich auch bei früheren unternehmerischen Versuchen gefragt habe: Habe ich vielleicht zu früh aufgegeben? Jetzt war es anders: Ich hatte eine Wohnung gekauft, eine variable Zinsrate von 1.200 Euro im Monat – und ich wusste, ich muss das irgendwie stemmen.

Ich musste selbstständig denken, unternehmerisch handeln und das Problem lösen. Egal, ob ich auf einer Feier war oder im Bett lag – diese Zinsrate bestand, diese Wohnung musste funktionieren. Das hat mir gefallen. Dann habe ich mir eine Bank gesucht, gekauft, verkauft – und so ging es weiter. Ich habe gute Gewinne gemacht und immer weiter zugekauft. Heute investiere ich die Erträge in Bestandsobjekte zur langfristigen Vermögensbildung.

Tomek: Du hast tatsächlich ein paar Details zu deinem ersten Deal mitgebracht – und das war ein ganz klassischer Fix & Flip. Wie hast du den gefunden, wann war das, und nimm uns mal ein bisschen mit in die Zahlen.

David: Ja, wie gesagt – im Sommer 2023 kam die Idee: Ich mache jetzt Immobilienhandel. Zu der Zeit war ich noch im dualen Studium bei *Mercedes* und befand mich gerade in den USA, wo ich gearbeitet habe. Ich habe dann Kontakt zu Banken aufgenommen und die Finanzierungsrate geklärt. Für mich war klar: Wenn ich kaufen will, muss ich Verbindlichkeiten aufbauen.

Ich rate jedem, zuerst die Finanzierungsseite zu klären – und erst dann an den Markt zu gehen. Erst wenn das steht, kann man verbindlich agieren und tatsächlich kaufen. Das war meine Devise. Also habe ich das geklärt und bekam eine Zusage: „Stellen Sie uns mal ein Objekt vor, dann können wir uns vorstellen, das zu finanzieren."

Dann bin ich losgezogen und habe einfach gesucht. Ich habe der Bank ein Objekt vorgestellt und es durchgerechnet. Die Wohnung wurde dann tatsächlich finanziert – allerdings musste ich die gesamten Zinsen für ein Jahr im Voraus hinterlegen.

Ich hatte mein ganzes Leben lang gearbeitet – seit ich 15 bin. Ich war angestellt, später in Teilzeit als Vertriebsleiter bei einer kleineren Firma hier in Berlin, auch neben dem Abitur. So hatte ich etwa 75.000 Euro zur Verfügung, und das hat gereicht für die erste Wohnung, die ich dann gekauft habe.

Das war im Sommer 2023, ich war damals 18. Der Notartermin war am 30.12.2023. Ich habe die Wohnung gekauft – mit einer Renovierungsklausel im Vertrag. Ich hatte mich schon vorher intensiv informiert, die Klausel bewusst aufgenommen, dann saniert – und auch direkt wieder verkauft.

Zahlen und Details zu David Turyabahikas erstem Immobilien-Deal

Jahr: 2023

Stadt: Berlin (Berlin)

Kaufpreis: 200.000 Euro

Kaufnebenkosten: 16.000 Euro

Makler: Nein

Deal-Art: Fix & Flip

Quadratmeter: 54 m²

Renovierungskosten: 35.000 Euro

Zinsbindung: Variabel

Zins: 5,409 %

Annuität: 1.200 Euro pro Monat

Finanzierungsanteil: 80 %

Wie ist der Stand jetzt? Verkauft für 301.000 Euro (Verkaufserlös brutto: 50.000 Euro)

Gesamtinvestitionskosten: 251.000 Euro

Gewinn: 50.000 Euro (abzüglich Zinskosten)

Das ganze Interview mit David findest du hier als Folge des *Deals-and-Dreams*-Podcasts:

David Turyabahika:

14

Langfristig erfolgreich bleiben

Markttrends beobachten und anpassen

Viele denken, dass sie nur in der richtigen Marktphase einkaufen können – weil damals die Immobilien günstiger waren, weil jetzt gerade die Zinsen hoch sind und vielleicht sollte man noch warten, bis die Zinsen niedriger werden. Ja, ein gutes Verständnis für den Markt und Marktschwankungen wird in Zukunft für dich wichtig werden. Selbstverständlich beeinflussen Zinsen die Kaufpreise – zumindest bei vielen Verkäufern. Und ja, selbstverständlich wollen viele Verkäufer in schlechten Phasen nicht verkaufen. Du bist allerdings bereits auf der Gewinnerseite, wenn du zwei wichtige Regeln verstanden hast. Die erste: Der richtige Zeitpunkt ist immer **jetzt**, wenn sich der Deal rechnet oder sich in naher Zukunft rechnen wird.

Und die zweite Regel in Bezug auf Marktphasen ist: Komme nicht in die Situation, dass du in einer schlechten Marktphase verkaufen musst. Sei immer in der Position der Stärke – dass du dein Objekt, deinen ersten Deal, nur verkaufst, wenn es sich wirklich lohnt.

Diese Trends prägen den Immobilienmarkt

Demografischer Wandel: Die Nachfrage nach bestimmten Immobilienarten wird maßgeblich von gesellschaftlichen Entwicklungen beeinflusst. Faktoren wie Bevölkerungsstruktur, Haushaltsgrößen, Migration und Urbanisierung spielen dabei eine zentrale Rolle. So führt beispielsweise der demografische Wandel dazu, dass barrierefreie Wohnungen und Pflegeimmobilien zunehmend an Bedeutung gewinnen – die alternde Bevölkerung stellt neue Anforderungen an den Wohnraum. Gleichzeitig zieht es viele junge Menschen in die Großstädte. Für diese Zielgruppe bleiben insbesondere Mietwohnungen in urbanen Lagen attraktiv und stark nachgefragt.

Zinsentwicklung: Die Zinspolitik beeinflusst die Finanzierungsmöglichkeiten stark. Steigende Zinsen verteuern Kredite und bremsen die Nachfrage. Sinkende Zinsen machen Finanzierungen attraktiver und pushen den Markt. Die Kehrseite davon ist, dass steigende Zinsen die Preise einbrechen lassen und fallende Zinsen die Preise steigen lassen. Und genau deshalb lohnt es sich, auf Investoren wie Markus Beforth (den du auch in diesem Buch findest) zu hören. Seine Message ist ganz klar: Wenn es sich rechnet, rechnet es sich. Und das ist die einzige Entscheidungsgrundlage, die du brauchst, um in jeder Marktphase gute Deals zu machen.

Technologischer Fortschritt: Von Smart-Home-Lösungen bis hin zu digitalen Vermietungsplattformen: Die Branche wird zunehmend tech-getrieben.

So bleibst du am Puls des Marktes

Markt regelmäßig analysieren

Es ist wichtig, in regelmäßigen Abständen eigene Marktanalysen durchzuführen, um stets den Überblick über die Entwicklung in deinen Zielregionen zu behalten. Dabei solltest du die Kauf- und Mietpreise genau beobachten und prüfen, wie sich Angebot und Nachfrage verändern. Ich nutze dafür das kostenlose *Immocation*-Standort-Tool, aktuelle Angebote in Immobilienportalen und den ständigen Blick auf die Zinsentwicklung.

Es empfiehlt sich, am besten noch heute in deiner Region – also dort, wo du entweder wohnst, investieren möchtest oder beides – schon einmal für den Anfang einen Newsletter bei *ImmobilienScout* zu aktivieren. So bekommst du einfach jede Wohnung angezeigt, egal ob vermietet oder nicht, die in dieser Region angeboten wird. Danach setzt du dich jeden Tag hin und trägst die Angebote in eine Tabelle ein. Du brauchst lediglich folgende Daten: Kaufpreisvorstellung, Quadratmeter, den Kaufpreis pro

Quadratmeter, dann den Mietpreis kalt pro Quadratmeter im Ist-Zustand für die gesamte Wohnung – und dasselbe mit den Soll-Preisen. Selbstverständlich immer nur die Kaltmiete.

So bekommst du sehr schnell einen Überblick über gute, schlechte und sehr schlechte Angebote. Und ich sage dir: Sobald du 100 Objekte in diese Tabelle eingetragen hast, hast du den Markt verstanden.

Wissen durch Experten & Netzwerke vertiefen

Lass dich regelmäßig inspirieren und informieren, indem du Fachmedien und Blogs liest, an Branchenveranstaltungen und Webinaren teilnimmst oder dich in Communitys wie *Facebook*-Gruppen, *LinkedIn* oder lokalen Stammtischen engagierst. Dort erhältst du wertvolle Einblicke in regionale Entwicklungen und erfährst frühzeitig von neuen Trends, die dir helfen können, immer am Puls der Zeit zu bleiben.

Mein Einstieg war im Jahr 2020 der *YouTube*-Kanal von *Immocation*. Zu dieser Zeit gab es noch nicht so viel deutschsprachigen Content wie heute. Und als ich alle verfügbaren Folgen durchgeschaut hatte, habe ich mir auch die amerikanischen Gegenstücke angesehen. Heutzutage gibt es weitaus mehr Content, und auch beim *Immocation*-Kanal sind Hunderte Stunden Videomaterial dazugekommen.

Parallel zu diesem Buch ist auch der Podcast *Deals and Dreams* entstanden. Diesen und weitere Empfehlungen – egal ob Podcasts, Veranstaltungen oder Coachings – findest du weiter hinten in diesem Buch.

Tools & Software nutzen

Digitale Analyse-Tools liefern dir datenbasierte Einblicke in Angebot, Nachfrage und Preisentwicklungen. Hier empfehle ich dir *PriceHubble*, das *Immocation*-Standort-Tool und auch den *Homeday*-Preisatlas.

Strategisch reagieren – flexibel bleiben

Frühzeitig Richtungen aufgreifen: Wer Marktbewegungen früh erkennt, kann sich Wettbewerbsvorteile sichern. Beobachte Mikro-Trends (z. B. Tiny Houses, Ferienimmobilien, Co-Living-Konzepte) und prüfe deren Potenzial für dein Portfolio.

Finanzierung regelmäßig prüfen: Ändert sich das Zinsumfeld oder entstehen neue Fördermöglichkeiten, solltest du deine Finanzierungsstrategie überdenken. Ein flexibler Umgang mit Tilgung, Laufzeit und Eigenkapitaleinsatz kann entscheidend sein.

Exit-Strategien: Wann und wie Immobilien verkaufen?

In meinem Idealfall behalte ich Immobilien für immer und ewig. Solltest du allerdings vorhaben, die Immobilie zu verkaufen, z. B. bei einem Fix & Flip, ist es wichtig, dass deine Exit-Strategie bereits am Anfang festliegt. Wenn du also beim Ankauf bereits weißt, was mit diesem Deal passieren soll, kannst du z. B. auch die richtige Steuerstrategie einfließen lassen und so das Maximum herausholen.

Solltest du eine Immobilie in Zukunft dennoch verkaufen, ohne dass du vorher eine Strategie dazu hattest, gilt für dich – wie bereits erwähnt: Sei in der Position, dass du nicht verkaufen musst, sondern nur verkaufen kannst. Denn in einer Down-Phase verkaufen zu müssen ist in der Regel mit Abschlägen verbunden. Da die Mieterentnahmen in der Regel nicht günstiger, sondern eher teurer werden, macht es dann natürlich auch Sinn, so eine Marktphase aussitzen zu können.

Denn bei einem Thema kannst du dir absolut sicher sein: In einem Zeitraum von 30 Jahren wird es – wie bei einem Aktienkurs – bessere und schlechtere Phasen geben. Wenn du allerdings rauszoomst und den gesamten Zeitraum betrachtest, wird diese Kurve dennoch eine klare Tendenz haben – und die geht nach oben. Der liebe Paul Zödi (seinen ersten Deal findest du auch in diesem Buch) sagt dazu immer: „Die Zeit heilt alle Cashflow-Wunden."

Wann ist der richtige Verkaufszeitpunkt?

Es gibt keinen „perfekten“ Zeitpunkt, aber klare Indikatoren, die dir bei der Entscheidung helfen:

Marktentwicklung beobachten
Der Immobilienmarkt verläuft in Zyklen. Nutze Hochphasen für maximale Gewinne oder ziehe rechtzeitig die Reißleine, wenn ein Abschwung droht.

Beim Verkauf einer Immobilie solltest du den richtigen Zeitpunkt sorgfältig abwägen. Besonders günstig ist es, wenn eine hohe Nachfrage auf ein knappes Angebot trifft – in solchen Phasen lassen sich oft überdurchschnittliche Preise erzielen. Gleichzeitig lohnt es sich, frühzeitig auf Anzeichen eines Marktabschwungs zu achten, wie etwa steigende Zinsen oder eine nachlassende Nachfrage. Steigende Zinsen beeinflussen den Markt am meisten. Denn wie denkt ein Immobilienkäufer?

Er denkt häufig nicht im Quadratmeterpreis und Gesamtpreis, sondern er denkt an seine monatliche Bankrate. Und wenn sich seine monatliche Bankrate – wie in unserer letzten Immobilienkrise – innerhalb von wenigen Monaten vervielfacht, bedeutet das, dass seine monatliche Belastung steigt. Diese monatliche Belastung, egal ob als eigengenutzte Immobilie oder als Kapitalanlage, ist der entscheidende Faktor, weil die monatlichen Einnahmen sich nicht so schnell nach oben entwickeln, wie die Zinsen es 2022 taten. Wer diese Entwicklungen erkennt, kann rechtzeitig reagieren und Verluste vermeiden.

Eigene finanzielle Lage
Brauchst du Kapital oder leidet deine Liquidität, kann ein Verkauf strategisch sinnvoll sein. Aber: Verkaufe nicht voreilig, wenn deine Investition noch Renditepotenzial oder Nachbeleihungspotenzial bietet, denn du kannst auch deine Immobilie wieder nachbeleihen und kommst so an frisches Geld, ohne dass du die Immobilie verkaufen musst. Beim Verkauf an deine eigene Struktur oder noch besser beim Verkauf an deinen Ehepartner können auch wieder neue Potenziale freigesetzt werden.

So ein Verkauf an deinen Ehepartner lässt sich auch steuerlich zu einer echten Gewinner-Strategie ausbauen – in dem Moment, in dem ihr euch gegenseitig alle zehn Jahre die Immobilien zum aktuellen Wert verkauft und so die steuerliche Abschreibung wieder von Neuem auf ganz anderer Ebene beginnt. Das nennt sich auch Ehegatten-Schaukel. Sieh dir dazu auch das Interview mit Johannes Lemminger an, der ebenfalls in diesem Buch seinen ersten Deal vorstellt.

Steuerliche Überlegungen
Je nach Haltefrist, Gewinnhöhe und persönlicher Situation kann der Verkauf steuerlich unterschiedlich belastet sein. Plane steuerliche Aspekte im Voraus ein, um keine bösen Überraschungen zu erleben.

So verkaufst du deine Immobilie erfolgreich

Ein effizienter Verkaufsprozess spart Zeit, Geld und Nerven. Daher solltest du lernen, den Marktwert realistisch einzuschätzen.

Lass den Wert deiner Immobilie professionell bewerten – durch Gutachter, Makler oder den Vergleich mit ähnlichen Immobilienverkäufen in der Umgebung. Du kannst deine Immobilie auch jederzeit bei uns bewerten lassen. Gehe dazu auf:

MAGNOLIA ONE:

Unabhängig von der Bewertung kann ich dir allerdings den Top-1-Fehler verraten, den besonders viele private Verkäufer machen: Plane durch gezielte Maßnahmen die Aufwertung der Immobilie kurz vor dem Verkauf ein. Sehr häufig lohnt es sich, 5.000 bis 10.000 Euro in die Renovierung der Immobilie zu investieren, um sie anschließend besser verkaufen zu können. Nicht selten wird das Verhältnis von Mehrerlös zu Investitionskosten mit dem Faktor 4 belohnt. Somit können 5.000 gut investierte Euro schnell 20.000 Euro mehr Kaufpreis erzeugen – und du hast in diesem Beispiel 15.000 Euro mehr in der Tasche.

Denn bedenke: Genauso wie bei der Vermietung gilt auch beim Verkauf, dass deine Immobilie im Wettbewerb zu anderen steht. Viele Käufer wollen, dass die Immobilie bezugsfertig ist und haben selten Interesse daran, Handwerker zu koordinieren oder selbst Hand anzulegen. Nutze dies als Chance.

Für den maximalen Verkaufspreis muss die Immobilie auch maximal sichtbar sein. Doch Augen auf bei der Maklerwahl: Es gibt Makler, die dir einen hohen Verkaufspreis versprechen, nur um den Auftrag zu bekommen – selbst wenn der höhere Verkaufspreis am Markt nicht zu erzielen ist. Dass ein „Dummer“ einfach mehr zahlt, ist nicht die richtige Strategie.

Je länger eine Immobilie angeboten wird und je öfter du den Preis reduzieren musst, desto mehr entsteht bei den aktiven Verkäufern der Verdacht, dass irgendetwas mit der Immobilie nicht stimmt. Deshalb lehnen wir bei unserem Maklerlabel *MAGNOLIA ONE* Kunden ab, die zu hohe Preisvorstellungen haben. Wir wollen uns keine Arbeit machen mit Verkäufern, die am Markt enttäuscht werden, dann Makler wechseln und manchmal sogar selbst versuchen zu verkaufen – nur um schließlich doch zur Erkenntnis zu kommen. Grundsätzlich gilt auch beim Verkauf: Geschwindigkeit ist entscheidend.

Immobilien als Teil der Altersvorsorge

Die Bedeutung von Altersvorsorge

Altersvorsorge ist für jeden von uns von entscheidender Bedeutung, um im Ruhestand ein sicheres und finanziell unabhängiges Leben führen zu können. Die gesetzliche Rente reicht oft nicht aus, um den gewohnten Lebensstandard aufrechtzuerhalten, weshalb immer mehr Menschen private Vorsorgemaßnahmen treffen. Eine der sichersten und langfristigsten Formen der Altersvorsorge ist die Investition in Immobilien.

Warum? Immobilien bieten nicht nur eine potenzielle Wertsteigerung im Laufe der Jahre, sondern auch regelmäßige Mieteinnahmen, die eine zusätzliche Einkommensquelle im Alter darstellen können. Darüber hinaus sind Immobilien ein materieller Besitz, der in der Regel im Wert steigt und nicht einfach entwertet oder „vergessen" werden kann.

In diesem Kapitel wirst du erfahren, warum Immobilien eine ausgezeichnete Wahl für deine Altersvorsorge sein können, wie du diese effektiv in deine Strategie integrierst und welche Risiken dabei beachtet werden müssen.

Immobilien als Kapitalanlage

Eine der größten Herausforderungen bei der Altersvorsorge ist die Inflation. Die Preise steigen kontinuierlich, und was heute noch ausreichend ist, kann in wenigen Jahrzehnten nicht mehr ausreichen, um den Lebensstandard zu halten. Immobilien bieten einen natürlichen Schutz vor dieser Inflation, da die steigenden Mieten und die steigenden Verkaufspreise die Inflation ausgleichen.

Die Wertsteigerung von Immobilien über die Jahre hinweg ist in den meisten Fällen stabil und orientiert sich in vielen Ländern an der allgemeinen Inflation. Steigen die Preise für Waren und Dienstleistungen, steigt häufig auch der Wert von Immobilien, was den Besitz langfristig wertvoll macht, weil dein Kredit ja nicht steigt, da du ja zu einem festen Zeitpunkt gekauft hast. Somit profitieren Immobilienbesitzer von der Inflation.

Immobilien als Quelle regelmäßiger Einnahmen im Ruhestand

Ein weiterer entscheidender Vorteil von Immobilien als Altersvorsorge ist die Möglichkeit, passives Einkommen zu generieren. Wenn du eine oder mehrere Mietimmobilien besitzt, kannst du im Ruhestand von regelmäßigen Mieteinnahmen profitieren, die dir finanzielle Sicherheit und Unabhängigkeit bieten.

Doch sei dir dessen bewusst, dass die Vorstellung von passivem Einkommen häufig überinterpretiert wird. Selbstverständlich hast du mit der Immobilie auch Arbeit, besonders wenn du in jedem Jahrzehnt den maximalen Marktpreis für deine Immobilie erzielen möchtest. Dennoch ist eine Immobilie die passivste Form – ganz besonders, wenn du eine gute Verwaltung zwischen dich und die Mieter schaltest.

Falls du Mieter bist, überlege einfach: Wie selten hast du mit deinem Vermieter oder einer Hausverwaltung zu tun? Das ist schon ein sehr guter Indikator dafür, wie wenig Arbeit der Vermieter mit dieser Immobilie hat, wenn er sie gut entwickelt und für zufriedene Mieter sorgt.

Durch die Vermietung von Immobilien erhältst du regelmäßige Einkünfte, die dir helfen, die monatlichen Ausgaben im Ruhestand zu decken. Besonders vorteilhaft ist, dass die Mieteinnahmen im Idealfall langfristig stabil bleiben, während die Immobilien durch Abzahlung des Kredits und mögliche Wertsteigerungen immer mehr zu einer vollständig eigenen Einkommensquelle werden.

Aber selbst wenn du nur eine einzige Immobilie kaufst – und das ist deine selbstgenutzte Immobilie – hilft sie dir im Alter enorm, deinen Lebensstandard zu halten. Ich sehe selbst bei sehr vielen Mietergesprächen traurige Rentenbescheide. Bei jedem dieser Mieter wäre das Leben weitaus einfacher, wenn sie eine abgezahlte Immobilie hätten und somit keine Kaltmiete mehr zahlen müssten. Das macht ganz besonders bei kleinen Renten von 800 Euro bis 1.200 Euro, die ich sehr häufig sehe, einen riesigen Unterschied.

Selbst wenn du den Spitzenrentensatz von 3.538 Euro brutto im Monat erhältst – den in Deutschland gerade nur ca. 50 Rentner bekommen und von dem noch Steuern und Krankenversicherung abzuziehen sind – hilft auch diesen Top-Rentnern eine abgezahlte Immobilie. Deshalb mein Plädoyer: Starte mit dem ersten Deal – denn damit beginnt alles.

Vorteile der Immobilienanlage gegenüber anderen Altersvorsorgemethoden

Verglichen mit traditionellen Formen der Altersvorsorge, wie etwa Aktienfonds, Rentenversicherungen oder Bankeinlagen, bieten Immobilien eine Reihe von zusätzlichen Vorteilen:

Steuerliche Vorteile und Absetzbarkeit: Es gibt steuerliche Vorteile für Immobilieninvestoren, die als Teil ihrer Altersvorsorge investieren. Beispielsweise können Abschreibungen auf vermietete Immobilien genutzt werden, um die Steuerlast zu senken. Auch Kosten für Instandhaltung, Renovierungen und finanzielle Aufwendungen können von der Steuer abgesetzt werden.

Sachwert statt Papierwert: Im Gegensatz zu Papierwertanlagen wie Aktien oder Anleihen bieten Immobilien einen physisch greifbaren Sachwert. Du besitzt ein tatsächliches Asset, das du nutzen, vermieten oder verkaufen kannst, wenn du es benötigst. Dieser Sachwert schützt dich vor der Volatilität des Finanzmarktes.

Ebenso ist eine Immobilie wie ein Zwangssparplan, da du sie, zumindest wenn du wirtschaftlich sinnvoll verkaufen möchtest, nicht schnell mit einem Klick verkaufen kannst. Und besonders bei der Zehn-Jahres-Frist, die unser Gesetzgeber hoffentlich bestehen lässt, wird es steuerlich bereits belohnt, erst nach zehn Jahren und nicht nach fünf Jahren zu verkaufen.

Die Integration von Immobilien in die Altersvorsorge

Der wichtigste Tipp ist, frühzeitig in Immobilien zu investieren, um die Vorteile der langfristigen Wertsteigerung und der Mieteinnahmen voll auszuschöpfen. Wenn du noch in deinen 20ern oder 30ern bist, kannst du von dem Zinseszinseffekt und der steigenden Immobiliennachfrage über Jahre hinweg profitieren. Selbst ein schlechter Deal wird über die Jahrzehnte zu einem sehr guten Deal.

Interview mit Moritz Sanders

Tomek: Erzähl vielleicht einmal für diejenigen, die dich noch nicht kennen: Wer bist du, und was machst du?

Moritz: Ich bin Moritz Sanders, 26 Jahre alt, ehemaliger Profisportler – ich komme ursprünglich vom Basketballfeld. Vor knapp drei Jahren bin ich in die Immobilienbranche gewechselt.

Aktuell liegt mein Fokus, wie du gerade schon angesprochen hast, auf dem Verkauf von Mehrfamilienhäusern und Kapitalanlagen. Unsere Schwerpunktregionen sind Berlin, Brandenburg und NRW – seit Kurzem sind wir aber auch in München aktiv. Grundsätzlich sind wir deutschlandweit vertreten und verkaufen Immobilien auch in anderen Regionen. Gerade denke ich da zum Beispiel an Sachsen-Anhalt oder Kiel, wo wir bereits Objekte erfolgreich vermittelt haben. Parallel dazu bin ich auch selbst als Investor aktiv.

Tomek: Wann war dein erster Deal – und kannst du vielleicht ein paar Zahlen, Daten und Fakten dazu nennen?

Moritz: Damals war ich ein bisschen auf der Suche – es war die Corona-Zeit. Ich habe mich mit vielen Themen beschäftigt: Erst mal in Aktien investiert, ETFs, Gerd Kommer gelesen, das ganze Programm. Ich habe mir auch von meiner Bankberaterin das eine oder andere aufschwatzen lassen. Irgendwann bin ich dann zum Immobilienthema gekommen – und das war eine richtig spannende Reise.

Ich hatte zwei Sponsoren im Basketball, die selbst Immobilienunternehmer waren. Ich habe oft zugehört, wie sie gestartet sind. Einer von ihnen erzählte mir, dass er mit 18 seine erste Wohnung gekauft hatte. Ich habe damals auf mein Konto geschaut und dachte: „Okay, das kann ich nicht.“ Aber je mehr ich mich mit dem Thema beschäftigt habe, desto klarer wurde: Ich muss nicht alles selbst zahlen. Ich kann mir Geld leihen – und der Mieter zahlt das Darlehen im Prinzip für mich ab. Das war der Schlüsselmoment. Ich habe gelesen, gerechnet – und am Ende meine erste

Wohnung gekauft, auch mit Unterstützung von einem meiner Sponsoren.

Meine Grundmotivation war, neben dem Sport etwas Eigenes aufzubauen. Etwas, das langfristig Sicherheit bringt. Ein sehr guter Freund aus Bamberger Zeiten, Dr. Tobias Schachten, hat mich zusätzlich inspiriert, größer zu denken. Konkret war die erste Wohnung ein kleines Projekt aus einem Aufteilergeschäft: eine 31-Quadratmeter-Erdgeschosswohnung mit separater Küche, Bad und Wohn-/Schlafzimmer. Ursprünglich war das mal ein Ladenlokal und wurde um 2014 umgebaut. Ich habe die Wohnung im Oktober 2020 für 82.500 Euro gekauft. Der Verkäufer war – wie gesagt – einer meiner Sponsoren. Natürlich hat er seine Marge verdient, aber er hat mich super begleitet, mir einen Rabatt eingeräumt, und das Ganze hat richtig Spaß gemacht.

Mit 22 beim Notar zu sitzen war ein besonderer Moment. Meine Familie besitzt zwar Eigenheime, aber niemand hat bis dahin gezielt in Immobilien zur Kapitalanlage investiert. Ich hatte also keine wirklichen Vorbilder – außer eben meinen beiden Sponsoren.

Die ersten Mieten kamen rein, auch wenn sie niedrig waren: 315 Euro warm, 265 Euro kalt – echt unverschämt günstig. Ich hatte mir eine hohe Tilgung ausgesucht, fast 3 Prozent, weil ich eher sicherheitsorientiert war. Der Zinssatz war super: 0,85 Prozent – leider nur auf zehn Jahre festgeschrieben, aber damals war ich einfach froh, dass ich überhaupt gestartet bin.

Renditetechnisch war es anfangs kein Traumdeal. Auf dem Papier blieben vielleicht 15 Euro monatlich übrig, ohne Instandhaltungsrücklage. Realistisch betrachtet habe ich wohl 70 bis 100 Euro monatlich draufgezahlt. Die Nebenkosten waren zu niedrig angesetzt, einiges musste ich mir später vom Mieter zurückholen. Aber ich habe extrem viel gelernt. Durch einvernehmliche Gespräche – und das ist auch deine große Stärke – konnte ich die Miete später anpassen. Heute liegt die Warmmiete bei 430 Euro, davon 360 Euro kalt. So arbeiten wir uns Stück für Stück vorwärts. Ich bin mega stolz darauf, dass ich mich damals getraut habe. Vielleicht war es nicht der profitabelste Deal – aber es war der wichtigste. Es ging darum, loszulegen, sich zu trauen, obwohl man noch unsicher ist. Allein dass ich 2.500 Euro Eigenkapital eingebracht habe, statt komplett zu finanzieren, zeigt, wie unsicher ich war. Heute weiß ich: Das wäre nicht nötig gewesen. Aber damals gab es mir Sicherheit – und das war entscheidend. Hauptsache: Ich saß beim Notar und habe es unterschrieben. Die Zeit arbeitet für mich. Und wenn die Wohnung eines Tages neu vermietet wird, reden wir über ganz andere Zahlen. Ich bin einfach unglaublich froh, dass ich diesen Schritt gemacht habe.

Zahlen und Details zu Moritz Sanders' erstem Immobilien-Deal

Jahr: 2020

Stadt: Bamberg (Bayern)

Kaufpreis: 82.500 Euro

Kaufnebenkosten: 4.125 Euro

Makler: Nein

Deal-Art: Buy & Hold

Quadratmeter: 31,76 m^2

Anfangsmiete: 265 Euro pro Monat

Renovierungskosten: 0 Euro

Zinsbindung: 10 Jahre

Zins: 0,85 %

Tilgung: 2,9 %

Annuität: 3,75 % bzw. 250 Euro pro Monat

Anfangsrendite: 3,9 %

Finanzierungsanteil: 80.000 Euro

Cashflow vor Steuern: 15 Euro minus nicht umlagefähige Kosten und Instandhaltungsrücklage

Vermietungsmodell: Normale Vermietung

Wie ist der Stand jetzt? Super, derselbe Mieter wohnt noch dort und wir haben einvernehmlich die Miete angepasst. Von ursprünglich 315 Euro warm auf inzwischen 430 Euro Warmmiete.

Aktueller Wert: Laut *Pricehubble* am 22.03.25 – 96.100 Euro

Ist-Miete: 360 Euro pro Monat

Ist-Rendite: 5,2 %

Cashflow vor Steuern (aktuell): 110 Euro abzüglich nicht umlagefähige Kosten und Instandhaltungsrücklage

Das ganze Interview mit Moritz findest du hier als Folge des *Deals-and-Dreams*-Podcasts:

Moritz Sanders:

Interview mit Jasper Schouw

Tomek: Für alle, die dich noch nicht kennen – auch wenn das in der Immobilienbranche kaum vorstellbar ist –, stell dich doch noch einmal kurz vor: Wer bist du und was machst du überhaupt?

Jasper: Ich bin Jasper – und war gerade schon kurz davor, reflexartig meinen *Instagram*-Claim zu sagen. Ich investiere in Immobilien. Mein Fokus liegt auf dem Bestand, genauer gesagt auf der Aufwertung von sanierungsbedürftigen Bestandsimmobilien. Die halte ich dann in der Regel zehn Jahre, um sie entweder steuerfrei zu verkaufen oder weiterzubehalten. Hauptberuflich verkaufe ich Restnutzungsdauer-Gutachten.

Tomek: Bei den Restnutzungsdauer-Gutachten – erzähl doch mal: Was ist das eigentlich, und wofür braucht man das?

Jasper: Du hast die Möglichkeit, bei einer Bestandsimmobilie – wenn sie bestimmte Kriterien erfüllt – die Abschreibung nach oben zu setzen. Das bedeutet, du kannst kalkulatorisch, also nur auf dem Papier, höhere Kosten gegen die Steuer ansetzen. Du erhöhst damit deine steuerlichen Ausgaben deutlich, ohne tatsächlich Geld ausgeben zu müssen. Normalerweise wird eine Bestandsimmobilie über 50 Jahre abgeschrieben. In vielen Fällen ist sie aber gar keine 50 Jahre mehr nutzbar – oder du hältst sie gar nicht so lange. Das bedeutet, ein Großteil der Abschreibung entgeht dir. Was wir machen: Wir holen diese Abschreibung, die du sonst nie vollständig nutzen würdest, in die ersten zehn bis 15 Jahre vor. So kannst du sie steuerlich besser einsetzen.

Tomek: Und das bedeutet, dass man eine Immobilie, die normalerweise steuerlich über 50 Jahre abgeschrieben wird, im Extremfall sogar schon innerhalb von zehn Jahren abschreiben kann?

Jasper: Zwölf Jahre sind das Maximum bei einer wohnwirtschaftlich genutzten Immobilie.

Tomek: Du hast heute auch deinen ersten Deal mitgebracht – wie du überhaupt ins Immo-Game eingestiegen bist. Kannst du uns da noch einmal ein bisschen durch die Zahlen, Daten, Fakten führen? Wann hat es angefangen, was war das für ein Deal? Hat er sich gerechnet? Ist er cashflow-positiv oder -negativ? Brauchst du die Abschreibung?

Jasper: Ich hatte damals ganz gut verdient in einem Vertriebsjob und einen Finanzberater, der immer sagte: „Du musst Immobilien kaufen." Ich selbst komme aus einfachen Verhältnissen, kam mit Schulden aus dem Studium und wollte eigentlich nie wieder welche machen. Deshalb habe ich viel gearbeitet, um schnell schuldenfrei zu werden, und konnte mir Immobilien gar nicht vorstellen. Der Berater hat mir anfangs Mehrfamilienhäuser in Krefeld angeboten, aber ich hatte mal im Fernsehen diese Dokus über Schrottimmobilien gesehen – Leute, die auf vermeintlichen Steuersparmodellen sitzen geblieben sind. Ich habe das alles abgelehnt, immer wieder betont: „Lage, Lage, Lage." Dann kam er plötzlich mit einer Eigentumswohnung in Köln um die Ecke. Ich hatte gerade mal 20.000 bis 30.000 Euro angespart, wollte das Geld aber nicht anfassen – es war mein Sicherheitsnetz. Also habe ich gesagt: „Eigenkapital kommt für mich nicht infrage. Ich kann monatlich 100 bis 150 Euro dazulegen, wie bei einem Sparplan, aber sonst nichts."

Spoiler: Die Wohnung war nicht cashflow-positiv. Es war ein Aufteilerprojekt, Kaufpreis 135.000 Euro. Mein Berater schlug vor, den Kaufpreis um die Nebenkosten zu erhöhen und mir diese vom Verkäufer rückerstatten zu lassen. Dann wurde es chaotisch: Der Verkäufer war nicht gut auf meinen Berater zu sprechen – sie kannten sich kaum, und die Kommunikation war gestört. Beim Notartermin schob der Verkäufer den Berater wortlos beiseite, guckte mich an und sagte: „Komm, wir gehen mal um den Block." Er war ein echter Kölner Typ, direkt, aber sympathisch. Er erklärte mir, dass er das Geschäft trotz allem durchziehen und die Rückzahlung der Nebenkosten nachträglich unterschreiben würde – wenn ich ihm vertraue. Aber: Nebenabreden vor der Beurkundung sind rechtlich nicht bindend. Ich musste ihm also glauben. Ich überlegte kurz, fand den Typ ehrlich, und wir beurkundeten. Und tatsächlich: Er hat mir später die 17.000 Euro zurücküberwiesen. So hatte ich meine erste Immobilie – komplett ohne Eigenkapital.

Zahlen und Details zu Jasper Schouws erstem Immobilien-Deal

Jahr: 2018

Stadt: Köln (Nordrhein-Westfalen)

Kaufpreis: 152.000 - 17.000 Euro Rückerstattung

Kaufnebenkosten: 17.000 Euro

Makler: Ja

Deal-Art: Buy & Hold (privat)

Quadratmeter: 42 m^2

Anfangsmiete: 270 Euro pro Monat

Renovierungskosten: 500 Euro

Zinsbindung: 10 Jahre

Zins: 1,74 %

Tilgung: 2,05 %

Annuität: 3,79 % bzw. ca. 480,42 Euro pro Monat

Anfangsrendite: 3,1 %

Finanzierungsanteil: 110 %

Vermietungsmodell: Soziale Mietpreisbindung

Aktueller Wert: 198.000 Euro

Ist-Miete: 505 Euro pro Monat

Ist-Rendite: 4,8 %

Cashflow vor Steuern: ca. 20 Euro pro Monat

Das ganze Interview mit Jasper findest du hier als Folge des *Deals-and-Dreams*-Podcasts:

Jasper Schouw:

Interview mit Carsten Engmann

Tomek: Magst du dich einmal ganz kurz vorstellen – wer bist du und was machst du?

Carsten: Ich bin Carsten, 42 Jahre alt, und ehemaliger Unternehmensberater. Eine meiner größten Stationen war *PwC* (*PricewaterhouseCoopers*). Schon damals hatte ich aber den Wunsch, nebenbei etwas Eigenes aufzubauen. Ich bin nicht sofort bei Immobilien gelandet, aber es war immer Teil meines Plans, frühzeitig finanziell frei zu werden – „in Rente gehen" trifft es vielleicht nicht ganz. Besser gesagt: Ich wollte in die Lage kommen, nicht mehr arbeiten zu müssen.

Ich arbeite grundsätzlich gern – auch das, was ich heute im Immobilienbereich mache, macht mir Spaß. Sonst hätte ich mich auch nicht vor Kurzem entschieden, das in Vollzeit zu machen. Aber ich finde, es ist ein unglaublich befreiendes und beruhigendes Gefühl, wenn man nicht mehr auf die Arbeit angewiesen ist. Man spricht ja oft von „passivem Einkommen" durch Immobilien – aber ich glaube, jeder, der das schon etwas länger macht, weiß: Ganz so passiv ist das dann doch nicht.

Tomek: Ich würde mich freuen, wenn du uns mal mitnimmst zu deinem ersten Deal. Wann war der überhaupt? Wie ist es dazu gekommen? Und kannst du uns vielleicht ein paar Zahlen, Daten und Fakten dazu geben?

Carsten: Also, mein erster richtiger Deal war – ich glaube – 2019 oder 2020. Eigentlich fing alles schon 2015 an, als ich das Haus gekauft habe, in dem ich heute auch noch wohne. Das war aber natürlich nicht als Kapitalanlage gedacht, sondern als Eigenheim.

Damals habe ich aber relativ schnell gemerkt, dass ich gar nicht die gesamte Fläche selbst brauche, und so bin ich zum ersten Mal als Vermieter aufgetreten. Ich hatte zum Beispiel eine Einliegerwohnung mit Küche, die ich möbliert vermietet habe. Das war mein erster Kontakt mit dem Vermieterdasein – ganz ohne große Planung.

2019 kam dann eine Bekannte auf mich zu und sagte: „Hey Carsten, ich ziehe aus Wuppertal weg – möchtest du meine Wohnung kaufen?“ Ehrlich gesagt hatte ich damals noch wenig Ahnung von Immobilien als Kapitalanlage – eigentlich generell wenig Ahnung von Immobilien. Mein eigenes Haus hatte ich damals mit einem Gutachter gekauft, der meinte: „Carsten, da kannst du nichts falsch machen – mach das.“

Als meine Bekannte auf mich zukam, habe ich überlegt: Kann ich mir das leisten? Spielt die Bank mit? Und ich dachte: Lass es uns einfach versuchen. Ich hatte ja durch die Vermietung im eigenen Haus schon Mieteinnahmen, die ich beim Kauf gar nicht eingeplant hatte. Die reduzierten meine monatliche Belastung, und da kam mir der Gedanke: Warum das Geld nicht nutzen, um die erste echte Kapitalanlage zu kaufen – eine Eigentumswohnung. Und so hat es dann letztlich auch funktioniert.

Tomek: Und wie viel hast du damals für den Deal bezahlt?

Carsten: Ich habe 127.500 Euro bezahlt und mir dafür 135.000 Euro von der Bank geliehen. Schon damals habe ich eine sehr, sehr gute Miete dafür bekommen.

Tomek: 800 Euro Kaltmiete habe ich gehört.

Carsten: Genau, das fand ich damals schon nicht schlecht – für Wuppertal, für eigentlich nur 76 oder 78 Quadratmeter. Wir reden da über mehr als 10 Euro pro Quadratmeter, was schon damals deutlich über dem Mietspiegel lag – und das ist bis heute so.

Zahlen und Details zu Carsten Engmanns erstem Immobilien-Deal

Jahr: 2019

Stadt: Wuppertal (Nordrhein-Westfalen)

Kaufpreis: 127.500 Euro (davon 17.500 Euro für mitverkaufte Gegenstände, u. a. Einbauküche)

Kaufnebenkosten: ca. 11.200 Euro

Makler: Nein

Deal-Art: Buy & Hold

Quadratmeter: 95 m^2 (davon 78 m^2 Wohnfläche und ca. 17 m^2 Nutzfläche im Spitzboden)

Anfangsmiete: 800 Euro kalt

Renovierungskosten: Nein

Zinsbindung: 15 Jahre

Zins: 1,77 %

Tilgung: 5,86 %

Annuität: 7,63 % bzw. 858,83 Euro

Anfangsrendite: 7,5 %

Finanzierungsanteil: 135.000 Euro (ca. 106 %)

Vermietungsmodell: „teilmöbliert"

Wie ist der Stand jetzt? Ich bekomme immer noch dieselbe Miete, also keine Entwicklung

Aktueller Wert: 160.000 Euro

Ist-Miete: 800 Euro

Ist-Rendite: 7,5 %

Cashflow vor Steuern: - 59,00 Euro

Das ganze Interview mit Carsten findest du hier als Folge des *Deals-and-Dreams*-Podcasts:

Carsten Engmann:

15
Scheitern

Warum auch das Scheitern dazu gehört

Die Angst vor dem Scheitern

Scheitern wird oft mit Versagen, Schwäche und mangelndem Können assoziiert – besonders in Kulturen, in denen Erfolg als das einzig erstrebenswerte Ziel gilt. Auch unser gesamtes Schulsystem ist so aufgebaut, dass Fehler bestraft werden und schlecht sind, und nur Perfektion eine 1+ ermöglicht. Diese Sichtweise ist hinderlich. Denn sie führt dazu, dass wir Fehler um jeden Preis vermeiden wollen – und damit wertvolle Lernchancen verpassen. Oder erst gar nicht starten.

Gerade im Bereich der Immobilieninvestitionen und des Unternehmertums ist das Scheitern ein fester Bestandteil des Prozesses. Es bedeutet nicht das Ende, sondern ist oft ein notwendiger Zwischenschritt auf dem Weg zum Erfolg. Wer langfristig erfolgreich sein möchte, muss verstehen: Fehler und Rückschläge gehören dazu – und wer bereit ist, aus ihnen zu lernen, entwickelt sich weiter.

Scheitern als Lernchance

Der Weg zum Erfolg verläuft selten gerade. Fast jeder erfolgreiche Investor hat auf seinem Weg Fehlentscheidungen getroffen oder Investitionen getätigt, die sich nicht wie erhofft entwickelt haben. Der entscheidende Unterschied: Sie haben daraus gelernt – und sind daran gewachsen.

Im Laufe der Zeit haben sich viele vermeintlich nicht ideale Investments zum Zeitpunkt des Einkaufs dennoch zu großartigen

Anlagen mit beachtlichen Gewinnen entwickelt – denn mit der Zeit steigen sowohl die Mieteinnahmen als auch die Werte der Immobilien.

Aus Fehlern wird man klüger

Fehler sind kein Hindernis – sie sind oft der beste Lehrmeister. Denn sie zeigen dir deutlich, was nicht funktioniert, und zwingen dich dazu, deine Denkweise oder Strategie zu überarbeiten. Wer diese Chance nutzt, wird mit jedem Rückschlag stärker, überlegter und selbstsicherer. Wenn du dieses Buch aufmerksam durcharbeitest, bist du bereits gut vorbereitet, um deinen ersten Deal zu machen. Es gibt genug Menschen, die sich sagen: „Ich brauche noch ein weiteres Buch, noch einen weiteren Kurs, um endlich alles zu wissen – und dann kann ich loslegen." Mein Motto ist: *Start before you are ready.*

Selbst wenn du nicht alle Ratschläge aus diesem Buch verinnerlichst oder in deinen ersten Deal einfließen lässt, hat die finanzierende Bank dennoch eine schützende Hand über dich. Ein Totalverlust ist dadurch nahezu ausgeschlossen.

Das Schlimmste, was dir also passieren kann, ist ein Objekt, dessen Rendite sich langsamer entwickelt als erwartet – und das in einem Zeitraum von 30 Jahren dennoch exorbitante Ergebnisse erwirtschaftet. Starte einfach – und mache deinen ersten Deal!

Ein besseres Risikobewusstsein entwickeln

Fehltritte schärfen dein Gespür für Risiken. Denn nur, wer mit echten Verlusten konfrontiert wurde, lernt, Risiken wirklich zu erkennen, zu bewerten und gezielt zu managen. Das macht dich als Investor resilienter – und langfristig erfolgreicher.

Die emotionale Seite des Scheiterns

Scheitern kann wehtun – vor allem, wenn Herzblut, Zeit und Kapital auf dem Spiel stehen. Doch es ist wichtig zu verstehen: Ein Rückschlag ist kein Urteil über deinen Wert als Mensch oder

Unternehmer. Es ist lediglich ein Hinweis darauf, an welcher Stelle du beim nächsten Mal anders entscheiden kannst. Die fatalste Entscheidung, die du jedoch treffen könntest, wäre, aus Angst vor einem Fehler nicht zu investieren. Denn nicht zu investieren ist definitiv teurer, als das eine oder andere Mal nicht ganz ideal zu investieren.

Resilienz – der Schlüssel zum Dranbleiben
Resilienz beschreibt die Fähigkeit, Rückschläge zu verkraften und gestärkt daraus hervorzugehen. Erfolgreiche Investoren besitzen genau diese Stärke: Sie lassen sich nicht von Niederlagen definieren, sondern wachsen daran.

Die Kraft der Selbstreflexion
Nach einem Misserfolg ist es essenziell, innezuhalten: Was ist passiert? Was hätte ich anders machen können? Diese ehrliche Auseinandersetzung mit dir selbst ist nicht nur der Grundstein für klügere Entscheidungen – sie hilft dir auch, persönliche Schwächen zu erkennen und gezielt an ihnen zu arbeiten.

Scheitern als Sprungbrett

„Was dich nicht umhaut, macht dich stärker" – ein viel zitierter Satz, der beim Thema Scheitern voll ins Schwarze trifft. Rückschläge sind keine Endstation – sie können zum Wendepunkt auf deinem Erfolgsweg werden. Denn ganz häufig öffnen sie dir die Augen, und du hast die Chance, deine Sichtweise und deinen Standpunkt zu überarbeiten.

Erfahrung ist ein wertvolles Kapital
Jede Erfahrung – ob positiv oder negativ – ist Teil deines unternehmerischen Werkzeugkastens. Aus Misserfolgen gewonnene Erkenntnisse sind oft entscheidend, um zukünftig bessere Entscheidungen zu treffen.

Unterstützung durch Netzwerke und Mentoren
In schwierigen Zeiten kann ein gutes Netzwerk Gold wert sein. Mentoren, Gleichgesinnte oder erfahrene Investoren helfen dir, die Situation mit Abstand zu betrachten, neue Perspektiven zu gewinnen – und machen Mut, weiterzumachen.

Oft können sie dir auch den passenden Dienstleister für deine Herausforderung empfehlen. Wenn sie selbst eine ähnliche Situation erlebt haben, ist der Austausch besonders wertvoll: Sie können dir schildern, wie sie damit umgegangen sind – und was ihnen geholfen hat.

Wie du nach einem Rückschlag weitermachst

Scheitern ist kein Schlussstrich – es ist ein Wendepunkt. Doch wie gelingt der nächste Schritt? Hier ein pragmatischer Fahrplan:

1. **Fehleranalyse:** Gehe den Ursachen auf den Grund: Welche Entscheidung war falsch – und warum? Ging es um den Standort, die Kalkulation, die Finanzierung? Nur wenn du ehrlich reflektierst, kannst du daraus lernen.
2. **Ziele neu definieren:** Nutze die Erkenntnisse aus der Analyse, um deine Strategie anzupassen. Setze dir klare, realistische Ziele und entwickle einen Plan, wie du diese erreichen willst, Schritt für Schritt.
3. **Hilfe annehmen:** Lass dir helfen – sei es durch professionelle Berater, erfahrene Investoren oder einen Coach. Der Blick von außen bringt oft Lösungen ans Licht, die dir selbst nicht in den Sinn gekommen wären.

Warum Scheitern ein Teil des Erfolgs ist

Der Weg zum Erfolg verläuft selten ohne Umwege. Scheitern ist kein Makel – es ist Teil der Reise. Nicht das Gegenteil von Erfolg, sondern oft dessen Grundlage. Wer es schafft, Rückschläge als Teil des Prozesses zu akzeptieren und daraus zu lernen, schafft die Basis für echten, nachhaltigen Erfolg.

Interview mit Christine Pistorius

Tomek: Magst du dich einmal ganz kurz vorstellen? Wer bist du und was machst du?

Christine: Mein Name ist Christine Pistorius, ich werde nächste Woche 57 Jahre alt und habe das Thema Immobilien tatsächlich erst im Jahr 2020 für mich entdeckt. Seitdem fühle ich mich ganz frisch und neu in der Immobilienwelt. Davor habe ich viele verschiedene Dinge gemacht, bin oft umgezogen, habe verschiedene Jobs ausgeübt und auch im Ausland gelebt. Immobilien sind seit 2020 meine große Leidenschaft, und ich bin seitdem sehr glücklich damit.

Tomek: Magst du uns mal ganz kurz abholen? Wann war dieser erste Deal? Wie lief er, wie hat er sich in Zahlen ausgewirkt und wohin hat sich das Ganze danach entwickelt?

Christine: Mein erster Deal: Ich war lange alleinerziehende Mutter. Damals habe ich ganz normal gearbeitet und in der Nähe von Düsseldorf, in Ratingen, gelebt – genauer gesagt im Stadtteil Lintorf, dem schönsten Stadtteil. Ich habe mir immer die besten Lagen ausgesucht und irgendwann ein Haus in der Waldseesiedlung gefunden. Das war im Jahr 2011, mein allererster Deal, und tatsächlich mein eigenes Objekt.

Tomek: Und für wie viel hast du das damals gekauft?

Christine: 2011 habe ich das Haus für 300.000 Euro gekauft. Ich bin direkt auf den Eigentümer zugegangen. Es war – und steht auch heute noch – ein Atrium-Bungalow. Ich habe das Haus besichtigt, es war damals Regenwetter und dunkel draußen. Als ich reingekommen bin, war es innen aber ganz hell durch das Atrium. Seitdem schaue ich immer wieder nach Atrium-Bungalows, weil mich dieses Haus mit seiner Architektur, dieser modernen Bauhaus-Architektur, obwohl es aus den späten 70er-Jahren stammt, damals schon absolut begeistert hat.

Tomek: Und du hast, wenn ich richtig informiert bin, ohne Makler gekauft, richtig?

Christine: Ja, ich kannte das Haus sehr gut – ich bin nämlich oft mit meinem Hund dort spazieren gegangen. Also habe ich geklingelt und einen Brief eingeworfen. Der Eigentümer war damals ein promovierter Jurist, etwa 80 Jahre alt. Er mochte mich so sehr, dass er sagte: „Wissen Sie was? Wenn ich verkaufe, dann an Sie." Und so habe ich das Haus bekommen.

Tomek: Eine Rendite gab es nicht, weil du das Haus ja selbst bewohnt hast.

Christine: Es war mein eigenes Objekt, das ich aber nach ungefähr einem Jahr wieder verkauft habe – nach etwa 15 Monaten – aus privaten Gründen. Ich bin dann nach Hildesheim gezogen, das kann ich gerne erzählen. Ich habe das Haus für 360.000 Euro verkauft und dabei rund 60.000 Euro Gewinn nach Abzug der Nebenkosten gemacht. Die Zinsen sind in dieser Zeit gefallen, sodass ich keine Vorfälligkeitsentschädigung zahlen musste. So habe ich das Haus schließlich verkauft – leider.

Tomek: Du hast zwar verkauft, aber mit Gewinn. Wo stehst du heute mit deinem Portfolio?

Christine: Mein Mann und ich haben nun 29 Einheiten und acht Garagen. Mit einem Geschäftspartner habe ich 72 Einheiten und elf Garagen in Hannover und Hildesheim.

Zahlen und Details zu Christine Pistorius' erstem Immobilien-Deal

Jahr: 2020

Stadt: Ratingen (Nordrhein-Westfalen)

Kaufpreis: 300.000 Euro

Kaufnebenkosten: 21.000 Euro

Makler: Nein

Deal-Art: Buy & Hold, erstes selbst genutztes Haus

Quadratmeter: 120 m^2

Renovierungskosten: ca. 15.000 Euro

Zinsbindung: 10 Jahre

Zins: 3,25

Tilgung: 1 %

Annuität: 4,25 % bzw. 1.190 Euro

Vermietungsmodell: Eigennutzung

Wie ist der Stand jetzt? Nach einem Jahr für 360.000 Euro steuerfrei verkauft

Gesamtinvestitionskosten: 336.000 Euro

Gewinn: 24.000 Euro

Das ganze Interview mit Christine findest du hier als Folge des *Deals-and-Dreams*-Podcasts:

Christine Pistorius:

Interview mit Björn Erhard

aka *Mr Genossenschaft*

Tomek: Für alle, die dich noch nicht kennen, stell dich bitte trotzdem noch einmal kurz vor: Wer bist du und was machst du?

Björn: Ja, mein Name ist Björn Erhard. Ich bin 46 Jahre alt, verheiratet und habe zwei Kinder. Ich liebe Immobilien und das Thema Genossenschaften. Ich kann mit ruhigem Gewissen sagen – ohne auf den Tisch zu hauen –, dass ich wohl der Einzige unter 80 Millionen Menschen in Deutschland bin, der das Thema Genossenschaften ganzheitlich verstanden und nachweislich komplett und in der gesamten Breite für sich selbst umgesetzt hat. Außerdem bin ich erster Vorsitzender eines Genossenschaftsverbands. Diese Kombination gibt es so in Deutschland nur einmal.

Tomek: Dein tiefes Fachwissen ist absolut beeindruckend. Ich konnte mich ja schon live davon überzeugen – nicht nur auf deinen zahlreichen Veranstaltungen, sondern tatsächlich auch als dein Kunde, weil ich über dich eine Genossenschaft gegründet habe. Warum braucht eigentlich jeder Immobilieninvestor – oder besser gesagt: jeder Unternehmer – eine Genossenschaft?

Björn: Es geht darum, das im Laufe der Zeit aufgebaute Vermögen zu schützen und es vielleicht später an die nächste Generation oder Nachkommen weiterzugeben, ohne dass dabei Erbschaftssteuer anfällt. Oder man möchte in ein anderes Land ziehen – dann spielt auch die Wegzugsbesteuerung eine Rolle, die sich mit Genossenschaften ganz einfach lösen lässt. Wie gesagt, im Vordergrund steht, das Vermögen, das man aufgebaut hat, zu schützen – für sich selbst, aber natürlich auch für die Liebsten, damit dieses Vermögen dauerhaft erhalten bleibt.

Tomek: Allerdings würde ich gerne ganz kurz erfahren: Wann war dein erster Immobiliendeal, dein erster Immobiliendeal als Investment, und wo genau war das? Kannst du uns ein bisschen mit den Zahlen und Fakten dazu mitnehmen?

Björn: Ich habe mich 2006 komplett selbstständig gemacht und bin direkt in die Selbstständigkeit gestartet. Als Selbstständiger wusste ich, dass ich, wenn ich nicht in die Rentenkasse einzahle, Ersatz schaffen muss. Für mich war damals klar: Das geht nur mit Immobilien. Also war ich ständig auf der Suche nach einem passenden Objekt. 2009 war es dann so weit: Mein Nachbar – ich erinnere mich, als wäre es gestern – sagte mir, dass der Eigentümer eines sehr markanten Hauses an einer stark frequentierten Straße bei uns im Ort insolvent gegangen sei.

Ich bin sofort zu meiner Bankberaterin bei der *Volksbank* gegangen und habe gesagt, ich möchte das Haus kaufen. Sie war völlig überrascht, denn zu dem Zeitpunkt – maximal 24 Stunden nach dem Insolvenzantrag – war das noch nirgendwo offiziell veröffentlicht. Trotzdem hatte ich das schon mitbekommen und wollte direkt zuschlagen. Sie hat das dann alles schnell und unkompliziert für mich geklärt. Ich habe 400.000 Euro geboten, und der Vorstand der *Volksbank* stimmte zu. Kurz darauf gab es zwar ein höheres Gebot von 80.000 Euro mehr, aber der Vorstand sagte: „Nein, Herr Erhard hat unser Wort, er bekommt das Haus für 400.000 Euro." Das zeigt, wie wichtig Vertrauen und Verlässlichkeit sind.

Tomek: Und man darf ja nicht vergessen: Du hast damals schon mit einer Ist-Miete von über 4.000 Euro gestartet. Ab Tag eins warst du zwar um einige Probleme reicher, aber gleichzeitig auch schon im positiven Cashflow. Und wie hast du damals finanziert?

Björn: Auch natürlich über die *Volksbank*, weil das für sie eine Win-win-Situation war. Sie wollten den Deal natürlich auch dort finanzieren, keine Frage. Damals habe ich relativ hohe Zinsen gezahlt, weshalb ich die aktuellen Probleme mit steigenden Zinsen nicht ganz nachvollziehen kann – sie waren früher oft schon höher. Für mich war das also relativ unspektakulär. Das war damals schon so etwas wie meine Rentenabsicherung, mein erster großer Deal. Danach habe ich noch zwei weitere Objekte gekauft, bin dann aber erst einmal eine ganze Zeit lang inaktiv geblieben. Erst 2018 habe ich wieder angefangen, weitere Objekte zu kaufen. Dieser erste Deal war für mich wirklich der Schlüssel zum Erfolg.

Zahlen und Details zu Björn Erhards erstem Immobilien-Deal

Jahr: 2009 (Baujahr 1961)

Bundesland: Niedersachsen

Kaufpreis: 400.000 Euro

Kaufnebenkosten: 30.000 Euro

Makler: Nein

Deal-Art: Buy & Hold

Quadratmeter: 900 m^2 vor Dachgeschossausbau

Anfangsmiete: 4.230 Euro pro Monat bzw. 50.760 Euro pro Jahr

Renovierungskosten: 70.000 Euro in den ersten Jahren

Zinsbindung: 10 Jahre

Zins: 4,5 %

Tilgung: 2 %

Annuität: 6,5 % bzw. 2.708,33 Euro bzw. 32.500 Euro

Finanzierungsanteil: 125 %

Cashflow vor Steuern: 1.521,67 Euro pro Monat bzw. 18.260,04 Euro pro Jahr

Vermietungsmodell: Nein

Wie ist der Stand jetzt? DG Abriss und DG Neubau, Revitalisierungen, Hinterbau wird 2026 als Bürogebäude neu gebaut

Aktueller Wert: 2,8 Millionen Euro

Ist-Miete: 9.402,83 Euro bzw. 112.834,00 Euro; Aktuelle Finanzierung ohne EK mit Tilgung Hauptdarlehen 13,38 % Anfangstilgung. Dachgeschoss 6 % Anfangstilgung

Cashflow vor Steuern (aktuell): 3.746,83 Euro bzw. 44.961,96 Euro

Das ganze Interview mit Björn findest du hier als Folge des *Deals-and-Dreams*-Podcasts:

Björn Erhard:

Interview mit Tobias Bräunig

Tomek: Lieber Tobi, erzähl mal etwas über dich. Wer bist du und was machst du? Stell dich mal kurz vor.

Tobias: Mein Name ist Tobias Bräunig, ich bin 34 Jahre alt, Familienvater, Immobilienunternehmer und im früheren Leben Leistungssportler. Ich habe meine Realschule beendet – mehr schlecht als recht. Ich wusste schon früher, die Schule ist für mich nur eine Durchlaufstation, ich möchte irgendwann ein guter Unternehmer werden und demzufolge lag mein Fokus in der Schule nicht auf den guten Schulnoten. Meine einzige Eins war im Sportunterricht, alles andere war befriedigend bis mangelhaft.

Tomek: Wie ist es überhaupt mit deiner Immobilienkarriere gestartet? Hast du da nochmal zu deinem ersten Deal ein paar Zahlen, Daten, Fakten? Wie ging es denn damals los?

Tobias: Ja, viele andere haben sehr viel richtig gemacht beim ersten Deal. Und mein erster Deal ist eher eine Fuck-up-Story, also *how not to do it*. Aber im Nachhinein hat es dann trotzdem noch ein gutes Ende genommen. Ich habe mir eine erste Wohnung 2013 gekauft. Das war ein Neubau, 68 Quadratmeter für 160.000 Euro inklusive Kaufnebenkosten, inklusive Stellplatz. Also man kann es ja ahnen, wenn man die Kaufnebenkosten und den Stellplatz rausrechnet, dann hat der Neubau um die 2.000 Euro auf den Quadratmeter gekostet. Das ist schon brutal und unvorstellbar für die aktuelle Zeit. Ich hatte da etwas um die 500 Euro Mieteinnahme, also 5 % plus/minus. Auf jeden Fall war das eigentlich ein gutes Objekt, gute Bausubstanz, Neubau logischerweise, keine Renovierungen nötig. Aber ich wollte mir ein Haus kaufen und dachte dann, okay, ich habe schon 200.000 Euro Schulden. Ich bekomme bestimmt keinen Kredit mehr von der Bank. Also ich muss die Wohnung jetzt schnell wieder verkaufen.

Tomek: Tobi, wo war denn die Wohnung überhaupt?

Tobias: Ja, die Wohnung war in Laar-Schwarzwald, also in dem Ort, wo ich wohne. Da auch noch ein kleiner Fun-Fact. Mein Mindset war so begrenzt damals. Ich dachte, alle Wohnungen, die ich kaufe, müssen im Umfeld von 20 bis 30 Minuten sein, damit ich die schnell erreichen kann und damit ich selber was machen kann, wenn was in der Wohnung kaputtgeht.

Tomek: Was mich interessieren würde ist, was für Bücher haben dir zum Beispiel geholfen? Oder Kurse oder was hast du gemacht oder wie ist das bei dir entstanden, dass du tatsächlich mit so viel Passion, Energie in deine Projekte reingehst und das sowohl für dich selber als auch für deine Kunden umsetzt?

Tobias: Man sagt ja immer, du bist der Durchschnitt von den fünf Menschen, mit denen du dich am meisten umgibst. Und wenn du Zeit, ich sage das bewusst überspitzt, mit Arbeitslosen, die keinen Bock haben, zu arbeiten, verbringst, dann ist die Wahrscheinlichkeit relativ groß, dass du nicht der nächste Profi-Immobilieninvestor oder der nächste High-Performer auf der Welt wirst. Umgibst du dich aber mit Menschen, die sich zehnmal größere Ziele setzen, als sie denken können und die jeden Tag zehnmal mehr dafür tun, um diese Ziele nicht nur zu erreichen, sondern sie sogar zu übertreffen, dann ist die Wahrscheinlichkeit wiederum groß, in diese Richtung sehr erfolgreich zu werden. Und ein altes Sprichwort, ich glaube von Dale Carnegie, ist: „Zeig mir deine Freunde und ich sag dir, wer du bist." Das trifft zu 100 % zu. Der zweite ganz wichtige Punkt ist, wenn es geht, jeden Tag Sport machen, jeden Tag an der frischen Luft sein, sich selber auch in anderen Bereichen zu fordern, um dort Leistung zu bringen, sich selbst zu übertreffen und dieses Selbstbewusstsein, das man aus dem Sport gewinnt, wieder in andere Lebensbereiche übertragen. Wie dann eben das Unternehmertum, weil man eben da die Parallelen zieht und durch diese Parallelen, die man in verschiedenen Bereichen des Lebens hat, man das Selbstvertrauen bildet, um erfolgreich zu sein. Und dann ganz klar: Bücher lesen.

Zahlen und Details zu Tobias Bräunigs erstem Immobilien-Deal

Jahr: 2013

Stadt: Lahr im Schwarzwald (Bayern)

Kaufpreis: 160.000 Euro

Kaufnebenkosten: Im Kaufpreis inklusive

Makler: Nein

Deal-Art: Geplant war Buy & Hold, daraus wurde ein Verkauf

Quadratmeter: 68 m^2

Anfangsmiete: 500 Euro

Renovierungskosten: Keine, da Neubau

Zinsbindung: 10 Jahre

Zins: ca. 3 %

Tilgung: ca. 2 %

Annuität: 4,54 % bzw. 666 Euro pro Monat

Anfangsrendite: 5 %

Finanzierungsanteil: 110 %

Cashflow vor Steuern: -166 Euro pro Monat

Vermietungsmodell: Normale Vermietung

Wie ist der Stand jetzt? Verkauft

Aktueller Wert: 220.000 Euro plus Stellplatz

Gesamtinvestitionskosten: 160.000 Euro (KNK im Kaufpreis inkl.)

Das ganze Interview mit Tobias findest du hier als Folge des *Deals-and-Dreams*-Podcasts:

Tobias Bräunig:

16

Schlusswort

Motivation: Warum gerade jetzt der richtige Moment ist, um zu starten

Der Einstieg in die Immobilienwelt ist mehr als ein finanzieller Entschluss – es ist der Beginn einer spannenden Reise. Eine Reise hin zu persönlichem Wachstum, neuen Perspektiven und der aktiven Gestaltung deiner Zukunft. Vielleicht hast du beim Lesen dieses Buches bereits viele Impulse und Strategien mitgenommen. Und vielleicht stellst du dir nun die Frage: „Wann ist der richtige Zeitpunkt, um loszulegen?" Die Antwort ist klar: **Jetzt**.

Warum gerade jetzt?

Der Immobilienmarkt ist ständig in Bewegung – er kennt keine Pause und selten perfekte Bedingungen. Genau deshalb ist jetzt immer der beste Zeitpunkt. Nicht, weil gerade alles ideal ist, sondern weil du bereit bist, dich mit dem Thema zu beschäftigen und loszulegen. Es wird nie den Moment geben, an dem du alles weißt, jede Unsicherheit aus dem Weg geräumt ist und sich alle Zweifel in Luft aufgelöst haben. Aber das brauchst du auch gar nicht. Erfolg entsteht nicht durch Warten, sondern durch Tun – durch Lernen im Machen, durch Fehler, die dich stärker machen, und durch Ziele, die du aktiv verfolgst.

Viele erfolgreiche Investoren haben genau so begonnen – mit Mut, Offenheit und dem Willen, Schritt für Schritt dazuzulernen. Lass dich von den Interviews inspirieren und sieh, was aus diesen Deals geworden ist. Nimm das auch für dich als Motivation – und stell dir vor, was aus deinem ersten Deal werden kann.

17
Empfehlungen

In diesem Kapitel teile ich meine persönlichen Empfehlungen mit dir – darunter inspirierende Podcasts und Bücher. Dabei geht es nicht nur um das Thema *Immobilien*, sondern auch um Inhalte, die dein Mindset stärken und weiterentwickeln.

Podcasts

***Brod zum Frühstück* – Ronald Brod**
In diesem Podcast geht es um die Kraft von Wörtern.

***Immo Insights* – Martin Cronacher und Torben Schulthoff**
Ob erste Schritte oder nächstes Level: In Immo-Insights bekommst du klare Antworten rund ums Immobilieninvestment. Experten teilen ihr Wissen, sodass du Tipps für deine Stategie mitnimmst.

***Creating Prosperity* – Dr. Lara-Jill Sauber**
In diesem Podcast geht es um mehr als Erfolg: Innere Stärke und Klarheit spielen eine große Rolle. Dr. Lara-Jill Sauber teilt Impulse, Strategien und Gedanken für Wachstum.

Nina Luisa Kirsch (*YouTube*)
Auf diesem Kanal erwartet dich eine Mischung aus kreativen Impulsen und Tipps rund um Themen, die Nina bewegen. Hier geht es um Tiefe und Herz.

***Immobilien from Scratch* – Sophie Neef**
In diesem Podcast geht es um den Weg von Sophie in die Immobilienwelt. Er ist perfekt für alle, die ins Immobilienbusiness starten möchten. Auch ich war dort schon zu Gast.

Ton, Steine, Steuern **– Jasper Schouw**
In diesem Podcast werden politische und gesellschaftliche Themen leicht verständlich vermittelt. Jasper macht diese ganz einfach zugänglich.

TNT Fitness **– Tobias Röske und Timo Striffler**
Der Podcast hilft Unternehmern dabei, Fitness und die richtige Ernährung in den Alltag zu integrieren. Tobias und Timo machen Gesundheit auch mit einem vollen Terminplan möglich.

Immocation **– Marco Lücke und Stefan Loibl**
Gemeinsam mit ihren Gästen sprechen Marco und Stefan über Strategien und Tipps für ein erfolgreiches Investieren in Immobilien.

Deals and Dreams **– Tomek Piotrowski**
Dieser Podcast präsentiert Tipps und Geschichten rund um Immobilien, Business und persönliche Entwicklung. Er ist speziell für Einsteiger.

Erfolg ist kein Glück **– Markus Beforth**
Markus gibt in diesem Podcast wertvolle Impulse zu Fokus, Struktur und Disziplin, damit Ziele besser erreicht werden können.

Das Leben ist ein Spiel **– Marco Mattes**
Marco gibt Einblicke in seine Erfahrungen als Investor. Außerdem gibt er Tipps zu den Themen Mindset, Strategie und Erfolg.

Erfolg ist kein Zufall **– Maurice Bork**
Maurice führt Interviews mit erfolgreichen Menschen. Der Podcast inspiriert und liefert praktische Tipps zu den Themen Business und Finanzen.

1a-Lage **– Prof. Dr. Michael Voigtländer und Hauke Wagner**
Hier werden Analysen und Einblicke in den Immobilienmarkt vermittelt.

Du! **– Johannes Lemminger**
Johannes gibt Denkanstöße für mehr Bewusstsein und Leichtigkeit im Alltag.

***Steuern machen Spaß* - Johannes Lemminger und Maurice Bork**
In diesem Podcast zeigen Johannes und Maurice, dass Steuern einfach sein können. Die beiden geben wertvolle Tipps rund um das Thema Steuern.

Immobiléros* - *IMMOCOM
In diesem Podcast sind Fachleute aus der Immobilienbranche zu Gast. Die Themen werden verständlich und informativ dargestellt.

***INVESTOR STORIES* - Tim Senger und Daniel Wagner**
Daniel und Tim sprechen über ihre Wege der Investition und geben Tipps.

***Jung & Investor* - Chris Matthewes und Tom Winter**
Es werden über Themen wie Unternehmertum und Investitionen gesprochen. Außerdem werden gute Tipps geteilt.

***Huberman Lab* - Andrew Huberman**
Neurowissenschaftler Andrew Huberman teilt sein Wissen über Gehirn, Gesundheit und Verhalten. Dieser Podcast ist auf der ganzen Welt sehr beliebt.

***How to build this* - Guy Raz**
Dieser Podcast erzählt Gründungsgeschichten einzelner Unternehmer.

***The Playbook* - David Meltzer**
In diesem Podcast sprechen erfolgreiche Menschen über ihren Erfolgsweg und geben Tipps.

Mein Senf, Dein Senf* - *DIE GRÜNE WIESE
Dieser Podcast bietet unterhaltsame Gespräche über aktuelle Themen.

***The Superhumanize Podcast* - Ariane Sommer**
Ariane Sommer spricht mit Fachleuten über Gesundheit und wie man sein Potenzial entfaltet.

***Investment Insider* - René Zeitel**
René gibt Tipps zum Thema Immobilien und finanziellen Erfolg.

***Immo Off-Market* – Lennart Lauenroth und Luca Meier**
Dieser Podcast bietet hilfreiche Tipps für alle, die erfolgreich in Immobilien investieren wollen.

***Ben unskripted* – Benjamin Berndt**
Benjamin führt ehrliche Gespräche mit interessanten Persönlichkeiten.

***Business-Bistro* – Tobias Claessens**
In diesem Podcast werden Gespräche zum Thema Karriere mit interessanten Gästen aus der Wirtschaft geführt.

***Stahl aber herzlich* – Stefanie Stahl**
In diesem Podcast geht es um Beziehungsthemen, Selbstwertgefühl und persönliche Herausforderungen.

***Tee am See* – Maria und Stephan Craemer**
In diesem Podcast werden Themen wie gesellschaftliche Veränderung diskutiert.

***Leicht & Bewegt* – Marco und Julia Bulla**
Die beiden teilen ihre Erfahrungen mit pflanzlicher Ernährung, Bewegung und Gesundheit gemeinsam mit Experten.

Alle Infos sowie die Links zu den jeweiligen Podcasts findest du unter diesem QR-Code:

Podcast-Empfehlungen:

Netzwerke

***Cashflow-Quartier* – Jan-Moritz Becker**

Das *Cashflow-Quartier* ist eine Community von Jan-Moritz Becker für alle, die sich ein passives Immobilieneinkommen aufbauen möchten – unter anderem mit Live-Calls, Experten-Talks und einem starken Community-Austausch.

Dein Nutzen: Mitglieder erhalten praxisnahe Strategien zur Generierung stabiler Cashflows, profitieren von direktem Expertenwissen und bauen gemeinsam mit Gleichgesinnten ein langfristiges Immobilienportfolio auf – auch ohne Eigenkapital.

***Das Fix & Flip System* – Oliver Fischer**

Das *Fix & Flip System* von Oliver Fischer ist ein strukturiertes Coaching- und Community-Angebot rund um den schnellen Kauf, die zügige Aufbereitung und gewinnbringenden Wiederverkauf von Immobilien – begleitet von Live-Calls, Vorlagen und Events. Auch ich durfte schon bei seinen Community-Events als Speaker tätig sein und konnte mein Wissen rund um das Thema Rendite-Optimierung teilen.

Dein Nutzen: Teilnehmende erhalten praxisbewährte Strategien für risikoarmen, skalierbaren Vermögensaufbau und profitieren von direktem Mentoring durch mehrere erfahrene Profis.

***Der Investors-Club* – Tobias Claessens**

Der Investors-Club ist eine Immobilien-Community von Tobias Claessens (aka *Immogame*) mit Live-Calls und exklusivem Austausch.

Dein Nutzen: Hier hat man Zugang zu Insider-Deals, praxisnahem Know-How und direkter Unterstützung für den Portfolio-Aufbau. Tobias Claessens ist auch Partner der *Cashflow Conference*.

***Real Estate Circle* – Jan Taschlizki**

Der Real Estate Circle ist ein exklusives Netzwerk und Event-Format rund um Jan Taschlizki, bei dem junge bis erfahrene Immobilienexperten bei Konferenzen, Workshops und Networking-Veranstaltungen strategisch zusammenkommen.

Dein Nutzen: Mitglieder profitieren vom direkten Austausch zu Marktchancen, bewährten Investmentstrategien und neuen Kooperationen – unterstützt durch profundes Expertenwissen und gelebtes Zusammenarbeiten in offener, aktiver Community.

***DERIC* – Torben Schulthoff und Martin Cronacher**
In ihrem Podcast (*Immo Insights*) und Mitgliederclub *DERIC* (auch bekannt als *Der Immobilienclub*) zeigen Torben Schulthoff und Martin Cronacher den Alltag eines Immobilieninvestors.

Dein Nutzen: Hörer und Clubmitglieder profitieren von Expertenwissen zu Einkauf, Finanzierung und Portfolio-Strategien sowie einem ehrlichen Blick auf Herausforderungen und Chancen der Branche.

***Die wichtigste Stunde* – Maurice Bork**
Das exklusive Netzwerk *Die wichtigste Stunde* von Maurice Bork, das Menschen durch tägliche Routinen, Rechenschaftspartner und Events dazu motiviert, konstant in ihre persönliche Entwicklung zu investieren.

Dein Nutzen: Es fördert nachhaltiges Wachstum durch klare Strukturen, inspirierende Impulse und eine starke, unterstützende Gemeinschaft.

Achtung: Dies ist kein reines Immobilien-Netzwerk. Allerdings sind viele Immobilien-Investoren und Interviewpartner dieses Buches bei *DWS*. Unter anderem moderiert Martin Cronacher mit mir zusammen den monatlichen Immobilien-Stammtisch von *DWS*.

Liberale Immobilienrunde e. V.
Der liberale Immobilienrunde e. V. dient als Plattform für die Immobilienwirtschaft und Politik und treibt nachhaltige Lösungen voran.

Dein Nutzen: Mitglieder profitieren vom direkten Zugang zu politischen Entscheidern, Fachwissen und einem Netzwerk, das gemeinsam Bürokratie abbaut und freie Marktwirtschaft im Wohnungsbau stärkt.

***Future of Real Estate* - Dario Markoc**

Future of Real Estate (*FORE*), gegründet von Dario Markoc, ist ein wachsendes Netzwerk für junge Immobilienprofis in der DACH-Region, das Menschen zusammenbringt.

Dein Nutzen: Mitglieder erhalten Zugang zu Netzwerken und Veranstaltungen zur Förderung ihres beruflichen Einstiegs.

***Immo-Mentor-Community* - Tom Urbanek**

Die *Immo-Mentor-Community* wurde von Tom Urbanek gegründet und ist eine Immobilienplattform, die auf Einsteiger und erfahrene Investoren ausgerichtet ist und kontinuierliches Lernen fördert. Sie ist für Deutschland und Österreich geeignet.

Dein Nutzen: Mitglieder profitieren von einem Netzwerk, regelmäßigen Sessions mit Experten sowie Vorlagen und Kursen, um ihre Immobilien-Karriere erfolgreich zu gestalten.

***IMMOBILIEN FREUNDE* - Christian Kröncke**

Der exklusive Immobilienclub *IMMOBILIEN FREUNDE*, gegründet von Christian Kröncke, wird unterstützt von erfahrenen Immobilien-Profis. Hier freue ich mich, dass meine Bewerbung als Mitglied angenommen wurde. Auch hier war ich schon auf mehreren Masterminds im In- und Ausland. Die *IMMOBILIEN FREUNDE* sind der Immobilien-Profi-Club mit namenhaften Mitgliedern wie Marco Mattes, Nils Eiffler, Tobias Claessens, Maren Hilken, Verena und Dennis Reiter, Tobias Bräunig und Björn Erhardt.

Dein Nutzen: Mitglieder erhalten Zugang zu erstklassigem Expertenwissen, persönlichen und digitalen Workshops sowie einem starken Unternehmernetzwerk - ideal, um Immobilienvorhaben wie Deals, Finanzierung oder Projektentwicklung effektiv voranzutreiben.

***No Limit Club* – Samet Evci**

Die exklusive Immobilien-Community *No Limit Club* ist eine von Samet Evci (aka *Immodaddy*) mit Academy Zugang.

Dein Nutzen: Mitglieder erhalten tiefgehende Einblicke in echte Immobilien-Transaktionen und profitieren von einem starken Netzwerk.

Alle Infos sowie die Links zu den jeweiligen Netzwerken findest du unter diesem QR-Code:

Netzwerk-Empfehlungen:

Immobilien-Coaching

Immocation

Das *Immocation*-Coaching ist ein praxisnahes Ausbildungsprogramm für angehende und erfahrene Immobilieninvestoren. Es vermittelt umfassendes Fachwissen rund um den Kauf, die Vermietung und die strategische Entwicklung von Immobilien. Neben Online-Videokursen profitieren Teilnehmer von Live-Coachings, individueller Betreuung und einer aktiven Community. Ziel des Coachings ist es, Investoren Schritt für Schritt beim Aufbau eines rentablen Immobilienportfolios zu begleiten – rechtssicher, steuerlich optimiert und langfristig erfolgreich. Die Besonderheit bei *Immocation* ist, dass man von der Erfahrung vieler Investoren profitieren kann. Diese vermitteln ihr Wissen als Coaches und helfen dir so, deine ganz individuelle Immobilien-Strategie entwickeln zu können. Ich selbst habe das *Immocation*-Coaching auch mitgemacht. Aus *Immocation* ist eine ganze Community gewachsen, mit sehr vielen Veranstaltungen.

Creating Prosperity

Dr. Lara-Jil Sauber, Ärztin und Immobilieninvestorin, bietet mit dem *ImmoStart*-Coaching ein kompaktes Programm für Einsteiger, die erfolgreich in Immobilien investieren möchten. Du lernst Schritt für Schritt alles Wichtige – von Standortwahl über Finanzierung bis zur ersten renditestarken Immobilie. Unterstützt wirst du durch Experten, Vorlagen und Live-Sessions. Ideal für Berufstätige, die mit System und Sicherheit Vermögen aufbauen wollen.

Sophie Neef Consulting

Sophie Neef, Psychologin und Immobilieninvestorin, bietet mit ihrem Coaching ein praxisnahes Programm für Einsteiger. Teilnehmende lernen alles von der Objektsuche bis zur Vermietung – begleitet durch Live-Calls, 1:1-Betreuung und Tools. Ziel ist der sichere Kauf einer renditestarken Immobilie mit klarer Strategie und professioneller Unterstützung.

René Zeitel/Seminare

René Zeitel bietet zwar kein klassisches Coaching an, allerdings veranstaltet er mehrmals jährlich Top-Seminare. Bei einem seiner Seminare war ich bereits als Speaker und Gast. Und ich muss sagen, es war ein absolutes Profi-Level und es ist beeindruckend, was René auf die Beine gestellt hat und wie er sein Wissen teilt.

Das Fix & Flip System

Oliver Fischer hat das Fix & Flip System perfektioniert und bringt es dir zusammen mit seinem Team aus erfahrenen Coaches bei. Neben Oliver Fischer selbst bekommst du auch Unterstützung von seinem Coaching-Team unter anderem von Christoffer Degener, Artur Staudacker und Daniel Sochaczewski.

Immocashflow

Paul Müller ist erfahrener Immobilieninvestor. Er besitzt mehrere Wohnungen und Mehrfamilienhäuser und unterstützt im Coaching Einsteiger und Fortgeschrittene dabei, rentable Immobilien zu finden, zu finanzieren und erfolgreich zu investieren. Sein Programm umfasst Masterclasses, Coaching-Calls und ein exklusives Netzwerk. Ziel ist es, Vermögen durch Immobilien aufzubauen. Paul Müller ist in allen Bereichen dabei: Von Projektentwicklung, über Fix & Flip bis zu Buy & Hold.

Die Immo-Oma

Johanna Bauer, auch bekannt als *Immo-Oma*, bringt über 30 Jahre Erfahrung als Immobilienmaklerin und Mentorin mit. Sie begleitet Frauen auf dem Weg zum ersten vermieteten Objekt und unterstützt sie dabei, finanziell unabhängig zu werden. Ihr Mentoring-Programm umfasst praxisnahe Begleitung von der Immobiliensuche bis zum Kaufabschluss. Teilnehmerinnen profitieren von regelmäßigen *Zoom*-Calls, einer persönlichen *WhatsApp*-Gruppe und umfangreichem Kursmaterial. Johanna legt großen Wert auf individuelle Betreuung und den Aufbau eines starken Frauennetzwerks, um Frauen mit Wissen und Coaching zu empowern und ihre finanziellen Ziele durch Immobilien zu erreichen.

Wealthy and Connected

Alberta Lehmann ist Finanzbloggerin und Investorin, spezialisiert auf Immobilien und ETFs. Mit ihrem Coaching begleitet sie Frauen Schritt für Schritt zum ersten Immobilieninvestment – von der Standortwahl bis zum Notartermin. Ihr Ziel ist es, Frauen beim Vermögensaufbau durch Immobilien zu unterstützen.

Andres Martinez
Andres veranstaltet exklusive Seminare, die sich sowohl für Anfänger als auch für Profis eignen. Wenn man ihn ganz lieb bittet, bietet er auch 1:1-Coachings an. Er selbst ist auch Buchautor. Sein Buch „Mein Weg zur 1. Million" findest du auch in der Empfehlungsliste für Bücher. In seinem Buch beschreibt Andres sehr sympathisch und nahbar seinen Weg zum Immobilien-Millionär.

Der Immo-Mentor
Im Coaching von Tom Urbanek erfährst du, wie du gute Immobilien erkennst und diese richtig finanzierst. Mit seiner Begleitung entwickelst du Schritt für Schritt deine eigene Investmentstratgie.

Das Betongold Training
Gerald Hörhan, bekannt als *Der Investmentpunk*, bietet mit seinem *Betongold Training* einen umfassenden Online-Kurs für Immobilieninvestoren an. Der Kurs deckt praxisnah Themen wie Immobilienbewertung, Finanzierung, Vermietung und steuerliche Optimierung ab. Mit seinen Videolektionen, Live-Besichtigungen und exklusiven Tools richtet sich das Training an Anfänger und Fortgeschrittene. Teilnehmer lernen, rentable Immobilien zu finden, Renditen zu berechnen und ihre Investitionen langfristig erfolgreich zu managen. Das *Betongold Training* ist speziell auf den deutschen und österreichischen Markt zugeschnitten.

Sarah Lindner
Sarah Lindner bietet ein Immobilien-Coaching besonders für Frauen an. Teilnehmer lernen, rentabel zu investieren und erfolgreich zu vermieten.

Maren Hilken
Maren Hilken ist erfahrene Finanzexpertin und Immobilieninvestorin mit über 30 Jahren Praxis. Als Mentorin und Speakerin unterstützt sie junge Unternehmer und Immobilienprofis dabei, selbstbestimmt zu leben und ihre Renditechancen zu nutzen. Ihr Ansatz basiert auf dem Leitgedanken „We rise by lifting others".

Immobilien MasterClass
Matthias Beerbaum ist ein erfahrener Immobilieninvestor mit über 2.000 Einheiten. In seiner *Immobilien MasterClass* vermit-

telt er praxisnahes Wissen zu Themen wie Off-Market-Strategien, Verhandlung und Bewertung. Teilnehmer profitieren von wöchentlichen Q & A-Sessions, exklusiven Einblicken in Deals und individueller Unterstützung beim Portfolioaufbau.

Leverage Immo Coaching

Leverage Immo Coaching ist ein maßgeschneidertes Immobilien-Coaching von Johannes Schwärzler, das Anleger dabei unterstützt, mithilfe von Hebelwirkung effektiv Vermögen aufzubauen. Johannes Schwärzler vermittelt praxisorientierte Methoden für den gezielten Einsatz von Fremdkapital, um Immobilieninvestments auch mit wenig Eigenkapital erfolgreich zu gestalten. Das Programm umfasst individuelle Beratung, Finanzierungslösungen und Strategien zum Risikomanagement. Besonderer Fokus liegt auf persönlicher Betreuung und praxisnahen Ergebnissen.

Betongold-Schmiede

Carsten Engmann hat selbst über 20 Jahre lang als Unternehmensberater gearbeitet und ist mittlerweile Vollzeit-Immobilien-Investor. Sein Immobilien-Coaching ist aus der Leidenschaft entstanden, sowohl sein unternehmerisches, als auch sein Immobilien-Wissen zu teilen. Sein Coaching ist individuell in Kleingruppen und 1:1-Sessions. Man könnte es auch als Boutique-Coaching bezeichnen. Carsten ist wichtig, dass seine Teilnehmer durchziehen und nach dem Programm wirklich investiert sind. Coaching-Aufträge nimmt er nur bei Commitment an.

Alle Infos sowie die Links zu den jeweiligen Immobilien-Coachings findest du unter diesem QR-Code:

Coaching-Empfehlungen:

Mindset-Coaching

Meine absolute Empfehlung!!

Thomasch Georgi
Thomasch Georgi ist ein erfahrener Coach und Kommunikationstrainer mit mehr als 20 Jahren Praxis. Mit seiner Ausbildung *Erfolgreich Coach sein* vermittelt er praxisnahe Techniken zur persönlichen Entwicklung und Konfliktlösung. Die Kurse umfassen Basis- und Aufbauwissen und richten sich an angehende Coaches sowie alle, die ihre Kommunikationsfähigkeiten stärken möchten. Mehr Informationen findest du auf *erfolgreichcoachsein.de*.

DIE GRÜNE WIESE
DIE GRÜNE WIESE ist ein Coaching- und Trainingsunternehmen, das Menschen in ihrer persönlichen und beruflichen Entwicklung unterstützt. Unter der Leitung von Patrizia Voigtländer und Stefan Grosalski fördert das Team Potenziale und nachhaltige Veränderungen. Zum Angebot gehören Trainings und Einzelcoachings. Besonderer Wert wird auf Betreuung und Qualität gelegt.

Alle Infos sowie die Links zu den jeweiligen Mindset-Coachings findest du unter diesem QR-Code:

Mindset-Coaching-Empfehlungen:

Events

Meine Pflicht-Events

***Cashflow Conference* von Fabian Rieker, Sean Giddens und Tobias Claessens**

Die *Cashflow Conference* bringt über 8.000 Finanzbegeisterte und Investoren zusammen. Experten teilen ihr Wissen in spannenden Vorträgen. Neben inhaltlicher Tiefe bietet das Event auch reichlich Raum für Austausch und Networking in Community-Lounges.

Visionary Investment Circle

Der *Visionary Investment Circle* in Monaco ist ein exklusives Netzwerk, welches von Felix Fuchslocher veranstaltet wird. In privatem Rahmen Visionen für eine verantwortungsvolle Zukunft.

***Genossenschaft-Kongress* von Björn Erhard**

Der *Genossenschaft-Kongress* vermittelt wertvolles Wissen im Bereich Unternehmertum, Immobilien, Finanzen und Mindset. Ein kompaktes Format für alle, die ihre Zukunft unternehmerisch klug gestalten wollen.

Immobilien Lounge* by *MAGNOLIA ONE

Die *Immobilien Lounge* by *MAGNOLIA ONE* vereint Immobilieninvestoren in Berlin. Sie treffen sich in stilvollem Ambiente zum Austausch über Marktentwicklungen und zum Netzwerken.

***Immocation*-Festival**

Das *Immocation*-Festival ist ein Event für private Immobilieninvestoren in Deutschland. Es treffen sich Anfänger und Profis zum Austausch, Lernen und Netzwerken. Ein Muss für alle, die mit Immobilien erfolgreich investieren und ihr Netzwerk ausbauen wollen.

***Immocation*-Stammtisch**

Die *Immocation*-Stammtische sind der Treffpunkt für Immobilieninvestoren. Es geht um den Austausch von Wissen, persönlichen Erfahrungen und aktuellen Entwicklungen. Dies ist eine ideale Gelegenheit, um sich zu vernetzen, voneinander zu lernen und gemeinsam weiterzukommen. Diese finden in ganz Deutschland statt. Ich selber bin der Gastgeber des Stammtisches in Berlin.

IMMOKONGRESS

Einmal im Jahr versammelt der *IMMOKONGRESS Augsburg* Fachleute aus der gesamten Immobilienbranche, um sich über neueste Trends, Marktanalysen und zukunftsweisende Konzepte auszutauschen. Dieses Event schafft den idealen Rahmen für fachlichen Dialog und neue Kontakte. Im Mittelpunkt stehen dabei regionale Entwicklungen, nachhaltige Bauweisen und digitale Innovationen für die Immobilienwirtschaft.

Masterminds* der *IMMOBILIEN-FREUNDE

Dies sind Treffen der Mitglieder der IMMOBILIEN-FREUNDE. In entspannter Atmosphäre tauschen sie Erfahrungen aus und profitieren von wertvollen Networking-Möglichkeiten.

Event-Empfehlungen:

Alle Infos sowie die Links zu den jeweiligen Events findest du unter diesem QR-Code:

Bücher

10X für Immobilieninvestoren **– Markus Beforth**
Erfolgsstrategien für den modernen Immobilienmarkt:
Mehr erreichen, schneller wachsen, Portfolio verzehnfachen
ISBN: 978-3-98755-114-7

Auf dem Weg zu finanzieller Gelassenheit **– Markus Wahle**
ISBN: 978-3-98631-036-3

Blondinen können alles. Außer Geld **– Laura Schick**
Warum finanzielle Unabhängigkeit für Frauen kein Luftschloss ist.
ISBN: 978-3-95972-490-6

Das Einmaleins der Immobilieninvestitionen **– Michael Peter**
Warum Immobilien so phänomenal lukrativ sind.
ISBN: 978-3-00-043390-0

Das Kind in dir muss Heimat finden **– Stefanie Stahl**
In drei Schritten zum starken Ich.
ISBN: 978-3-424-63143-2

Das Robbins Power Prinzip **– Anthony Robbins**
Befreie die innere Kraft.
ISBN: 978-3-548-74226-7

Der Almanach **– Naval Ravikant**
Ein Leitfaden auf dem Weg zu Reichtum und Glücklichsein.
ISBN: 978-3-95972-494-4

Der Einzimmer-Millionär **– Gerald Hörhan**
Wie du gar nicht verhindern kannst, reich zu werden.
ISBN: 978-3-95972-531-6

Der Schrei nach Wohlstand **– Tom Urbanek**
Raus aus der Mittelmäßigkeit, rein in die finanzielle Unabhängigkeit mit dem Immobilien-Erfolgscode.
ISBN: 978-3-98755-130-7

Der Weg zur finanziellen Freiheit **– Bodo Schäfer**
Dieses Buch ist für alle, die vermögend werden, ihre Träume leben sowie in finanzieller Freiheit leben wollen.
ISBN: 978-3-423-34000-7

***Die 1 % Methode* - James Clear**
Minimale Veränderung, maximale Wirkung.
ISBN: 978-3-442-17858-2

***Die 4-Stunden Woche* - Thimothy Ferriss**
Mehr Zeit, mehr Geld, mehr Leben.
ISBN: 978-3-548-06687-5

***Die 10x Regel* - Grant Cardone**
Der feine Unterschied zwischen Misserfolg und Erfolg.
ISBN: 978-3-527-51224-9

Die Do-it-yourself Rente
- Marco Lücke und Stefan Loibl (*Immocation*)
Passives Einkommen aus Immobilien zur Altersvorsorge.
ISBN: 978-1-973363-17-0

***Die perfekte Besichtigung* - Alex Düsseldorf Fischer**
Worauf Immobilieninvestoren bei einer Besichtigung achten! Kostenloser Zugang zum *Immobilienlexikon der Grundlagen* inkl. hilfreicher Checklisten.
ISBN: 979-8-671875-28-7

***Die Prinzipien des Erfolgs* - Ray Dalio**
ISBN: 978-3-95972-123-3

***Die wichtigste Stunde* - Maurice Bork**
Das Tagebuch für deine Erfolgsstrategie.
ISBN: 978-3-9823644-8-3

***Du!* - Johannes Lemminger und Evelin Luger**
Kinderleicht und doch so unglaublich schwer.
ISBN: 978-3-98755-129-1

***Du kannst nicht nicht verkaufen* - Maurice Bork**
Privater und beruflicher Erfolg dank der 22 Gesetze eines Topverkäufers.
ISBN: 978-3-98755-064-5

Entspannt in Immobilien investieren
- Erik Renk und Paul Hinrichs
ISBN: 978-3-95972-342-8

Erfolg durch Intuition **– Marco Mattes**
Wie Unternehmer und Investoren mit Selbstvertrauen und dem richtigen Mindset den Markt beherrschen.
ISBN: 978-1-960004-75-8

Erfolg ist kein Zufall **– Maurice Bork und Christian Gaschler**
Die Erfolgsfaktoren für Reichtum, Glück und Erfüllung.
ISBN: 978-3-98755-152-9

Erfolg kann jeder **– Alexander Lang**
Gesundheit, Geld, Liebe: So findest du ganz entspannt den Sinn im Leben und gewinnst in allen Lebensbereichen.
ISBN: 978-3-98755-119-2

Factfulness **– Hans Rosling, Anna Rosling und Ola Rosling**
Wie wir lernen, die Welt so zu sehen, wie sie wirklich ist.
ISBN: 978-3-548-06041-5

Die Gesetze der Gewinner **– Bodo Schäfer**
Erfolg und ein erfülltes Leben.
ISBN: 978-3-423-34048-9

Ich bleib dann mal zu Hause **– Helge König**
Wegweiser in ein selbstbestimmtes Leben. Arbeite wann, wo und wie viel du möchtest.
ISBN: 978-3-98755-113-0

Ich kann das **– Bodo Schäfer**
Eine Geschichte über die drei Worte, die unser Leben verändern.
ISBN: 978-3-423-35185-0

Immogame **– Tobias Claessens**
Mit Immobilien spielend reich werden. So baust du dir ein Vermögen auf durch cleveres Immobilieninvestment.
ISBN: 978-3-95972-795-2

Immobilien? Immobilien. Immobilien! **– Patrick Windisch**
Der Leitfaden für branchenfremde Kapitalanleger, vom Kauf bis zur Vermietung und Verwaltung.
ISBN: 978-1-798825-47-1

***Immobilien-Investitionen leicht gemacht* - Stephan Gerlach**
Passives Einkommen und dein Weg zur finanziellen Unabhängigkeit.
ISBN: 979-88-947401-3-3

***Immobilienlexikon der Grundlagen* - Alex Düsseldorf Fischer**
Immobilien in einfachen Worten simpel erklärt.
ISBN: 978-8-641622-36-1

***Internationale Produktpiraterie & Gegenmaßnahmen* - Fabian Werth**
Dargestellt an ausgewählten Unternehmen und Marken.
ISBN: 978-3-639-04867-4

***Mein Weg zur 1. Million* - Andres Martinez**
Mehr Zeit, mehr Freiheit, mehr Leben.
ISBN: 978-3-98755-154-3

***Miracle Morning* - Hal Elrod**
Die Stunde, die alles verändert. Das Tagebuch.
ISBN: 978-3-424-15329-3

***Money* - Tony Robbins**
In 7 einfachen Schritten zur finanziellen Freiheit.
ISBN: 978-3-89879-914-0

***Rich Dad Poor Dad* - Robert T. Kiyosaki**
Was die Reichen ihren Kindern über Geld beibringen.
ISBN: 978-3-89879-882-2

***Rich Dad Poor Dad´s Cashflow Quadrant* - Robert T. Kiyosaki**
Der Weg zur finanziellen Freiheit.
ISBN: 978-3-690-66045-7

***Steuern machen Spaß!* - Johannes Lemminger alias Zacharias Zaster**
Vor allem die, die du nicht bezahlen musst!
ISBN: 978-3-98755-078-2

***The 5 Second Rule* - Mel Robbins**
How to enrich your life and destroy doubt in 5 seconds.
ISBN: 978-1-68261-238-5

The Diary of a CEO **– Steven Bartlett**
Die Entdeckung des Erfolges: 33 Gesetze für Leben und Arbeit.
ISBN: 978-3-424-20295-3

The Secret – Das Geheimnis **– Rhonda Byrne**
Das erfolgreichste spirituelle Buch aller Zeiten.
ISBN: 978-3-442-33790-3

Think and Grow Rich **– Napoleon Hill**
ISBN: 978-1-58542-433-7

Über Geld spricht man nicht – Frau schon **– Sarah Lindner**
5 Gebote für finanzielle Unabhängigkeit.
ISBN: 978-3-65836-208-9

Update für dein Unterbewusstsein **– Thimon von Berlepsch**
Neues Danken. Neues Handeln. Neues Fühlen.
ISBN: 978-3-424-20226-7

Von null auf Immobilien-Investor **– Markus Beforth**
Wie du mit der 9x1 Methode passives Einkommen generierst und finanziell frei wirst.
ISBN: 978-3-949931-11-6

Wie man Freunde gewinnt **– Dale Carnegie**
Das einzige Buch, das du brauchst, um beliebt und einflussreich zu sein.
ISBN: 978-3-596-70941-0

Wie wir denken, so leben wir **– James Allen**
As A Man Thinketh, Weisheiten aus Jahrtausenden.
ISBN: 978-3-7322-4960-2

Alle Infos sowie die Links zu den jeweiligen Büchern findest du unter diesem QR-Code:

Bücher-
Empfehlungen:

Vorlagen

Unter diesem QR-Code findest du Listen mit Unterlagen, die du beim Kauf einer Immobilie anfordern solltest, um alle Aspekte gründlich prüfen zu können. Eine solide Finanzierung gelingt nur, wenn du bei der Bank mit vollständigen Unterlagen überzeugst. Wir selbst speichern diese Dokumente in *immocloud* und nutzen bei neuen Immobilienfinanzierungen *FinEstHub*:

Unterlagenliste:

Hier findest du eine vereinfachte Kalkulation für die erste Einschätzung einer Immobilie. Erweist sich das Objekt bereits in dieser Erstkalkulation als guter Deal, empfehlen wir das detaillierte Kalkulationstool von *Immocation*. Dieses ist in zwei Varianten erhältlich – weitere Informationen findest du direkt unter diesem QR-Code:

Erstkalkulation:

Das *Immocation*-Standort-Tool ist ein tolles Hilfsmittel, das ich sehr gerne nutze, um mir bislang unbekannte Standorte genauer anzusehen. Besonderen Wert lege ich dabei auf die Entwicklung der Bevölkerungszahl in den letzten zehn Jahren sowie auf die Arbeitslosenquote in der Region.

Standort-Tool:

Ich habe an einigen kleineren Standorten Immobilien gekauft, an denen sich die Arbeitslosenquote in den letzten zehn Jahren halbiert hat. Das spricht dafür, dass viele neue Unternehmen gegründet wurden oder in die Region gezogen sind. Natürlich gelingt es nicht jedem dieser Unternehmen, langfristig zu bestehen – aber bei einer so positiven Entwicklung gehe ich davon aus, dass viele dieser Firmen bleiben werden. Und: Wo es Arbeit gibt, bleiben die Menschen gerne – oder ziehen dorthin.

PriceHubble ist ein Immobilienbewertungs- und Analyse-Tool. Bei *PriceHubble* kannst du sowohl deine eigene Immobilie anlegen als auch eine, für die du dich interessierst. So erhältst du nicht nur eine hervorragende Bewertung der Immobilie für deine Bank, sondern auch eine umfassende Makro- und Mikroanalyse des Standorts. Die Nähe zu Schulen, Einkaufsmöglichkeiten und medizinischer Versorgung lässt sich ebenso nachvollziehen wie die Qualität der Region innerhalb der Stadt.

Besonders schätze ich die Vergleichsmöglichkeiten mit historischen Objekten, die beispielsweise in den letzten zwölf Monaten in der Umgebung angeboten wurden. Das Beste daran: Diese Daten umfassen sowohl Verkaufs- als auch Mietpreise.

So steht einer fundierten Immobilienanalyse nichts mehr im Weg. Und ja – wie bei all meinen Empfehlungen handelt es sich auch hier um unbezahlte Werbung aus Überzeugung:

PriceHubble:

Ich bin auch Partner bei *MAGNOLIA ONE* – eine Maklerfirma der *MAGNOLIA-GRUPPE*. Wenn du auf der Suche nach Immobilien bist, solltest du dort einen Suchauftrag anlegen – so können wir dich regelmäßig mit neuen, interessanten Angeboten versorgen. Möchtest du eine Immobilie verkaufen, kannst du sie außerdem kostenlos von uns bewerten lassen.

MAGNOLIA ONE:

Hast du ein Mehrfamilienhaus gekauft, bei dem die Mieten unter dem Marktniveau liegen und du somit in einer starken Underrent-Situation bist? Dann ist *MAGNOLIA FAIRRENT* (ein Unternehmen der *MAGNOLIA*-GRUPPE) dein ideales Tool, um die Rendite gemeinsam mit den Mietern einvernehmlich zu verbessern.

Wir arbeiten sozialverträglich und in gegenseitigem Einvernehmen – und dennoch sind Mietsteigerungen von 40 Prozent keine Seltenheit. Mein persönlicher Rekord liegt sogar bei einer Erhöhung von 112 Prozent. Führe einfach eine kostenlose Potenzialanalyse deiner Immobilie durch:

MAGNOLIA FAIRRENT:

Immocloud kann ich dir nur noch einmal empfehlen. Egal, ob du mit deiner ersten Wohnung startest oder dein komplettes Mehrfamilienhaus-Portfolio über *immocloud* verwalten möchtest – mit *immocloud* hast du den richtigen Partner an deiner Seite. Zu deinem Testzugang:

immocloud Testzugang:

Immocation hat Deutschlands erste KI für Immo-Investoren entwickelt – auch diese kann ich dir nur wärmstens empfehlen.

Immocation KI:

In der Wissensdatenbank innerhalb der *Immocation*-Masterclass bleibt kaum eine Frage unbeantwortet. Den absoluten Antwortkönig, Markus Beforth, findest du auch in diesem Buch – er gehört zu den *Immocation*-Coaches. Selbst wenn du eine ganz neue Frage stellst, wird sie in der Regel sehr schnell beantwortet. Voraussetzung dafür ist allerdings, dass du für die *Immocation*-Masterclass zugelassen wurdest.

Ich selbst habe die Masterclass ebenfalls durchlaufen und kann sie aus zwei Gründen besonders empfehlen: Zum einen wegen des fundierten Fachwissens, das dir vermittelt wird, und zum anderen – und noch viel wichtiger – wegen des wertvollen Immobilien-Netzwerks, das du dir dadurch aufbauen kannst:

Immocation-
Masterclass:

Road to follow

Scanne den QR-Code, um eine vollständige Liste der Interviewpartner inklusive ihrer Social-Media-Kanäle aufzurufen.

Road to follow:

Danksagung

Ein Buch zu schreiben, ist nie eine Einzelleistung – und dieses ganz besonders nicht.

Mein tiefster Dank gilt meinem Sohn Jonah. Dieses Buch soll dir – falls du dich entscheidest, in Immobilien zu investieren – hoffentlich genauso hilfreich sein wie allen anderen, die es lesen. Die Inspiration für dieses Buch entstand aus dem Wunsch, dir eine Anleitung zu hinterlassen.

Ebenso danke ich von ganzem Herzen meiner Mama und meinem Papa. Ohne euch wäre ich nicht auf dieser Welt – und damit auch nicht dieses Buch. Mein Dank gilt ebenso meinen Brüdern Patryck und Darek. Auch euch wünsche ich großartige Immobilienbestände.

Zudem danke ich von ganzem Herzen Sarah Weber, ohne die dieses Buch nicht hätte umgesetzt werden können. In zahlreichen – teils nächtelangen – Sessions hat sie mir geholfen, meine Gedanken zu ordnen, dem Buch die richtige Form zu geben und viele Formulierungen zu verfeinern. Durch ihren Einsatz ist dieses Werk zu etwas Besonderem geworden.

Ebenso danke ich meinen Geschäftspartnern und Co-Investoren Raphael Meyke, Dr. Bodo Wawrzyniak, Moritz Sanders, Martin Groszewski, Maurice Bork, Johannes Lemminger, Philipp Lemminger und Joseph Hoolachan. Ebenso danke ich meinem Gründungspartner Daniel Hoeßelbarth. Mit ihm zusammen habe ich meine erste Immobilie gekauft, und auch wenn wir heute nicht mehr gemeinsam investiert sind, bin ich ihm sehr dankbar, dass er mit mir zusammen den Grundstein des Immobilien-Portfolios gelegt hat.

Ein ganz besonderer Dank gilt meinem besten Freund Alexander Bütow. Alexander führt nicht nur ein geniales Außenwerbeunternehmen, welches ich einst mitgründen durfte, die *ICHI BAN AG*, sondern er ist auch dafür verantwortlich, dass ich eines Tages im Jahr 2018 ein Seminar besuchte, dessen Auswirkungen ich zu diesem Zeitpunkt noch nicht abschätzen konnte. Es war ein reiner Game-Changer für mein Leben. Hier habe ich angefangen, viele unfunktionale Glaubenssätze aufzulösen, mein Leben zu ändern und bessere Ergebnisse zu erzielen. Dabei habe ich unter anderem folgende Trainer und Coaches kennengelernt, denen ich hier auch ausdrücklich danke: Thomasch Georgi, Anna Schaub, Patrizia Voigtländer, Stefan Grosalzki und Friederike Schwandt.

Auch danke ich den Machern der *Cashflow Conference* Fabian Rieker, Sean Giddens und Tobias Claessens. Den Gründern von *Immocation*, Stefan Loibl und Marco Lücke, und ebenso Oliver Fischer und Christian Kröncke von den *IMMOBILIEN FREUNDEN*. All diese Persönlichkeiten erschaffen jeweils auf ihre Art und Weise beeindruckende Investment- und Immobilien-Communitys und tragen dazu bei, dass finanzielle Freiheit nicht nur eine Vision bleiben muss, sondern dass es tatsächlich für alle, die es durchziehen, Realität werden kann. Damit wird finanzielle Freiheit nicht nur zu einer Vision, sondern zu einem echten Lebensgefühl.

Ebenso danke ich von ganzem Herzen Anja Weihl und Vanessa Mohnert, die mich auf unterschiedlichen Ebenen unterstützen und ja, auch manchmal ertragen haben. Auch eure Hingabe und Kraft haben zu diesem Buch beigetragen.

Ebenso danke ich Stefan Xander, dem Produzenten meines Podcasts *Deals and Dreams* sowie Yanni Kilinkaridis, unserem Azubi und zukünftigem Immobilien-Millionär, wenn nicht sogar Milliardär. Ebenso geht ein Dank an Gabriel Cueto und Carsten Waitz für unser wunderschönes Podcast-Studio – wenn wir dort gerade nicht produzieren, ist es eigentlich der Showroom von dem Modelabel *almost.eight*.

Auch Franziska Hitzel, die meine Social-Media-Kanäle betreut, und Sebastian Hitzel, der all meine Webseiten betreut, gilt mein voller Dank.

Ebenso gilt mein Dank dem gesamten *ForwardVerlag*-Team, insbesondere, allerdings nicht ausschließlich, Daniel Weiner, Patrick Kapellen, Marie Floren-Rumpf und Jasmine Messarius. Eure Geduld und Unterstützung für mein Erstlingswerk weiß ich sehr zu schätzen. Lieben Dank dafür.

Ein ganz besonderer Dank gilt dir. Ja, genau dir! Du hast dieses Buch gekauft und durchgelesen. Dafür danke ich dir von ganzem Herzen und ich freue mich, wenn du auch dieses Buch noch einmal als Geschenk bestellst. Bestelle es gerne für jeden, der in deinen Augen finanzielle Absicherung oder sogar finanzielle Freiheit durch Immobilien verdient.

Auch wenn es ungewöhnlich ist, danke ich meiner Ex-Frau Nadine Piotrowski. Sie hat es ermöglicht, dass ich viel arbeiten und lernen konnte, während sie sich um unseren Sohn Jonah gekümmert hat.

ForwardVerlag

SPIEGEL Bestseller

Titel:	Goldene Zukunft
Untertitel:	Wie Bitcoin alte Prinzipien neu belebt und zur Chance des Jahrhunderts wird
Autor:	Florian Bruce-Boye
ISBN:	978-3-98755-112-3

„Goldene Zukunft" ist dein Schlüssel zu einem tiefen Verständnis des bedeutendsten finanziellen Paradigmenwechsels unserer Zeit. Wir verbringen unser ganzes Leben damit, Geld zu verdienen, aber keine Sekunde damit, Geld zu verstehen.

Dieses Buch bietet Erklärungen, die jeder verstehen kann, verankert in der Geschichte der Menschheit und einem reinen Menschenverstand. Es beantwortet nicht nur die drängenden Fragen rund um Bitcoin, sondern adressiert auch die Skepsis, die viele Menschen gegenüber dieser neuen Technologie hegen.

Es ist eine unverzichtbare Lektüre für jeden, der verstehen möchte, was Bitcoin ist und wie etwas Ungreifbares, wie eine digitale Währung, einen enormen Wert erlangen kann.

ForwardVerlag